21世纪经济管理新形态教材·会计学系列

会计学基础
理论与案例

孟茜 ◎ 编著

清华大学出版社
北京

内 容 简 介

本书以我国现行法律法规,2006年颁布的会计准则体系以及截至2022年我国财政部对会计准则进行的修订、解释为依据,借鉴最新的国际财务报告准则,立足于我国会计实务领域,以会计概念框架、基本方法、会计核算程序为主线,并以制造业生产流程为实例,系统、完整地阐述了会计要素的确认、计量、记录和报告。本书可作为高等院校会计学专业教材,ACCA(国际注册会计师)及CIMA(英国特许管理会计师公会)考试中文衔接教材,也可作为MBA(工商管理硕士)及各级经济管理人员培训的教材和社会助学考试的参考资料。

本书封面贴有清华大学出版社防伪标签,无标签者不得销售。
版权所有,侵权必究。举报: 010-62782989,beiqinquan@tup.tsinghua.edu.cn。

图书在版编目(CIP)数据

会计学基础: 理论与案例/孟茜编著. —北京: 清华大学出版社,2022.6
21世纪经济管理新形态教材. 会计学系列
ISBN 978-7-302-60925-4

Ⅰ. ①会… Ⅱ. ①孟… Ⅲ. ①会计学－高等学校－教材　Ⅳ. ①F230

中国版本图书馆CIP数据核字(2022)第085928号

责任编辑: 张　伟
封面设计: 汉风唐韵
责任校对: 王荣静
责任印制: 宋　林

出版发行: 清华大学出版社
　　网　　址: http://www.tup.com.cn, http://www.wqbook.com
　　地　　址: 北京清华大学学研大厦A座　　邮　　编: 100084
　　社 总 机: 010-83470000　　邮　　购: 010-62786544
　　投稿与读者服务: 010-62776969, c-service@tup.tsinghua.edu.cn
　　质量反馈: 010-62772015, zhiliang@tup.tsinghua.edu.cn
　　课件下载: http://www.tup.com.cn,010-83470332
印 装 者: 北京嘉实印刷有限公司
经　　销: 全国新华书店
开　　本: 185mm×260mm　　印　　张: 13.75　　字　　数: 315千字
版　　次: 2022年7月第1版　　印　　次: 2022年7月第1次印刷
定　　价: 49.00元

产品编号: 096952-01

前言

经济越发展,会计越重要。会计信息对经济管理决策和控制的作用日益显著,随着资本市场的不断发展,会计信息作为一种公共产品,越来越受到利益相关者的重视。为适应市场经济和现代企业制度发展对高素质人才的需要,为已经从事和将来准备从事经济管理工作的人员了解会计信息生成过程,充分利用会计信息资源做好管理工作,我们编写了《会计学基础:理论与案例》教材。

习近平总书记指出,把思想政治工作贯穿教育教学全过程,其他各门课都要守好一段渠、种好责任田,使各类课程与思想政治理论课同向同行,形成协同效应。本书秉承辩证唯物主义观点,弘扬民族文化精华,将诚实守信及思想政治教育的案例融入课程之中。本书融入中国会计标准体系和国际会计准则的比较,每章配有主要专业词汇的中英文对照,对 ACCA 考试的 FFA 课程衔接会有很大帮助。

本书的编写由天津财经大学具有会计学精品课和 ACCA 课程丰富教学经验和实务经验的副教授等担任。本书第 1、3、4、8 章由孟茜编写,第 2、5 章由樊丽莉编写,第 6、9 章由张涛编写,第 7、10 章由刘彬编写,于颖参与了第 4 章、第 8 章例题部分、业务题及第 8 章案例的编写。虽然我们竭尽全力,但囿于作者水平有限,书中疏漏和不当之处在所难免,恳请读者批评斧正,以求不断进取。本书在几年的筹备和跟随会计准则的修订编写过程中,得到盖地教授、杨丽芳院长、孙毅副院长和清华大学出版社张伟编辑的指导和鼎力支持,在此表示深深的敬意和感谢!

编 者

2022 年 2 月

目录

第1章 总论 ... 1

引导案例 ... 1
1.1 会计的基本概念 ... 1
1.2 会计对象与会计要素 ... 4
1.3 会计基本假设与会计核算基础 ... 10
1.4 会计信息质量要求 ... 13
1.5 会计核算的基本程序与方法 ... 16
1.6 企业会计的分支和财务会计概念框架 ... 18
【本章小结】 ... 20
【主要专业词汇中英文对照】 ... 21
【思考题】 ... 21
案例分析 ... 22
【即测即练】 ... 23

第2章 会计科目和会计账户 ... 24

引导案例 ... 24
2.1 会计科目 ... 25
2.2 会计账户 ... 27
【本章小结】 ... 31
【主要专业词汇中英文对照】 ... 32
【思考题】 ... 32
【业务题】 ... 32
案例分析 ... 32
【即测即练】 ... 34

第3章 复式记账 ... 35

引导案例 ... 35
3.1 复式记账原理 ... 35
3.2 借贷记账法 ... 41
3.3 试算平衡和临时账户的使用 ... 48

【本章小结】 ……………………………………………………… 53
【主要专业词汇中英文对照】 …………………………………… 54
【思考题】 ………………………………………………………… 54
【业务题】 ………………………………………………………… 55
案例分析 …………………………………………………………… 56
【即测即练】 ……………………………………………………… 56

第4章 制造业主要经济业务 …………………………………… 57

引导案例 …………………………………………………………… 57
4.1 制造业企业主要经济业务概述 …………………………… 57
4.2 负债和所有者权益（投入资本）的核算 ………………… 58
4.3 资产的核算 ………………………………………………… 63
4.4 简单的生产成本核算 ……………………………………… 67
4.5 收入和费用的核算 ………………………………………… 73
4.6 应计项目和递延项目的核算 ……………………………… 76
4.7 利润和利润分配的核算 …………………………………… 78
【本章小结】 ……………………………………………………… 82
【主要专业词汇中英文对照】 …………………………………… 83
【思考题】 ………………………………………………………… 84
【业务题】 ………………………………………………………… 84
案例分析 …………………………………………………………… 86
【即测即练】 ……………………………………………………… 87

第5章 会计凭证 …………………………………………………… 88

引导案例 …………………………………………………………… 88
5.1 会计凭证的意义与种类 …………………………………… 88
5.2 原始凭证 …………………………………………………… 91
5.3 记账凭证 …………………………………………………… 94
5.4 会计凭证的传递与保管 …………………………………… 102
【本章小结】 ……………………………………………………… 103
【主要专业词汇中英文对照】 …………………………………… 104
【思考题】 ………………………………………………………… 104
【业务题】 ………………………………………………………… 104
案例分析 …………………………………………………………… 106
【即测即练】 ……………………………………………………… 107

第6章 会计账簿 …………………………………………………… 108

引导案例 …………………………………………………………… 108

6.1 会计账簿的意义与种类 ………………………………………………………… 108
6.2 会计账簿的设置与登记 ………………………………………………………… 110
6.3 会计账簿的启用与登记规则 …………………………………………………… 113
6.4 对账与结账 ……………………………………………………………………… 115
6.5 错账的更正方法 ………………………………………………………………… 118
【本章小结】 …………………………………………………………………………… 119
【主要专业词汇中英文对照】 ………………………………………………………… 120
【思考题】 ……………………………………………………………………………… 120
【业务题】 ……………………………………………………………………………… 121
案例分析 ………………………………………………………………………………… 123
【即测即练】 …………………………………………………………………………… 123

第7章 财产清查 …………………………………………………………………… 124

引导案例 ………………………………………………………………………………… 124
7.1 财产清查概述 …………………………………………………………………… 124
7.2 财产清查的方法 ………………………………………………………………… 127
7.3 财产清查结果的处理 …………………………………………………………… 131
【本章小结】 …………………………………………………………………………… 135
【主要专业词汇中英文对照】 ………………………………………………………… 136
【思考题】 ……………………………………………………………………………… 136
【业务题】 ……………………………………………………………………………… 137
案例分析 ………………………………………………………………………………… 137
【即测即练】 …………………………………………………………………………… 138

第8章 会计报表 …………………………………………………………………… 139

引导案例 ………………………………………………………………………………… 139
8.1 会计报表的意义和种类 ………………………………………………………… 140
8.2 资产负债表的编制 ……………………………………………………………… 145
8.3 利润表的编制及综合收益表 …………………………………………………… 151
8.4 现金流量表和所有者权益变动表的编制 ……………………………………… 154
8.5 财务报表附注 …………………………………………………………………… 159
8.6 财务报表分析 …………………………………………………………………… 161
8.7 国际会计准则财务报告 ………………………………………………………… 166
【本章小结】 …………………………………………………………………………… 167
【主要专业词汇中英文对照】 ………………………………………………………… 167
【思考题】 ……………………………………………………………………………… 168
【业务题】 ……………………………………………………………………………… 168
案例分析 ………………………………………………………………………………… 169

【即测即练】 ………………………………………………………………………… 171

第9章 账务处理程序 ………………………………………………………… 172

引导案例 …………………………………………………………………… 172
9.1 账务处理程序概述 ………………………………………………… 172
9.2 记账凭证账务处理程序 …………………………………………… 173
9.3 科目汇总表账务处理程序 ………………………………………… 187
【本章小结】 ……………………………………………………………… 191
【主要专业词汇中英文对照】 …………………………………………… 191
【思考题】 ………………………………………………………………… 191
【业务题】 ………………………………………………………………… 192
案例分析 …………………………………………………………………… 193
【即测即练】 ……………………………………………………………… 193

第10章 会计工作的组织 ……………………………………………………… 194

引导案例 …………………………………………………………………… 194
10.1 会计工作的组织概述 …………………………………………… 194
10.2 会计机构与会计人员 …………………………………………… 195
10.3 会计法规体系与会计职业道德 ………………………………… 199
10.4 会计档案与会计信息化 ………………………………………… 201
【本章小结】 ……………………………………………………………… 207
【主要专业词汇中英文对照】 …………………………………………… 208
【思考题】 ………………………………………………………………… 208
案例分析 …………………………………………………………………… 208
【即测即练】 ……………………………………………………………… 209

第 1 章

总 论

【本章学习目标】

1. 掌握会计的概念;
2. 掌握会计的核算前提;
3. 掌握会计核算基础;
4. 掌握会计对象要素;
5. 掌握会计信息质量的要求;
6. 理解会计核算的程序和方法;
7. 了解企业会计的分支和财务会计概念框架。

引导案例

张晓同学顺利考入国内知名大学会计学专业,当时选择这个专业是因为它在全国财经类院校中排名靠前,但会计学专业到底要学习一些什么内容,自己的职业规划应该怎样设定,将来是做一名注册会计师还是在集团公司做一名财务总监,或者做一名高校会计专业教授……对于这些问题,张晓目前还懵懵懂懂。现在,他将和同学们一起,走入会计的殿堂,学习会计的第一门专业课"会计学基础:理论与案例"。

1.1 会计的基本概念

1. 会计的产生和发展

人类社会产生和发展的基础是物质资料生产,同样,物质资料生产也是会计(accounting)产生和发展的基础。由于生产的发展,人们和社会关心生产投入的耗费和产出的成果,以及投入和产出的效益及成果分配的状况,从而要求并促进了对其进行核算和管理。生产越发展,对生产的核算与管理越重要。

在原始社会初期,生产比较简单,人们对生产的耗费与成果的关心,是通过头脑的记忆或一定的方式记载,如绘图记事、刻画记事和结绳记事等。到了奴隶社会,生产力的发展,奴隶主对奴隶的残酷剥削,使简单的会计计算和会计管理工作有了进一步的发展。我国在周朝,设有"司会",为计官之长,主管会计。其职能是:"掌国之官府、郊野、县都之百物财用。凡在书契版图者之贰,以逆群吏之治,而听其会计。"(《周礼·天官·司会》)"司会"既要管理("掌")国家和地方百物财用,又要利用账册、公文("书契")等考核("逆")各地方官吏的行政工作,而检查("听")他们的会计工作。到了封建社会,生产力有了新的发展,为适应地主阶级通过地租、捐税和高利贷对农民进行残酷剥削的需要,会计也有了相应的发展。鲁国的孔子,"尝为委吏矣,曰'会计当而已矣'"。(《孟子·万章下》)表明他在做管理仓库的小官(会计)时,要求会计做到"当"——计算要正确,收支要平衡,管理要适宜。西汉(公元前206年—公元25年)有"钱谷账",分设"钱出入簿""谷出入簿"。唐元和二年(公元807年),李吉甫撰《元和国计簿》十卷,大和元年(公元827年),韦处厚作《大和国计》二十卷,是我国最早的会计专著。唐宪宗元和元年(公元806年),有"飞钱"——具有纸币性质,类似汇票。宋朝的收支登记在"会记录"上,如景德四年(公元1007年),三司使丁谓主编《景德会计录》六卷。宋神宗熙宁七年(公元1074年)"诏置三司会计司"。宋高宗(公元1127年—1162年),在太府寺中专设有"审计司",掌管查账的工作。这是我国专设会计、审计机构的创始。宋代"四柱"式会计方法(旧管+新收-开除=实在)的运用,使我国中式会计达到比较科学、系统、完善的地步。北宋淳化五年(公元994年),已运用"四柱"式会计方法(英国在1855年才用法案形式固定下列公式:上期结存+本期收入-本期支出=本期结存)。北宋时期已出现"交子"——纸币的开始。明朝末年,商界有人把"官厅会计"的账簿格式及登记方法改为适应商界的"龙门账"。鸦片战争前的清朝,在较大的工场手工业中,已专设"账房",设置账簿,考核费用、成本与利润。

在资本主义社会,随着工业、农业、商业、对外贸易的发展,资本家为了获取更大的利润,要求加强对经济的管理,使会计得到进一步的发展。早在公元15世纪末叶,在意大利已初步形成了借贷复式记账法。1494年,意大利数学家、天主教修道士卢卡·帕乔利(Luca Pacioli)发表《算术、几何、比及比例概要》一书,其中第三篇"计算和记录的详论"(通称"簿记论"),系统地论述了借贷复式记账原理及其运用。

会计从原始社会的产生,到经历奴隶社会、封建社会和资本主义社会的发展,说明会计是以货币形式和一定的专门方法对经济活动进行的核算与管理。

中华人民共和国成立后,我国主要是向苏联学习而建立我国的社会主义会计。粉碎"四人帮"后,党和国家非常重视会计工作,1985年1月21日第六届全国人民代表大会常务委员会第九次会议通过并于1985年5月1日起施行的《中华人民共和国会计法》,标志着我国的会计工作走上了法治的轨道,对于加强我国的会计工作起到重要的作用。1993年7月1日施行的财政部发布的《企业财务通则》和《企业会计准则》(Chinese Accounting Standard,CAS)、十几种行业会计制度和财务制度,使我国的会计工作更好地适应市场经济的需要,并与国际会计准则相协调。1999年10月31日第九届全国人民代表大会常务委员会第十二次会议通过《中华人民共和国会计法》的第二次修订。2001年1月1日开始施行新的不分行业的《企业会计制度》,继续推行已制定的企业会计准则,这使得会计工作和会计理论建设进入新的阶段。2006年2月,我国发布了1个会计基本准则和38个具体会计准则及相关应用指南组成的会计准则体系,使我国会计准则实现了与国际会计准则实质上的趋同,中间财政部对部分会计准则又进行了修订。2014年1月26日,财政部颁布了《企业会计准则第39号——公允价值计量》;2月17日,颁布了《企业会计准则第40号——合营安排》;3月14日,颁布了《企业会计准则第41号——在其他主体中权益的披露》。2017年4月28日,财政部又颁布了《企业会计准则第42号——持有待售的非流动资产、处置组和终止经营》。

从我国社会主义初级阶段会计工作的实践可以看出：会计是以货币为主要计量单位,利用专门的方法和程序,对会计主体的资金运动进行完整、连续、系统的核算和监督,旨在向内外部信息使用者提供反映财务状况、经营成果和现金流量等相关信息的经济管理活动。

2. 会计的目标

会计目标亦称会计目的,是要求会计工作完成的任务或达到的标准。会计目标主要解决的是会计工作服务的对象和服务的内容,即提供的信息。目前学术界关于会计的目标主要存在"受托责任观"和"决策有用观"两种观点。

1) 受托责任观

受托责任观是公司制和现代产权理论的产物,资源的受托方接受委托方所交付的资源,受托方承担有效地管理与运用受托资源、使其达到保值增值的责任；资源的受托方承担如实地向资源的委托方报告受托责任履行过程与结果的义务。受托责任产生的原因在于所有权和经营权的分离,由于商品经济的发展和生产规模的扩大,所有权与经营权分离现象变得极为普遍,受托责任的观念也逐渐普及。目前受托责任的对象不仅涉及资产或资源的受托责任,还涉及社会责任,包括环保、就业等。受托责任观的核心内容是：财务报告的目标是有效反映受托者受托管理委托人财产责任的履行情况。财务报告是委托人和受托人之间的媒介。

2) 决策有用观

决策有用观是在资本市场日益发达的背景下产生的,投资人需要大量的有用地反映企业财务状况、经营成果和现金流量的信息,不仅需要定性的信息,还需要定量的信息；不仅包括财务方面的信息,还包括非财务方面的信息；不仅包括对过去的经济业务的反映,还包括对企业现在和未来的信息的渴求。为了满足这些信息的需求,会计的目标就应运而生。

20世纪80年代之后,各国的会计差异日益缩小,会计由多极化向单极化过渡,以上两种观点也日趋统一,会计目标兼顾受托责任观和决策有用观两个方面。20世纪90年代,我国经济的进一步对外开放以及受会计国际化思想的影响,财政部在制定会计准则体系时,提出了合二为一的会计目标。

3) 我国关于财务报告目标的规定

我国会计基本准则中明确了财务报告的目标,规定财务报告的目标是向财务报告使用者提供与企业财务状况、经营成果和现金流量等有关的会计信息,反映企业管理层受托责任履行情况,有助于财务报告使用者作出经济决策。

财务报告的使用者主要包括投资者、债权人、政府及其有关部门和社会公众等,满足投资者的需求是企业财务报告的首要出发点。随着企业改革的深入、产权的日益多元化、资本市场快速发展,机构投资者和其他中小股东都密切关注企业提供的会计信息,以帮助其进行投资决策。企业的财务报告使用者中的债权人、政府及有关部门、社会公众等,他们对企业信息的需求与投资者一样受到企业的重视。在强调决策有用论的同时,受托责任的目标也不可或缺。改革开放以来,我国一直推动各类企业建立现代企业制度,管理权和经营权分离,企业管理层所经营管理的企业各项资产主要是投资人和债权人提供,需要定期向他们提供企业资本保值增值的情况,以便评价管理层业绩和责任履行情况。所以,在我国的财务报告目标中,决策有用论和受托责任论是兼顾统一的。

1.2 会计对象与会计要素

1. 会计对象和会计要素概述

企业是国民经济的主要基层组织,是营利性经济单位。企业会计的对象是企业经营活动的资金运动。企业的资金运动主要体现为筹集资金、使用资金和收回资金。

企业筹措资金的主要渠道是接受投资人投入的资金和债权人借入的资金。企业资金主要是:用于生产过程中劳动资料和劳动对象的占用,如固定资产、材料和在产品的资金占用;用于流通过程的资金,如库存现金和银行存款,各种应收和应付的资金等。企业资金的收回主要是在产品的销售过程中,按照交易价格向购买方办理货款结算收回资金。随着企业生产经营活动的进行,企业的经营资金依次通过供应、生产和销售过程表现为不同的形态,即由货币资金转为固定资金和储备资金,再由生产资金到成品资金,最后由成品资金转为货币资金,如此不断循环周转,实现企业的目标。制造企业的资金运动见图 1-1。

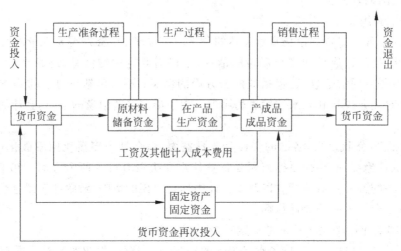

图 1-1　制造企业的资金运动

会计要素是根据交易或者事项的经济特征所确定的财务会计对象的基本分类,是会计核算对象的具体化。例如,根据资金筹集的两种主要渠道,划分负债和所有者权益;根据资金占用的不同形态,划分不同类型的资产;根据回收资金的过程,划分收入和费用等。

企业会计要素是反映企业财务状况和经营成果的基本单位,也是财务报表的基本框架。《企业会计准则——基本准则》中规定,企业会计要素可分为两类,即反映财务状况的会计要素和反映经营成果的会计要素。

2. 反映财务状况的会计要素

反映财务状况的会计对象要素有资产(assets)、负债(liabilities)和所有者权益(owner's equity)三项。财务状况是指企业特定日期的资产及其来源的构成,是资金运动相对静止的状态。

1) 资产

(1) 资产的概念和特征。资产是指过去的交易或事项形成的,由企业拥有和控制的,预期会给企业带来经济利益的资源。资产有如下几项特征。

① 资产应是企业拥有或控制的资源。资产作为一项资源,应当由企业拥有或者控制,企业享有某项资源的所有权,或者虽然不享有某项资源所有权,但该资源能够被企业所控制。

企业享有资产的所有权,通常表明企业能够排他性地从资产中获得经济利益。通常在判断资产是否存在时,所有权是考虑的首要因素。但有些情况下,资产虽然不为企业所拥有,即企业不享有其所有权,当企业控制了该资源,同样表明企业能够从资产中获取经济利益,这符合资产的定义,也应当作为企业的资产来确认,如售后回购交易中已发出的资产。

② 资产预期能为企业带来经济利益。资产预期能为企业带来经济利益,是指资产直接或间接导致现金或现金等价物流入企业的潜力。这种潜力可以来自企业的日常活动,也可以是非日常活动。资产所带来的经济利益,可以是现金或现金等价物形式,也可以是能够转化为现金或现金等价物形式,或者是可以减少现金或现金等价物流出的形式。

资产预期能为企业带来经济利益是资产的重要特征。如果某一项资源预期不能为企业带来经济利益,就不能将其确认为企业的资产。

③ 资产是由过去发生的交易或事项所形成。过去发生的交易或事项包括购买、生产、建造行为或者其他交易或事项。这里强调,资产必须是过去发生的交易或事项所形成,是现时存在的,而不是预期的。企业在未来发生的交易或事项不形成资产。

(2) 资产确认的条件。《企业会计准则——基本准则》中规定,将一项资源确认为资产,需要符合资产的定义,还应同时满足以下两个条件。

① 与该项资源有关的经济利益很可能流入企业。在实务中,与一项资源有关的经济利益能够流入企业有很大的不确定性。因此,在确认资产时,还应与经济利益流入不确定性程度的判断结合起来。如果有证据表明,与一项资源有关的经济利益很可能流入企业,就应将其确认为资产;反之,则不能确认为资产。

② 该项资源的成本或者价值能够可靠计量。可计量性是所有会计要素确认的重要前提。在实务中,当有关资源成本或者价值能够可靠计量时,资产才能予以确认。

(3) 资产项目的构成。企业的资产由流动资产和非流动资产两部分构成。区分流动资产和非流动资产十分重要。资产满足下列条件之一的,应归类于流动资产。

① 预期在一个正常营业周期中变现、出售或耗用。

② 主要为交易目的而持有。

③ 预计在一年内(含一年)变现。

④ 自资产负债表日起一年内,交换其他资产或清偿负债的能力不受限制的现金或现金等价物。

正常营业周期,是指企业从购买用于加工的资产起至实现现金或现金等价物的期间。正常营业周期通常短于一年。因生产周期较长等导致正常营业周期长于一年的,尽管相关资产往往超过一年变现、出售或耗用,仍然应当划为流动资产。正常营业周期不能确定的,应以一年(12个月)作为正常营业周期。

企业的流动资产包括货币资金、应收款项、存货等;非流动资产主要包括固定资产、无形资产等。被划分为持有待售的非流动资产归类为流动资产。

2) 负债

(1) 负债的概念和特征。负债是指过去的交易或事项形成的,预期会导致经济利益流出企业的现时义务。负债有如下几项特征。

① 负债是企业承担的现时义务。负债是企业承担的一种现时义务,这是负债的基本特征。现时义务是指企业在现行条件下已承担的义务,是由于过去的交易或事项形成的,是现时存在的一种义务。未来发生的交易或者事项形成的义务,不属于现时义务,不应确认为负债。

② 负债预期会导致经济利益流出企业。预期会导致经济利益流出是负债的本质特征。企业无论何种形式的负债,都属于现时的义务,最终在履行义务时会导致经济利益流出企业。

③ 在清偿负债时,可以用现金清偿,也可以实物资产抵偿,还可以提供劳务去清偿负债。无论以何方式清偿负债,都会导致经济利益流出企业。

④ 负债是由企业过去的交易或者事项形成的。只有过去的交易或者事项才能形成负债,企业在未来发生的承诺、签订的合同等交易或者事项,不能形成企业的负债。

(2) 负债确认的条件。将一项现时义务确认为负债,需要符合负债的定义,还应当同时满足以下两个条件。

① 与该义务有关的经济利益很可能流出企业。在实务中,履行义务所需流出的经济利益带有不确定性,因此,负债确认应当与经济利益流出的不确定性程度的判断结合起来。如果有确凿证据表明,与现时义务有关的经济利益很可能流出企业,就应当将其作为负债予以确认;反之,就不应当将其确认为负债。

② 未来流出的经济利益的金额能够可靠地计量。负债确认在考虑经济利益流出企业的同时,对于未来流出的经济利益的金额应能够可靠计量。

(3) 负债项目的构成。企业的负债由流动负债和非流动负债两部分构成。一项负债满足下列条件之一的,应当作为流动负债。

① 预计在一个正常营业周期中清偿。

② 主要为交易目的而持有。

③ 自资产负债表日起一年内到期应予以清偿。

④ 企业无权自主地将清偿推迟至资产负债表日后一年以上。负债在其对手方选择

的情况下可以通过发行权益进行清偿的条款与负债的流动性划分无关。

企业对资产和负债进行流动性分类时,应当采用相同的正常营业周期。不符合流动负债判断条件的属于非流动负债。如长期借款、应付债券。

3) 所有者权益

(1) 所有者权益的概念和特征。所有者权益是指企业资产扣除负债后,由所有者享有的剩余收益。股份有限公司的所有者权益又称为股东权益。

所有者权益特征主要体现在,所有者对企业资产的剩余索取权,它是企业资产中扣除债权人权益后应由所有者享有的部分。所有者对企业资产的剩余索取权,表明企业的产权关系,即企业归谁所有。

(2) 所有者权益确认条件。所有者权益体现所有者在企业中的剩余权益,因此,所有者权益的确认主要依赖于其他会计要素,尤其是资产和负债的确认。所有者权益金额的确定也主要取决于资产和负债的计量。

(3) 所有者权益项目的构成。所有者权益的来源包括所有者投入的资本、直接计入所有者权益的利得和损失以及留存收益等。通常所有者权益项目由实收资本、资本公积、盈余公积和未分配利润构成。留存收益包括盈余公积和未分配利润两部分。

3. 反映经营成果的会计要素

反映经营成果的会计要素有收入(revenue)、费用(expenses)和利润(profit)三项。经营成果是企业一定时期内从事生产经营活动所取得的最终成果。

1) 收入

(1) 收入的概念和特征。收入有狭义和广义之分。我国《企业会计准则——基本准则》采用的是狭义的概念,其含义为企业在日常活动中形成的、会导致所有者权益增加的、与所有者投入资本无关的经济利益的总流入。广义的收入是指会计期间内经济利益的增加。企业获取的收入的变现形式是:由于资产流入企业、资产增加或负债的减少而引起所有者权益的增加,区别于投资者投入资本而引起的所有者权益的增加。

收入有如下几项特征。

① 收入是企业日常活动中形成的。日常活动是指企业为完成其经营目标所从事的经常性活动以及与之相关的活动。

企业的日常活动可以是制造企业生产和销售产品、商业企业销售商品、保险公司签发保单、咨询公司提供咨询活动等。明确界定日常活动和非日常经营活动是为了将收入与利得进行区分。企业日常经营活动中产生的经济利益,符合条件的将其确认为收入;非日常经营活动的经济利益应作为利得处理。如处置固定资产的净收益和转让无形资产所有权产生的净收益,不是收入,而是利得。

② 收入将使所有者权益增加。与收入相关的经济利益的流入应当会导致所有者权益的增加。不会导致所有者权益增加的经济利益的流入不符合收入的定义,不应确认为收入。

③ 收入是与所有者权益投入资本无关的经济利益的总流入。收入应当会导致经济利益的流入,从而导致资产的增加。所有者投入资本的增加不应当确认为收入,应当将其

直接确认为所有者权益。

(2) 收入确认的条件。企业收入的来源渠道多种多样,不同收入来源的特征有所不同,其收入确认条件往往存在差别。但一般而言,收入只有在经济利益很可能流入从而导致企业资产增加或负债减少、经济利益的流入额能够可靠计量时,才能予以确认。收入的确认至少应当符合以下条件。

① 与收入相关的经济利益应当很可能流入企业。

② 经济利益流入企业的结果会导致资产的增加或者负债的减少。

③ 经济利益的流入额能够可靠计量。

(3) 收入项目的构成。收入可以是销售商品所取得的收入、提供劳务取得的收入、让渡资产使用权形成的收入。

2) 费用

(1) 费用的概念和特征。费用有狭义和广义之分。我国《企业会计准则——基本准则》采用的是狭义的概念,其含义为企业在日常经营活动中所发生的、会导致所有者权益减少的、与向所有者分配利润无关的经济利益的总流出。广义的费用是指会计期间内经济利益的减少。企业发生费用的表现形式为资产减少或负债增加而引起的所有者权益的减少,区别于撤回投资或向所有者分派利润。

费用有如下几项特征。

① 费用是企业日常活动中形成的。费用必须是企业在其日常活动中所形成的,这些活动的界定与收入定义中涉及的日常活动界定相一致。因日常活动所产生的费用通常包括销售成本(营业成本)、管理费用、销售费用等。将费用界定为日常活动所形成,目的是与损失相区分。非日常活动所形成的经济利益从企业流出不能确认为费用,而应确认为损失。费用是销售商品、提供劳务等日常经营活动中发生的经济利益的流出。虽然有的交易或事项也会发生经济利益的流出,但是,这些经济利益的流出是偶然发生的,因此不能将其确认为费用,而是作为损失处理。如固定资产报废损失,应作为营业外支出处理。

② 费用会导致所有者权益减少。与费用相关的经济利益的流出会导致所有者权益减少。不会导致所有者权益减少的经济利益的流出不符合费用的定义,不应确认为费用。

③ 费用是与向所有者分配利润无关的经济利益的总流出。费用的发生应当会导致经济利益的流出,从而使资产减少或者负债增加。其表现形式包括:现金或者现金等价物的流出,存货、固定资产和无形资产等的流出或者消耗等。企业向投资者分配利润也会导致经济利益的流出,而该经济利益的流出显然属于所有者权益的抵减项目,不应确认为费用,应当将其排除在费用的定义之外。

(2) 费用项目的构成。费用可分为计入成本的费用和计入损益的费用。

① 计入成本的费用是指费用中能予以对象化的部分,是为生产产品、提供劳务所发生的各种耗费。计入成本的费用包括直接费用和间接费用。直接费用包括直接材料、直接人工和其他直接费用。间接费用一般指发生时无法确定成本计算对象的费用。间接费用通常指制造费用。

计入成本的费用通常通过期末在产品和当期完工的产品把当期的生产费用从本期递延到以后各期。计入成本的费用最终反映在资产负债表项目中。

② 计入损益的费用是费用中不能对象化的部分,也称为期间费用,具体包括管理费用、财务费用和销售费用。计入损益的费用的特点是,所发生的费用与会计期间相关,因此,当期发生的费用无论其金额大小,应全部从收入中扣除,不得递延到以后各期。计入损益的费用最终反映在利润表的项目中。

3) 利润

(1) 利润的概念。利润是指企业一定会计期间的经营成果。利润是一定时期的收入与费用配比的结果。如果收入大于费用就实现了盈利,增加所有者权益;如果收入小于费用,企业要承担亏损,由此减少了所有者权益。利润是反映经营成果的最终要素。从理论上,要正确计算企业经营所获得的利润,需要等到企业停止经营时,清算其全部资产与负债,确定企业从开业到停业的全部经营期间内,由于经营活动所增加的净资产数额,但这种方法并不适用。鉴于企业在存续期间计算企业盈亏的需求,企业要在持续经营的前提下,适当划分会计期间,按期确定盈亏。

(2) 利润确认的条件。利润反映的是收入减去费用、利得减去损失后的净额。利润的确认主要依赖于收入和费用以及利得与损失的确认,其金额的确定也主要取决于收入、费用、利得、损失的金额的计量。

(3) 利润项目的构成。利润包括营业利润、利润总额、净利润。

营业利润 ＝ 营业收入 － 营业成本 － 税金及附加 － 销售费用 － 管理费用 － 财务费用 － 资产减值损失 ± 公允价值变动损益 ± 投资收益或损失

利润总额 ＝ 营业利润 ＋ 营业外收入 － 营业外支出

净利润 ＝ 利润总额 － 所得税费用

4) 利得和损失

我国现行会计准则对收入、费用要素的确认和计量不能涵盖利得和损失,利得损失与收入费用的性质和作用不同。

利得是由企业非日常活动所形成的、会导致所有者权益增加的、与所有者投入资本无关的经济利益的流入。损失是由企业非日常活动所形成的、会导致所有者权益减少的、与向所有者分配利润无关的经济利益的流出。

利得和损失可以分为两类:一类是直接计入当期利润的利得或损失,另一类是计入所有者权益的利得和损失。这两类会分别反映在利润表和资产负债表(或所有者权益变动表)中。

4. 会计等式

会计等式(accounting equation)是表明会计要素之间基本关系的恒等式,也称为会计平衡公式。它是设置账户、复式记账方法及编制会计报表的理论依据,是会计核算方法体系的基础。会计核算是在这一等式的基础上,运用复式记账方法来记录经济业务,反映企业的财务状况和经营成果。

反映资产、负债和所有者权益三个会计对象要素之间关系的是最基本的会计等式,这个等式反映了企业在特定日期上的财务状况。反映收入、费用、利润三个会计要素之间关系的等式是派生出来的,表明企业一定时期的经营成果。

(1) 两个基本会计等式。企业要进行生产经营活动,必须筹措一定数额的资金。企业取得的经营资金有不同的占用形态和来源渠道。从占用形态上看,企业取得的经营资金表现为一定数量的资源即资产,如库存现金、银行存款、原材料、固定资产等;从来源渠道上看,资产取得的经营资金无非是投资人和债权人投入的,所以投资人和债权人对企业的资产拥有要求权。资产、负债和所有者权益实质上是同一资金运动的两个不同方面,从数量来说其资金的来源必然等于资金的占用,即资产总额必然等于负债与所有者权益金额的总和。

企业的生产经营活动是在不断地进行着的。但从静态上看,在某一时点上总是表现为占用了一定数量不同形式的资产,而这些资产又是由投资人和债权人投入的。企业的资产总额必然等于企业的负债和所有者权益的总和。企业发生的经济活动也不会影响这一基本的相等的关系。会计等式如下:

$$资产 = 负债 + 所有者权益$$

会计等式反映企业特定日期的财务状况,即反映特定时间上企业有哪些资产以及资产有哪些来源。会计等式表明了资产、负债、所有者权益之间的基本关系。

企业的经营目标是实现利润。当一定时期取得的收入大于所发生的费用才能实现利润;相反,收入小于所发生的费用便发生了亏损。将一定时期所取得的收入与该时期发生的费用进行比较,才能确定企业的盈亏,会计等式如下:

$$收入 - 费用 = 利润$$

(2) 会计等式间的关系。企业在取得收入的同时增加资产或减少负债;企业在发生费用的同时也会减少资产或增加负债。当收入大于相应的费用实现利润时,会导致所有者权益的增加;当收入小于相应的费用发生亏损时,会导致所有者权益的减少。这两个会计等式之间的关系如下:

$$资产 = 负债 + 所有者权益 + 收入 - 费用$$
$$资产 + 费用 = 负债 + 所有者权益 + 收入$$
$$资产 = 负债 + 所有者权益 + 利润$$

企业实现了利润要确认应交所得税从而形成了一项负债;企业应计算净利润并按照规定的比例提取盈余公积金,这一部分利润就形成了所有者权益;提取盈余公积金之后,企业还应向投资者分配利润,这一部分利润就形成了一项负债;剩余的未分配利润形成了企业的所有者权益。经过利润分配之后,利润中一部分转化成为负债,另一部分转化为所有者权益。会计等式又还原为最初的形式。即

$$资产 = 负债 + 所有者权益$$

因此,资产=负债+所有者权益又被称为会计恒等式。

1.3 会计基本假设与会计核算基础

1. 会计基本假设的概念

会计基本假设也称为会计核算基本前提,是指在特定的社会环境和条件下,对会计核

算所处的时间、空间环境等所做的合理的设定。

会计基本假设是进行会计核算时必须遵循的先决条件,如同数学上的公理一样。会计基本假设是会计上的公理,尽管不同的历史时期、不同的经济环境下会计基本假设的具体内容有所不同,但作为会计核算的先决条件是在漫长的会计实践中逐步形成的一种共识。这种共识是人们在认识最终规律之前提出的一种假说,是会计实务中众所周知的不需证明的既成事实。

由于会计核算是在一定的经济环境下进行的,而特定的经济环境中必然存在着各种不确定因素,会计基本假设就是对这些不确定因素作出较为合理的设定。如果违反了会计基本假设,会计核算就难以正常、顺利地进行。会计在其发展过程中建立了较为科学的会计基本假设,并在此基础上构筑了会计基本理论体系和会计核算体系。

2. 会计基本假设的内容

《企业会计准则——基本准则》中规定,会计基本假设包括会计主体、持续经营、会计分期和货币计量四项。

1) 会计主体

会计主体(accounting entity)也称为会计实体或会计个体,是指企业会计确认、计量和报告的空间范围。会计主体这一基本假设的主要意义在于界定了从事会计工作和提供会计信息的空间范围。这要求会计反映、监督所在单位发生的交易或者事项并进行会计确认、计量和报告,反映本身所从事的各项生产经营活动。明确界定会计主体,是开展会计确认、计量和报告工作的重要前提。

应当注意的是,会计主体不等于法律主体。一般来说,法律主体是会计主体,会计主体不一定是法律主体。例如,个人独资企业(sole proprietorship)和合伙企业(partnership)不是法律主体,会计却将独资企业和合伙企业作为会计主体并对其生产经营活动进行核算与监督。

根据所有权不同,企业通常分为三类:个人独资企业、合伙企业和公司(corporation)。

(1) 个人独资企业。由个人创立的企业被称为个人独资企业,如在自己住房中开立的面包房、咖啡店。就个人独资企业而言,在其从事生产和服务的过程中,其原材料的供应、设备的购入,收入和各项费用无须向社会公众披露,只需要根据税务部门的规定按期缴纳税金即可。个人独资企业所承担的责任与所有者存在连带关系,即所有者必须为生产经营过程中的决策者负责,其收入视为所有者收入,依法缴纳个人所得税,不缴纳企业所得税。

个人独资企业的所有者对企业债务负无限责任,所有者承担企业债务的责任范围不限于出资,其责任财产包括个人独资企业的全部财产和投资人的其他个人财产。

(2) 合伙企业。合伙企业由两个或两个以上投资者出资成立。与个人独资企业相同的是,合伙企业不缴纳企业所得税,合伙人从企业中获得的收入作为个人所得税的纳税基础。当两个或两个以上合伙人成立合伙企业后,他们通常会通过合伙企业确立合伙关系的详细条款。该协议应该明确合伙人的权利、义务以及利润分配等细节。与个人独资企业类似,合伙人对合伙企业直接负责。

（3）公司。公司是指股东依法设立，以营利为目的，以其认缴的出资额或认购的股份为限对公司承担责任，以其全部独立法人财产对公司债务承担责任的企业法人。

公司作为法人，可以参与合同的订立，公司对其收益缴纳企业所得税，股东无须为公司行为活动承担法律责任，仅以其出资额，即以购买股份的金额承担有限责任。具有独立人格、股东享有有限责任、股份可以自由转让、董事会授权下的集中管理、投资者所有，是现代公司核心的五大特征。股东通常聘用专业管理人员来管理公司，从而导致公司的所有权和经营权的分离。为了保护公司所有者的权益，监管机构（例如证监会）通常被用来监督管理在交易所公开上市公司披露的财务报告，旨在确保管理者按照股东所期望的方式经营公司，确保管理者依法行使自己的权利。

2）持续经营

持续经营（going concern）是指会计主体在可预见的未来，将根据企业既定的经营方针和目标不断地经营下去。也就是说，在可预见的将来，企业不会被宣告破产或进行清算，持有的资产将正常营运，负债将继续进行清偿。这一基本假设的主要意义在于，使会计的核算与监督建立在非清算基础上，从而解决了资产计价、负债清偿和收益确认的问题。如果企业在经营过程中被宣告破产或进行了清算，持续经营前提将被清算的规则所替代。

3）会计分期

会计分期（accounting period）是指将企业持续的生产经营活动划分为若干个相等的会计期间。这一基本假设的主要意义是界定了会计核算的时间范围。会计分期的基本前提为分期计算盈亏奠定了基础；有了会计分期的基本前提，会计核算才能够定期提供信息，满足不同的会计信息使用者的需求。

会计期间可以是年度、半年度、季度和月度。我国《企业会计准则》《企业会计制度》中规定，我国会计年度与财政年度相一致，按公历年度确定，其起止日期为1月1日至12月31日。半年度、季度、月度均称为会计中期，并均按公历起止日期确定。

4）货币计量

货币计量（monetary measurement）是指企业在会计核算中以货币为计量单位记录和反映生产经营活动。这一基本假设的主要意义是通过一般等价物的货币以数量形式综合地反映企业的财务状况和经营成果。

《企业会计准则——基本准则》中规定，企业应选择货币作为计量单位。在有些情况下，采用货币计量也有缺陷，有些影响企业财务状况和经营成果的因素，往往难以用货币来计量，可以通过报表附注的形式披露有关非财务信息。

会计核算的四个基本前提具有相互依存、相互补充的关系。会计主体确立了会计核算的空间范围；持续经营与会计分期确立了会计核算的时间范围；货币计量为会计核算提供了必要的手段。没有会计主体，就不会有持续经营和会计分期；没有货币计量也就没有现代会计。

3. 会计核算基础

企业应当以权责发生制为基础进行会计确认、计量和报告。权责发生制也称应收应付制,它要求对会计主体在一定期间内发生的各项业务,以是否取得经济权利或是否承担经济责任为标准,决定资产、负债、收入和费用的确认,主要是收入和费用的确认。除了权责发生制,在确认收入和费用时也存在收付实现制,两者之间的区别如下。

1) 收付实现制

收付实现制(cash basis),亦称现收现付制,是以货币资金的实收实付作为确定各期收入和费用的标准。在收付实现制下,凡当期实际收付了货币资金,即作为当期的收入或费用处理;凡当期没有货币资金的收付,即使收入取得或费用发生,也不能作为当期的收入或费用处理。例如,预收某单位货款 10 000 元,虽然是预收货款,没有将商品的控制权转移给买方,但在此时即将此项收入计入本月销售收入,因为本月收入了货币资金。再如,用银行存款预付下年度企业财产保险费 12 000 元,虽然是预付,但在此时即将此项支出计入本月费用,因为本月支出了货币。

采用收付实现制,因不考虑未收到货币资产的收入事项和未付出货币资产的支出事项,所以可减轻记账和算账的工作量,但一部分已发生的会计事项未被记录,使得企业财务成果的计算不准确,不便于考核经济效益。因此,这种处理标准一般只适用于政府和事业单位。

2) 权责发生制

权责发生制(accrual basis),亦称应收应付制,是以经济权利和责任的发生即应收应付作为确定各期收入和费用的标准。在权责发生制下,凡属于本期的收入或费用,无论是否在本期实际收到或付出货币资金,均应作为本期的收入或费用处理,凡不属于本期的收入或费用,即使在本期实际收到或付出货币资金,也不应作为本期的收入或费用处理。例如,预收某单位货款时,企业并没有发出产品,按照权责发生制的要求,不能将此项收入计入本月收入,而应将其计入预收账款,待发出产品,产品控制权转移时再计入主营业务收入。再如,用银行存款预付下年的财产保险费,按照权责发生制的要求应计入长期待摊费用,摊入下年度,不能全部作为本期的费用。

采用权责发生制的标准确定企业各期的收入和费用,虽然会因记录、计算应收、应付事项而增加会计工作量,但却能够比较准确地反映企业一定时期的财务成果,便于考核经济效益。因此,我国企业会计准则规定,企业要采用权责发生制作为处理会计事项的基础。

1.4 会计信息质量要求

1. 会计信息质量要求概述

会计信息质量要求是对企业财务报告中所提供会计信息质量的基本要求,是使财务报告中所提供会计信息对投资者等使用者决策有用应具备的基本特征。《企业会计准则——基本准则》中规定了八条衡量会计信息质量方面的要求,其中包括首要质量要求四条、次要质量要求四条。

2．会计信息首要质量要求

1）可靠性

可靠性（reliability）要求企业应当以实际发生的交易或者事项为依据进行确认、计量和报告，如实反映符合确认和计量要求的各项会计要素及其他相关信息，保证会计信息真实可靠、内容完整。

会计信息有用性必须以可靠性为基础。如果会计信息缺乏可靠性，就会对投资人等会计信息使用者的决策产生误导甚至损失。为贯彻可靠性要求，企业应该做到以下两方面。

（1）以实际发生的交易或者事项为依据进行确认、计量，符合会计要素定义及其确认条件的应如实地反映在财务报表中。

（2）在符合重要性和成本效益原则的前提下，保证会计信息的完整性。不得随意遗漏或者减少应披露的信息，与使用者决策相关的有用信息都应当充分披露。

2）相关性

相关性（relevance）原则亦称有用性原则，要求企业提供的会计信息与投资者等财务报告使用者的经济决策需要相关，有助于投资者等财务报告使用者对企业过去、现在或者未来的情况作出评价或预测。

会计信息是否有用、是否具有价值，关键是看其与使用者的决策需要是否相关，是否有助于决策或者提高决策水平。会计信息相关性要求，企业在确认、计量和报告会计信息的过程中，应充分考虑到使用者的决策模式与信息的需要。

3）可理解性

可理解性（understandability）要求企业提供的会计信息清晰明了，便于投资者等财务报告使用者的理解和使用。

企业编制财务报告、提供会计信息的目的在于使用，因此，为了便于使用者了解会计信息的内涵，财务报告提供的会计信息应当清晰明了、易于理解。只有这样，才能提高会计信息的有用性，实现财务报告的目标。

在强调会计信息的可理解性要求的同时，还应假定使用者具有一定的有关企业经营活动和会计方面的知识，对于某些复杂但与使用者的经济决策有关的信息，企业也应当在财务报告中予以充分披露。

4）可比性

可比性（comparability）要求企业提供的会计信息应当相互可比。这主要包括两层含义。

（1）同一会计期间不同会计主体的会计信息要具有可比性。为了便于投资者等财务报告使用者评价不同企业的财务状况、经营成果和现金流量及其变动情况，会计信息质量可比性要求，不同企业同一会计期间发生的相同或者相似的交易或者事项，应当采用规定的会计政策，确保会计信息口径一致、相互可比，以使不同企业按照一致的确认、计量和报告要求提供有关能够进行横向比较的会计信息，即横向比较。

（2）同一企业不同时期的会计信息要具有可比性。为了便于投资者等财务报告使用者了解企业的财务状况、经营成果和现金流量及其变化趋势，比较企业在不同时期的财务报告信息,全面、客观地评价过去、预测未来,从而作出决策,会计信息质量的可比性要求同一企业不同时期发生的相同或者相似的交易或者事项,应当采用一致的会计政策,不得随意变更。如确有变更,应将变更的情况、变更的原因及对企业财务状况和经营成果的影响,在财务报表附注中予以说明。这项规定,为同一主体不同期间的会计信息进行比较分析,预测企业的发展趋势提供有关能够进行纵向比较的会计信息,即纵向比较。

3. 会计信息次要质量要求

1) 实质重于形式

实质重于形式(substance over form)要求企业按照交易或事项的经济实质进行会计确认、计量和报告,而不应当仅仅以交易或者事项的法律形式作为依据。

企业发生的交易或者事项在多数情况下,其经济实质和法律形式是一致的。但在实际工作中,有时经济实质和法律形式会出现不一致的情况。若交易或事项的外在法律形式并不能完全真实地反映实质内容,当会计信息反映这种交易或事项时,不能根据它们的法律形式进行核算,而必须根据交易或事项的实质或经济现实进行核算。如融资租入固定资产,从外在的法律形式上看,企业不具有其产权;但从经济实质来看,融资租入固定资产符合资产定义以及条件,视为企业自有资产。

2) 重要性

重要性(materiality)要求企业提供的会计信息应当反映与企业财务状况、经营成果和现金流量有关的所有重要交易或者事项。在实务中,如果会计信息的省略或者错报会影响投资者等财务报告使用者据此作出决策的,该信息就具有重要性。

重要性的应用需要依赖职业判断,企业应当根据其所处环境和实际情况,从项目的性质和金额大小两方面加以判断。

对于影响会计信息使用者作出合理判断的重要交易或事项,必须在财务会计报告中予以充分、准确的披露;对于次要的会计事项,在不影响会计信息真实性和不至于误导会计信息使用者作出正确判断的前提下可适当简化处理。

3) 谨慎性

谨慎性(conservatism)要求企业对交易或者事项进行会计确认、计量和报告时应当保持应有的谨慎,不应高估资产或者收益、低估负债或者费用。

在市场经济环境下,企业的生产经营活动面临着许多风险和不确定性,会计信息质量的谨慎性要求,需要企业在面临不确定性因素的情况下作出职业判断时,保持应有的谨慎,充分估计各种风险和损失,既不高估资产或者收益,也不低估负债或者费用。

谨慎性的应用也不允许企业设置秘密准备,如果企业故意低估资产或收益,或者高估负债或者费用,损坏了会计信息质量,扭曲了企业实际财务状况和经营成果,违背了会计信息可靠性和相关性要求,对财务报告使用者的决策产生误导,这是会计准则所不允许的。

4) 及时性

及时性(timeliness)要求企业对于已经发生的交易或者事项,应当及时进行确认、计量和报告,不得提前或者延后。

会计信息的价值在于帮助所有者或者其他方面作出经济决策,具有时效性。会计信息除了必须保证其真实性、可靠性以外,还应保证信息的时效性。

为了保证会计信息的时效性,要求及时收集、加工处理会计信息,并且应按时传递会计信息。

1.5 会计核算的基本程序与方法

1. 会计核算基本程序概述

会计作为提供会计信息的管理活动,将企业发生的经济业务按会计的规则与方法加工为会计信息并提供给相关的使用者是一个非常复杂的过程。这个过程就是会计核算,它包括确认、计量、记录和报告四个环节。

在会计核算的过程中,首先将企业发生的经济业务,按一定的标准进行筛选后进入会计核算系统,这就是确认;然后,以货币为主要计量单位对进入会计信息系统的信息进行度量,这就是计量;再后,使用一定的载体将确认和计量后的会计信息进行连续、系统、全面的记载,这就是记录;最后,在记录的基础上再经过加工处理并将其报送出去,这就是报告。在确认、计量、记录和报告的四个环节中,还需要借助专门的会计核算方法来进行。

会计作为一种提供会计信息的管理活动,对特定主体发生的经济活动进行全面、连续、系统的核算与监督,必须借助专门的方法。会计方法是履行会计职能和实现会计目标的手段。

2. 会计核算过程的构成

1) 会计确认

(1) 会计确认(accounting recognition)的概念。会计确认是指按一定的标准对发生的经济信息进行分析后所作出的判断。符合会计标准的经济信息则确定其归属的会计对象,并纳入会计核算体系。会计确认可分为初次确认和再次确认。

初次确认的目的是剔除不属于会计核算范围的经济信息,将属于会计核算标准的信息纳入会计核算程序中。再次确认的目的是对已纳入会计核算程序中的会计信息进行整理、分析,最终对外提供会计信息。经过会计初次确认和再次确认,可以保证会计信息的真实性和可靠性。

(2) 会计确认的标准。会计确认的主要标准是可定义性和可计量性。

① 会计确认的可定义性是指企业经营活动中能用货币表现的经济活动属于会计确认的范围。具有会计信息属性的经济信息一般可以具体化为会计对象要素,按照会计对象要素的定义和特征加以确认,就是可定义性。

② 会计确认的可计量性。可计量性是会计确认的核心问题,是指在可定义的基础上,经济信息必须量化,能够用货币计量,才能保证确认后的信息具有统一性,可以进行比较、进行加工。

2) 会计计量

会计计量(accounting measurement)是指根据被计量对象的属性,选择一定的计量基础和计量单位,确定应记录项目金额的会计处理过程。会计计量包括计量单位和计量基础两个方面。

计量单位是指计量尺度的量度单位。会计是以货币为主要的计量单位,在计量经济业务时,也不排除使用实物量和劳动量单位。

计量基础是指所用量度的经济属性。2014年我国新修订的《企业会计准则——基本准则》中规定,会计计量属性主要包括以下几种。

(1) 历史成本(historical cost)。历史成本也称为实际成本,就是取得或制造某项资产时所实际支付的现金或者其他等价物。

在历史成本计量下,资产按照其购置时所付出的现金或者现金等价物的金额,或者按照购置资产时所付出的对价的公允价值计量。

负债按照因承担现时义务而实际收到的款项或者资产的金额,或者承担现时义务的合同金额,或者按照日常活动中为偿还负债预期需要支付的现金或者现金等价物的金额计量。

(2) 重置成本(replacement cost)。重置成本也称为现行成本,是指按照当前市场条件,重新取得同样一项资产所需支付的现金或现金等价物。

在重置成本计量下,资产按照现在购买相同或者相似资产所需支付的现金或者现金等价物的金额计量。

负债按照现在偿付该项债务所需支付的现金或者现金等价物的金额计量。

(3) 可变现净值(net realizable value)。可变现净值,是指在正常生产经营过程中,以预计售价减去进一步加工成本和销售所必需的预计税金、费用后的净值。

在可变现净值计量下,资产按照其正常对外销售所能收到现金或者现金等价物的金额扣减该资产至完工时估计将要发生的成本、销售费用以及相关税金后的金额计量。

(4) 现值(present value)。现值是指对未来现金流量以恰当的折现率进行折现后的价值,是考虑货币时间价值因素等的一种计量属性。

在现值计量下,资产按照预计从其持续使用和最终处置中所产生的未来净现金流入量的折现金额计量。

负债按照预计期限内需要偿还的未来净现金流出量的折现金额计量。

(5) 公允价值(fair value)。在公允价值的计量下,资产和负债按照市场参与者在计量日发生的有序交易中,出售资产所能收到或者转移负债所需支付的价格计量。

《企业会计准则——基本准则》中规定,企业进行计量时,一般采用历史成本;采用其他计量属性的,应保证所确定的会计要素金额能够取得并能可靠计量。

3) 会计记录

会计记录是对会计对象进行记录的手段。在会计核算过程中,没有单独地划分出会计确认和计量的环节,而是将其融合在会计核算的各种方法中。通过会计记录,体现会计的确认与计量,而且经过了会计记录的环节,可以对会计信息进行分类、汇总、描述与量化,使会计信息成为一种有用的、共享的资源。

4）会计报告

会计报告也称为财务会计报告，是指企业对外提供的反映企业某一特定日期的财务状况和某一会计期间的经营成果、现金流量等会计信息的文件。

财务会计报告包括会计报表及其附注和其他应当在财务会计报告中披露的相关信息与资料。会计报表至少包括资产负债表、利润表、现金流量表等，小企业编制的会计报表可以不包括现金流量表。附注是对报表列示项目的进一步说明。

3. 会计核算方法

企业常用的会计核算方法包括设置会计科目和账户、复式记账、填制和审核凭证、设置和登记账簿、成本计算、财产清查和编制财务会计报告。

会计核算方法的相互联系、相互配合，构成了一个完整的方法体系。企业要根据会计科目设置账户；在发生经济业务时，根据经济业务的内容取得或填制原始凭证并加以审核；审核无误后编制记账凭证；根据审核无误的记账凭证运用复式记账法登记账簿；计算成本和费用；为了保证会计资料的真实性还应对财产进行清查；最后根据账簿资料编制财务会计报告。具体会计核算方法将在本书专门章节进行讲述。

1.6 企业会计的分支和财务会计概念框架

1. 企业会计的两大分支

现代企业会计分为两大分支：财务会计（financial accounting）和管理会计（management accounting）。

（1）财务会计。财务会计是指通过对企业已经完成的资金运动全面系统的核算与监督，以为外部与企业有经济利害关系的投资人、债权人和政府有关部门提供企业的财务状况与盈利能力等经济信息为主要目标而进行的经济管理活动。财务会计通常以公认的会计惯例、标准为准绳进行财务报告的对外报送。常用的会计标准包括国际会计准则（International Accounting Standards，IAS）、国际财务报告准则（International Financial Reporting Standards，IFRS）、各国准则制定机构制定的会计准则等（如我国的《企业会计准则》）。

（2）管理会计。管理会计又称分析报告会计，是一个管理学名词。管理会计是从传统的会计系统中分离出来，与财务会计并列，着重为企业进行最优决策，改善经营管理，提高经济效益服务的一个企业会计分支。为此，管理会计应针对企业管理部门编制计划、制定策略、作出决策、控制经济活动的需要，记录和分析经济业务，呈报对企业内部的管理信息，并直接参与决策控制过程。

2. 财务会计概念框架

财务会计概念框架（conceptual framework of financial accounting，CF）是相互管理的目标和基本协调一致的系统，是有关该领域的众多的规律、规则、公理及其他基本概念的综合。

在英、美等国家及国际会计准则理事会(IASB),财务会计概念框架属于会计理论,不属于会计准则。国际会计准则委员会(IASC)于1989年颁发了《编报财务报表的框架》;2002年起,IASB和财务会计准则委员会(FASB)联合展开概念框架修订工作;2006年,IASB颁发修订目标章和质量特征章的讨论稿;2008年,IASB颁发了相关内容的征求意见稿;2010年,IASB最终颁布了修订后的概念框架目标章和质量特征章。IASB在2012年重启修订概念框架项目时,曾决定不再修订目标章和质量特征章,因为这两章在两年前刚修订完毕。2013年IASB颁发的修订概念框架的讨论稿不涉及这两章,但其后IFRS的利益攸关者提出了各种对目标章和质量特征章的修改意见。因此,IASB对这两章又做了幅度不小的修订,体现了导向性的重大变化。

财务会计概念框架既指导具体会计准则的制定和修改,又是对会计准则的理论说明,在我国的会计标准体系中,类似的内容是在《企业会计准则——基本准则》中。财务会计概念框架可以缩小会计准则与相关法规的差异和矛盾,减少有关利益主体的干扰,加强财务报告的有用性,有助于财务报告的使用者、利益相关者了解财务会计及报告的基本原理,以便正确进行财务分析。

财务会计概念框架一般分为以下基本部分。

(1) 财务会计目标。明确谁是财务会计信息的使用者,会计信息使用者需要哪些会计信息,财务会计可以提供哪些会计信息。

(2) 财务会计的对象。财务会计对象是指财务会计确认、计量、记录、报告的内容。

(3) 财务会计的基本假设(核算前提)。

(4) 财务会计信息质量特征。

在IASB《编报财务报表的框架》中,提出四项主要特征:可理解性、相关性、可靠性与可比性。另外,还提出了对信息质量特征的限制因素:及时性、效益和成本之间的平衡、各质量特征之间的平衡。

2010年9月28日,IASB与FASB联合发布研究成果——财务报告概念框架中的"通用目的财务报告的目标"和"有用财务信息的定性特征"。"有用财务信息的定性特征"分为基础性特征(fundamental qualitative characteristics)和提升性特征(enhancing qualitative characteristics)。基础性特征包括相关性(relevance)和如实反映(faithful representation),提升性特征包括可比性(comparability)、可验证性(verifiability)、及时性(timeliness)和可理解性(understandability)。有用财务信息的定性特征见表1-1。

表1-1 有用财务信息的定性特征

特 征		具 体 内 容
限制(约束)条件		成本效益原则、重要性原则
基础性特征	相关性	预测价值(predictive value)、证实价值(confirmatory value)或两者兼有
	如实反映	完整(completeness)、中立(neutrality)、无误(free from error)
	提升性特征	可比性、可验证性、及时性、可理解性

(5) 财务会计报表要素。国际会计准则将会计报表要素分为五类：资产、负债、所有者权益、收益、费用。

国际会计准则中没有利润这一会计要素，因为收益和费用都是广义概念，利润是收益与费用的差额，不需要把利润作为一个单独的要素。

(6) 财务报告。企业常见的财务报告包括资产负债表或反映企业财务状况的报表(the statement of financial position, SOFP)、利润表或反映企业利润和其他综合收益的报表(the statement of profit or loss and other comprehensive income, SPLOCI)、所有者权益变动表（the statement of changes in equity）和现金流量表(the statement of cash flows)，详细框架和内容见第8章。

【本章小结】

(1) 会计目标亦称会计目的，是要求会计工作完成的任务或达到的标准。会计目标主要解决的是会计工作服务的对象和服务的内容，即提供的信息。目前学术界关于会计的目标主要存在"受托责任观"和"决策有用观"两种观点。受托责任观是公司制和现代产权理论的产物，资源的受托方接受委托方所交付的资源，受托方承担有效地管理与运用受托资源、使其达到保值增值的责任；资源的受托方承担如实地向资源的委托方报告受托责任履行过程与结果的义务。受托责任产生的原因在于所有权和经营权的分离，由于商品经济的发展和生产规模的扩大，所有权与经营权分离现象变得极为普遍，受托责任的观念也逐渐普及。目前受托责任的对象不仅涉及资产或资源的受托责任，还涉及社会责任，包括环保、就业等。受托责任观的核心内容是：财务报告的目标是有效反映受托者受托管理委托人财产责任的履行情况。财务报告是委托人和受托人之间的媒介。决策有用观是在资本市场日益发达的背景下产生的，投资人需要大量的有用地反映企业财务状况、经营成果和现金流量的信息，不仅需要定性的信息，还需要定量的信息；不仅包括财务方面的信息，还包括非财务方面的信息；不仅包括对过去的经济业务的反映，还包括对企业现在和未来的信息的渴求。为了满足这些信息的需求，会计的目标就应运而生。

(2) 会计要素。企业会计要素是反映企业财务状况和经营成果的基本单位，也是财务报表的基本框架。《企业会计准则——基本准则》中规定，企业会计要素可分为两类，即反映财务状况的会计要素和反映经营成果的会计要素。反映财务状况的会计对象要素有资产、负债和所有者权益三项；反映经营成果的要素有收入、费用和利润三项。

(3) 《企业会计准则——基本准则》中规定，会计基本假设包括会计主体、持续经营、会计分期和货币计量四项。

(4) 会计核算的基础可以分为收付实现制和权责发生制。

(5) 会计信息质量要求是对企业财务报告中所提供会计信息质量的基本要求，是使财务报告中所提供会计信息对投资者等使用者决策有用应具备的基本特征。《企业会计准则——基本准则》中规定了八条衡量会计信息质量方面的要求，其中包括首要质量要求四条、次要质量要求四条。

(6) 会计核算过程由确认、计量、记录和报告四个环节构成。会计确认是指按一定的标准对发生的经济信息进行分析后所作出的判断。符合会计标准的经济信息则确定其归属的会计对象,并纳入会计核算体系。会计确认可分为初次确认和再次确认。会计计量是指根据被计量对象的属性,选择一定的计量基础和计量单位,确定应记录项目金额的会计处理过程。会计计量包括计量单位和计量基础两个方面。

计量单位是指计量尺度的量度单位。会计是以货币为主要的计量单位,在计量经济业务时,也不排除使用实物量和劳动量单位。

计量基础是指所用量度的经济属性。2014年我国新修订的《企业会计准则——基本准则》中规定,会计计量属性主要包括:历史成本、重置成本、可变现净值、现值、公允价值。

(7) 企业常用的会计核算方法包括设置会计科目和账户、复式记账、填制和审核凭证、设置和登记账簿、成本计算、财产清查和编制财务会计报告。

【主要专业词汇中英文对照】

中文	英文	中文	英文
会计	accounting	资产	assets
负债	liabilities	所有者权益	owner's equity
收入	revenue	费用	expenses
利润	profit	会计主体	accounting entity
持续经营	going concern	会计分期	accounting period
货币计量	monetary measurement	权责发生制	accrual basis
收付实现制	cash basis	可靠性	reliability
相关性	relevance	可理解性	understandability
可比性	comparability	实质重于形式	substance over form
重要性	materiality	谨慎性	conservatism
及时性	timeliness	历史成本	historical cost
重置成本	replacement cost	可变现净值	net realizable value
现值	present value	公允价值	fair value
财务会计	financial accounting	管理会计	management accounting
独资企业	sole proprietorship	合伙企业	partnership
公司	corporation	财务会计概念框架	conceptual framework of financial accounting, CF

【思考题】

1. 什么是会计?会计的特点是什么?
2. 什么是会计的基本职能?
3. 会计核算有哪些专门方法?
4. 简述会计核算的基本前提。
5. 简述收付实现制和权责发生制的区别。
6. 什么是会计信息质量要求?举例说明。
7. 会计要素有哪些?其主要内容是什么?

8. 会计计量的计量属性有哪些？
9. 简述会计目标的两种观点。

货币资金的增加就是赚取的利润吗

某企业是一家小型企业，月初库存现金余额 5 000 元，银行存款 40 000 元，应收账款 10 000 元，预付账款 10 000 元，存货 10 000 元，固定资产 25 000 元，实收资本 100 000 元。本月发生如下经济业务：

(1) 收到本月的营业收入款 15 600 元。
(2) 支付上个月应负担的水电费 5 000 元。
(3) 支付本月负担的办公费 1 900 元。
(4) 应收营业收入 20 000 元，未收款。
(5) 支付下季度保险费 2 800 元。
(6) 预收客户货款 30 000 元。
(7) 负担上个季度已经预付的费用 1 600 元。

讨论题

月末企业的货币资金余额（包括库存现金和银行存款）共计 100 900 元，我们可否认为本月增加的 55 900 元(15 600－5 000－1 900＋20 000－2 800＋30 000)就是企业实际的利润额？企业对外报送的本期利润额应该是多少？请依照我们在本章讲解的会计基本理论作出解释说明。

存 货 之 谜

证监会 2020 年 6 月 24 日消息，证监会近日依法对獐子岛集团股份有限公司（以下简称"獐子岛"）信息披露违法违规案作出行政处罚及市场禁入决定，对獐子岛公司给予警告，并处以 60 万元罚款，对 15 名责任人员处以 3 万元至 30 万元不等罚款，对 4 名主要责任人采取 5 年至终身市场禁入。这是原证券法下对公司及相关人员的顶格处罚。事情的原委还要追溯到 2014 年，让我们先来看看獐子岛的基本情况。

獐子岛集团股份有限公司的起步可追溯至 1958 年，曾先后被誉为"黄海深处的一面红旗""海上大寨""黄海明珠""海底银行""海上蓝筹"。现发展成为以海洋水产业为主，集海珍品育苗、增养殖、加工、贸易、冻鲜品冷藏物流、客运、休闲渔业于一体的大型综合性海洋食品企业。集团公司位于中国大连市，注册资本 7.1 亿元，资产总额 49 亿元，员工 4 000 余人，下设 19 家分公司、20 家子公司、2 家参股公司。公司于 2006 年 9 月 28 日在深交所上市（股票代码 002069），并创造中国农业第一个百元股。集团是达沃斯"全球成长型公司社区"首批创始会员，荣膺"可持续发展的新领军者"典范企业、全球"行业塑造者""2012 年 BCG 中国 50 强全球挑战者"，并当选为"CCTV 年度最佳雇主"、全国首届"兴渔富民新闻人物"企业。

2014 年 10 月，獐子岛发布公告称，因遭遇北黄海异常的冷水团，公司在进行秋季底播虾夷扇贝存量抽测时发现部分海域的底播虾夷扇贝存货异常，后综合判定公司海洋牧场发生了自然灾害,北黄海冷水团低温及变温、北黄海冷水团和辽南沿岸流锋面影响、营养盐变化等综合因素,导致公司百万亩即将进入收获期的虾夷扇贝绝收。前三季业绩由预报盈利转为亏损8亿元。事后,獐子岛董秘曾对媒体称,2014年冷水团事件后公司采取了一系列措施提升海洋牧场的风险识别与预警能力,落实风险控制措施,并提升海洋牧场的透明度,同时声称目前上述承诺均已全部履行完毕或转成为公司的常态化管理。

2015—2017年,獐子岛营业收入分别为27.27亿元、30.52亿元、32.06亿元。好景不长,2018年1月30日,獐子岛的一则公告再度震惊市场,表示公司正在进行底播虾夷扇贝的年末存量盘点,目前发现部分海域的底播虾夷扇贝存货异常。2017年,因"部分海域的底播虾夷扇贝存货异常",獐子岛全年业绩由预计盈利变为巨亏7.23亿元。具体见图1-2。2019年4月,獐子岛称一季度亏损4 314万元,理由依然是"底播虾夷扇贝受灾"。

科目\年度	2017	2016	2015	2014	2013	2012
基本每股收益	-1.0200	0.1119	-0.3416	-1.6700	0.1400	0.1500
净利润(元)	-7.23亿	7959.34万	-2.43亿	-11.89亿	9694.28万	1.06亿
净利润同比增长率	-1008.19%	132.76%	79.57%	-1326.83%	-8.27%	-78.78%
扣非净利润(元)	-1.28亿	-2787.46万	-4.91亿	-2.09亿	6980.18万	1.29亿
扣非净利润同比增长率	-360.99%	94.32%	-134.66%	-399.71%	-46.01%	-76.79%
营业总收入(元)	32.06亿	30.52亿	27.27亿	26.62亿	26.21亿	26.08亿
营业总收入同比增长率	5.04%	11.93%	2.43%	1.58%	0.48%	-11.20%

图1-2 獐子岛2012—2017年相关经济指标

证监会借助北斗卫星导航系统,对公司27条采捕船只数百余万条海上航行定位数据进行分析,委托两家第三方专业机构运用计算机技术还原了采捕船只的真实航行轨迹,复原了公司真实的采捕海域,进而确定实际采捕面积,并据此认定獐子岛公司成本、营业外支出、利润等存在虚假。

据此,证监会指出,其"违法情节特别严重,严重扰乱证券市场秩序、严重损害投资者利益,社会影响极其恶劣"。然而,在此情况下,獐子岛公司受到的处罚仅为警告、罚款60万元。

资料来源:证监会官网,獐子岛财务报告。

讨论题

1. 獐子岛存货出现问题,会影响到企业哪些会计要素?
2. 结合案例,谈谈你对谨慎性原则的认识。
3. 獐子岛为什么会在2016年出现利润,如果不是盈利,会给企业带来什么影响?
4. 结合案例,谈谈真实可靠性原则为什么是我们基本会计准则的首要信息质量特征。

【即测即练】

第 2 章

会计科目和会计账户

【本章学习目标】

1. 了解会计科目的设置、一级会计科目的名称及分类;
2. 了解会计科目的概念、用途、层次;
3. 理解账户的基本结构;
4. 了解账户的发生额、余额及它们之间的关系;
5. 了解账户的分类;
6. 掌握会计科目与账户之间的关系。

财务会计报表是怎么编制的

贵州茅台(SH600519)2021 年半年报的财务会计报表数据摘录如下:

每股净资产:128.751 8 元

基本每股收益:19.63 元

稀释每股收益:19.63 元

经营现金流量净额:217.19 亿元

货币资金:541.98 亿元

资产总计:2 128.69 亿元

负债合计:453.04 亿元

所有者权益合计:1 675.65 亿元

营业收入:490.87 亿元

净利润:262.07 亿元

毛利率:91.38%

这些财务指标是投资者、债权人投资决策过程中需要参考的重要信息,那么这些数据是怎么形成的?其中很多指标就是会计要素的名称,如资产、负债、所有者权益合计;而其他的指标则是对会计要素的拆细分析,如货币资金,它是资产中最具流动性的一类资产,是根据多个会计账户余额计算确定,需要综合分析"库存现金""银行存款""其他货币资金"等多个会计账户余额进行加总计算。

2.1 会计科目

1. 会计科目的概念

对会计主体发生的经济业务进行全面、连续、系统的核算和监督,首先就要对会计要素进行分类,在此基础上才能够进行核算和监督。会计要素是会计对象的具体化,但在会计核算中这六个会计对象要素涵盖的内容还是过于宽泛,不能满足信息使用者对会计信息全面、翔实的需求,因此在进行会计核算时还需要在会计要素的基础上再次进行分类。

会计科目(account title)就是对会计要素按照经济内容的性质进行分类的项目。

按照会计要素分类,会计科目包括资产类会计科目、负债类会计科目、所有者权益类会计科目、收入类会计科目、费用类会计科目、利润类会计科目。《企业会计准则——应用指南》中规定的一级会计科目分为六大类,即资产类、负债类、共同类、所有者权益类、成本类和损益类,其中,共同类包括那些需要根据余额方向判断资产或者负债归属的会计科目;收入类和费用类合称损益类;利润类被归类到所有者权益类。

为了便于运用计算机处理会计信息,《企业会计准则——应用指南》中还规定了会计科目的编号。根据《企业会计准则——应用指南》中的规定,企业常用的会计科目见表 2-1。

表 2-1 企业会计科目表

编号	会计科目名称	编号	会计科目名称
	一、资产类	1503	其他债权投资
1001	库存现金	1511	长期股权投资
1002	银行存款	1512	长期股权投资减值准备
1012	其他货币资金	1521	投资性房地产
1101	交易性金融资产	1531	长期应收款
1121	应收票据	1532	未实现融资收益
1122	应收账款	1601	固定资产
1123	预付账款	1602	累计折旧
1131	应收股利	1603	固定资产减值准备
1132	应收利息	1604	在建工程
1221	其他应收款	1605	工程物资
1231	坏账准备	1606	固定资产清理
1401	材料采购	1611	未担保余值
1402	在途物资	1631	油气资产
1403	原材料	1632	累计折耗
1404	材料成本差异	1701	无形资产
1405	库存商品	1702	累计摊销
1408	委托加工物资	1703	无形资产减值准备
1411	周转材料	1801	长期待摊费用
1471	存货跌价准备	1811	递延所得税资产
1501	债权投资	1901	待处理财产损溢

续表

编号	会计科目名称	编号	会计科目名称
	二、负债类	4101	盈余公积
2001	短期借款	4103	本年利润
2101	交易性金融负债	4104	利润分配
2201	应付票据	4401	其他权益工具
2202	应付账款		五、成本类
2203	预收账款	5001	生产成本
2211	应付职工薪酬	5101	制造费用
2221	应交税费	5301	研发支出
2231	应付利息		六、损益类
2232	应付股利	6001	主营业务收入
2341	其他应付款	6041	租赁收入
2401	递延收益	6051	其他业务收入
2501	长期借款	6111	投资收益
2502	应付债券	6301	营业外收入
2701	长期应付款	6401	主营业务成本
2702	未确认融资费用	6402	其他业务成本
2801	预计负债	6403	税金及附加
2901	递延所得税负债	6601	销售费用
	三、共同类	6602	管理费用
3101	衍生工具	6603	财务费用
3201	套期工具	6701	资产减值损失
3202	被套期项目	6702	信用减值损失
	四、所有者权益类	6711	营业外支出
4001	实收资本	6801	所得税费用
4002	资本公积	6901	以前年度损益调整
4004	其他综合收益		

2. 会计科目的设置

设置会计科目是会计核算的一个专门方法。一个会计主体为了提供全面、系统的会计核算信息,首先要建立会计科目体系,即明确设置几级会计科目以及每级设置哪些会计科目。各会计主体必须设置一级会计科目,同时根据需要设置二级、三级等明细会计科目;其次要确定每级会计科目设置的数量以及每个会计科目的名称及核算的内容。

各级别的会计科目之间是种属关系。它们所反映经济内容的性质是一致的,但提供会计信息的详细程度和范围有所不同。以三级会计科目体系为例,一级会计科目提供某一经济内容总括的会计信息,具有统驭作用;三级会计科目提供某一经济内容最为详细和具体的会计信息;而二级会计科目提供的会计信息则介于一级会计科目和三级会计科目之间,比一级会计科目提供的会计信息较详细和具体,但比三级会计科目提供的会计信息较为宽泛。二级、三级会计科目都从属于一级会计科目。这三个级别的会计科目构成了会计科目体系基本框架。企业还可以根据需要进一步设置四级、五级会计科目。企业规模小、业务量少,也可不设二级会计科目。总之,企业应根据具体情况设置会计科目。

(1)一级会计科目的设置。一级会计科目也称为总分类科目或总账科目。一级会计科目是在会计要素的基础上进行的分类。一级会计科目规定了某一经济内容的性质和范围。一级会计科目规定的核算范围最为宽泛。

在我国为满足会计信息可比性的质量要求,企业会计核算中使用的一级会计科目必须按《企业会计准则——应用指南》中规定的会计科目设置,在不影响会计信息可比性的前提下,可根据企业实际情况自行增加或减少会计科目。

(2)明细分类会计科目的设置。总分类会计科目之外的会计科目也称为明细分类会计科目,简称明细科目,包括二级、三级等明细分类科目。下一级会计科目是上一级会计科目核算内容的具体化。例如,二级会计科目是在一级会计科目规定的范围内作出的进一步较详细的分类,二级会计科目核算的内容比一级会计科目详细具体,二级会计科目从属于一级会计科目。企业根据核算和管理的需要设置明细会计科目。例如,某企业原材料的类别比较多,需要设置明细会计科目进行核算,一级会计科目为"原材料",该企业在一级科目"原材料"下设置二级会计科目"原料及主要材料""辅助材料""委托加工物资""周转材料"。三级会计科目是在二级会计科目规定的核算范围内作出更详细的分类。例如,某企业原材料核算进行三级核算。该企业设置"原材料"一级会计科目,并设置二级会计科目"原料及主要材料",在二级会计科目下设置了"塑钢型材""玻璃钢板材""碳钢型材"三级会计科目进行核算。四级、五级等级别的会计科目也是根据核算需要进行设置。

会计主体设置会计科目体系首先满足外部会计信息使用者的决策需要,通过会计科目统一性实现会计信息可比性;其次,会计主体在设置会计科目时考虑其经营管理的需要,考虑增设或减少某些会计科目,形成每个会计主体的会计科目表。

2.2 会计账户

1. 账户的概念

设置会计科目仅仅是对会计要素按经济内容的性质作出了进一步的分类,并规定了每一个会计科目的名称及具体核算的内容。为了反映经济业务发生引起的特定经济内容的增减变动及变动的结果,还应根据会计科目设置账户(account)。

账户是根据会计科目设置的具有一定格式和结构,用于反映会计对象要素增减变动及其结果的载体。账户是根据会计科目设置的,会计科目就是账户的名称,也称为账户的户头。

2. 账户的基本结构

经济业务的发生会引起会计要素发生变化,为了记录这些变化及其变化的结果,账户必须有一定的格式和结构。在会计实务中,账户的结构和格式是根据需要设计的,形式多种多样,但基本结构只有两个金额栏,用来反映某一特定经济内容的增减变化。为了反映某一经济内容的增减变动及其变动的结果,账户分为左、右两方登记金额。一方登记增加额,另一方登记减少额。账户的基本结构见图2-1。由于账户的基本结构很像汉语的"丁"字,所以也称之为"丁"字账。

3. 账户余额的计算

账户能提供动态和静态两种指标。

本期发生的增加额和减少额称为本期发生额(total amount accounted for current period),表示本期某一特定经济内容发生的增减变动。本期发生额是动态的指标。

余额是某一特定经济内容发生增减变动的结果。余额是静态指标。账户的余额按表示的时间不同,又分为期初余额(opening balance, balance b/d)和期末余额(closing balance, balance c/d)。期末余额是本期增减变动的结果,同时也是下一期的期初余额。账户期末余额的计算公式如下:

$$期末余额=期初余额+本期增加额-本期减少额$$

为了更明确地反映发生额、余额在账户中的关系,三栏式账户的格式见图2-2。与双栏的丁字账相比,三栏式账户前两栏为发生额栏,最后一栏为余额栏。

图2-1 账户的基本结构　　　　　图2-2 三栏式账户

4. 账户的设置

账户应按会计科目体系设置。就企业来讲,为了提供某一经济内容的总括的情况,必须根据《企业会计准则——应用指南》中规定的一级会计科目设置总分类账户,也称总账账户,用来总括反映某一特定经济内容的增减变化及其结果。企业可根据需要按明细分类会计科目设置明细分类账户,用来反映某一特定经济内容较为详细和具体的信息。

会计科目与账户是相互联系的。会计科目与账户都是对会计要素具体内容进行的分类。会计科目是账户的名称,也是设置账户的依据,会计科目决定着账户核算内容的性质,因此,两者核算内容的性质是一致的。账户是会计科目的具体运用。会计科目与账户是有区别的。会计科目没有结构,只规定了核算的经济内容的性质;而账户具有一定的格式和结构,用来记录某一特定经济内容的增减变化及其变化的结果。账户的记录,能提供动态和静态的指标。

5. 账户的分类

为了全面、系统地反映会计主体的财务状况和经营成果,企业应根据会计科目设置账户。企业设置的总分类账户、明细分类账户构成了账户体系。账户可按不同的标志进行分类。

1）按提供指标的详细程度分类

按提供指标的详细程度，账户可分为总分类账户和明细分类账户。

（1）总分类账户。总分类账户也称总账账户，是根据《企业会计准则——应用指南》中规定的一级会计科目设置的，总括反映某一经济内容的账户。总分类账户具有统驭作用。

（2）明细分类账户。明细分类账户是根据需要按明细分类会计科目设置的，较详细反映某一经济内容的账户，从属于总分类账户。

总之，总分类账户和明细分类账户的关系与各级别的会计科目之间的关系一样。总分类账户提供总括的信息，具有统驭的功能；明细分类账户从属于总分类账户，提供的是详细和具体的信息，是对总分类账户的补充和说明。总分类账户与其所属的明细分类账户构成了企业的账户体系。

2）按经济内容的性质分类

按经济内容的性质，账户可分为以下六类。

（1）资产类账户。资产类账户是用来核算企业各项资产的账户，如"库存现金""应收账款""固定资产"账户等。

（2）负债类账户。负债类账户是用来核算企业各项负债的账户，如"短期借款""应交税费""应付职工薪酬""应付债券"账户等。

（3）共同类账户。共同类账户是特殊的资产、负债账户，账户余额究竟代表的是资产还是负债，需要通过账户余额的方向来判断。举例来说，"衍生工具"记录了会计主体的衍生品公允价值的变化，如果投资获得收益，净额结算时将获得经济利益流入，此时账户余额代表资产，反之就是负债。

（4）所有者权益类账户。所有者权益类账户是用来核算企业所有者权益的账户，如"实收资本""资本公积""盈余公积""本年利润""利润分配"账户等。

（5）成本类账户。成本类账户是用来核算产品成本的账户，如"生产成本""制造费用"账户等。

（6）损益类账户。损益类账户是用来核算收入、费用、支出的账户，如"主营业务收入""主营业务成本""税金及附加""管理费用""财务费用""销售费用""投资收益""营业外收入""营业外支出""所得税费用"账户等。

3）按用途分类

按用途，账户可分为以下十类。

（1）盘存类账户。盘存类账户是用来核算各种财产物资、现金增减变动及其结存状况的账户。这类账户是核算通过盘点确定结存数量的资产账户。如"库存现金""原材料""库存商品""固定资产"账户等。

（2）结算类账户。结算类账户是用来核算企业和其他单位或个人之间发生的债权债务结算情况的账户。结算类账户还可按经济业务的性质分为以下三类。

① 资产结算类账户。资产结算类账户是反映企业债权的资产账户，如"应收账款""其他应收款""应收票据"账户等。

② 负债结算类账户。负债结算类账户是反映企业负债的账户，如"应付账款""应付票据""应付职工薪酬""应交税费""应付利润"账户等。

③ 双重性质结算类账户。双重性质结算类账户是在一个账户中既反映债权的金额、又反映债务的金额的账户，如"预收账款""预付账款"账户等。

(3) 权益类账户。权益类账户是用来核算企业所有者权益的账户，如"实收资本""资本公积""盈余公积"账户。

(4) 跨期摊提类账户。跨期摊提类账户核算应由几个会计期间共同负担的费用，并将这些费用按权责发生制会计基础进行划分，分别记入各期的费用，如"长期待摊费用"账户。

(5) 计价对比类账户。计价对比类账户是对某项经济业务按两种不同的计价标准进行核算并计算其差额，以便确定业务成果的账户，如制造业原材料按计划价格核算设置的"材料采购"账户。

(6) 收入类账户。收入类账户是用来核算企业取得的各项收入和利得的账户，如"主营业务收入""其他业务收入""投资收益""营业外收入"账户等。

(7) 费用类账户。费用类账户是用来核算企业在日常生产经营活动中发生的各种耗费、支出和损失的账户，如"主营业务成本""管理费用""营业外支出"账户等。

(8) 成本计算类账户。成本计算类账户是用来归集费用计算成本的账户，如"生产成本"账户。

(9) 集合分配类账户。集合分配类账户一方面归集所发生的费用，另一方面将归集的费用采用一定的方法进行分配，如"制造费用"账户。

(10) 调整类账户。调整类账户是为了调整某个反映原始数据账户余额而设置的账户。反映原始数据的账户称为被调整账户。被调整类账户的余额与调整类账户的余额相加或相减，通过调整后，反映被调整账户的账面价值①。调整类账户按调整的方式不同分为以下三种。

第一种是抵减调整类账户。抵减调整类账户是用来抵减被调整账户金额的账户，两者之间是相减的关系。如"固定资产"账户属于被调整类账户，"固定资产"账户用原值计价，"累计折旧"是抵减调整类账户，两个账户的余额相减后的结果反映固定资产净值。又如，"长期应付款"是被调整类账户，"未确认融资费用"是抵减调整类账户，两个账户的金额相减后的结果反映企业长期应付款的净值。调整计算公式如下：

调整后的余额＝被调整类账户的余额－调整类账户的余额

第二种是附加调整类账户。附加调整类账户是用来调增被调整账户金额的账户，两者之间是相加的关系。如溢价发行公司债券时，"应付债券——面值"账户属于被调整类账户，记录应付债券的面值；"应付债券——利息调整"记录债券发行溢价，是附加

---

① 账面价值：被调整账户的余额加或减调整账户的余额得到的金额。例如，某公司按 1 030 元发行公司债券，债券面值 1 000 元，"应付债券——面值"账户余额是 1 000，"应付债券——利息调整"账户余额是 30，则"应付债券"的账面价值是 1 030 元。

调整类账户,两个账户的余额相加后的结果反映应付债券账面价值。调整计算公式如下:

$$调整后的余额=被调整类账户的余额+调整类账户的余额$$

第三种是双重性质的调整类账户。这类调整类账户有时是抵减调整类账户,有时是附加调整类账户。这类调整账户的性质需根据被调整类账户和调整类账户之间的关系来判断。如果两者是相加的关系,属于附加调整类账户;如果两者是相减的关系,属于抵减调整类账户。如制造业原材料按计划成本进行核算时,设置的"材料成本差异"账户就是双重性质的调整类账户。当"材料成本差异"账户反映的是超支额,与被调整类账户"原材料"账户的金额是相加的关系,属于附加调整类账户;当"材料成本差异"账户反映的是节约额,与被调整类账户"原材料"账户的金额是相减的关系,"材料成本差异"属于抵减调整类账户。

【本章小结】

(1) 会计科目。会计要素也被称作财务会计报表要素,它构成了财务会计报表的基本内容,而会计科目是对会计要素按照经济内容的性质进行进一步分类的具体项目。会计科目分为资产类、负债类、共同类、所有者权益类、成本类和损益类,其中,共同类由那些需要根据余额方向判断资产或者负债归属的会计科目构成;收入类和费用类合称损益类;利润类被纳入所有者权益类。

(2) 会计科目的层次。会计科目可简称为科目。为了向信息使用者提供详细信息,会计科目需要按照反映经济内容的详略程度分层次:一级(总分类、总账)科目、二级科目、三级科目等。一级科目反映的内容总括;下一级科目提供详细信息。

(3) 会计科目的设置。企业根据财政部制定的企业会计科目表,结合企业经营活动、规模等特征设置本企业的会计科目表。

(4) 会计账户的结构。会计账户根据会计科目设置,会计科目是会计账户的名称;会计账户至少包括两个金额栏,用来记录增加额和减少额这两类发生额。三栏式账户还包括用来反映账户余额的余额栏。

(5) 会计账户的金额。会计账户可简称为账户。账户中的金额包括发生额和余额。发生额是账户本期发生的增加额和减少额,是账户的动态金额。账户余额是某一特定经济内容发生增减变动的结果,账户余额分为期初余额和期末余额。期末余额是本期增减变动的结果,同时也是下一期的期初余额。发生额和余额关系可以表述为:期末余额=期初余额+本期增加额-本期减少额。

(6) 会计科目和会计账户的关系。会计科目与账户都是对会计要素具体内容进行的分类。会计科目是账户的名称,也是设置账户的依据,会计科目决定着账户核算内容的性质,因此,两者核算内容的性质是一致的。账户是会计科目的具体运用。会计科目没有结构,只规定了核算的经济内容的性质;而账户具有一定的格式和结构,用来记录某一特定经济内容的增减变化及其变化的结果。账户的记录,能提供动态和静态的指标。

【主要专业词汇中英文对照】

中　　文	英　　文	中　　文	英　　文
会计账户	account	丁字账户,T形账户	T accounts
调整账户	contra account	期初余额	opening balance, balance b/d
期末余额	closing balance, balance c/d		

【思考题】

1. 什么是会计科目？
2. 企业如何设置会计科目？
3. 根据《企业会计准则——应用指南》的规定，一级会计科目分为哪六类？
4. 什么是账户？账户的基本结构是怎样的？企业如何设置账户？
5. 账户提供哪些指标？
6. 账户的期末余额如何计算？
7. 账户提供的动态指标指的是什么？
8. 账户提供的静态指标指的是什么？
9. 调整类账户的作用是什么？调整类账户有哪些？
10. 结算类账户有哪些？如何分类？
11. 跨期摊提类账户的作用是什么？
12. 计价对比类账户的特点是什么？
13. 盘存类账户有哪些？其特点是什么？
14. 账户按用途分类，"制造费用"账户属于哪一类？
15. 调整类账户如何进行分类？
16. 会计科目与账户的关系是怎样的？

【业务题】

目的：掌握抵减调整账户与被调整账户之间的关系。

资料：月初，企业"固定资产"账户的余额是100，"累计折旧"账户的余额是12。本月，"累计折旧"的增加发生额为0.8。

要求：
(1) 计算固定资产的期初账面价值。
(2) 计算固定资产的期末账面价值。

案例分析

会计要素表述的国际差异

会计科目/账户是会计要素的进一步分类，是为了对会计主体的经济活动实现详细的确认、计量和报告。我国会计基本准则所指的"会计要素"与国际会计准则委员会、美国财务会计准则委员会所指的"财务报表要素"(elements of financial statements)描述的是同一事物,二者都是财务会计报表的基本构成单位。但由于受各会计准则制定机构的传统影响,在分类结果上有不同的表述。

我国的《企业会计准则——基本准则》第十条规定:"企业应当按照交易或者事项的经济特征确定会计要素。会计要素包括资产、负债、所有者权益、收入、费用和利润。"

美国的 Conceptual Framework for Financial Reporting Chapter 4, Elements of Financial Statement(来源: https://www.fasb.org/)的 E1 段列出了美国财务报告准则中的财务报表要素分类共 10 项,包括:

1. 资产
2. 负债
3. 权益(净资产)
4. 股东增资
5. 股利分配
6. 综合收益
7. 收入
8. 费用
9. 利得
10. 损失

(E1. This chapter defines the following 10 elements of financial statements:

a. Assets

b. Liabilities

c. Equity (net assets)

d. Investments by owners

e. Distributions to owners

f. Comprehensive income

g. Revenues

h. Expenses

i. Gains

j. Losses.)

国际会计准则委员会的 Conceptual Framework for Financial Reporting 中的第 4 章 4.1 条列出的财务报表要素包括:资产、负债、所有者权益、收益和费用(Chapter 4 4.1 The elements of financial statements defined in the Conceptual Framework are: (a) assets, liabilities and equity, which relate to a reporting entity's financial position; and (b) income and expenses, which relate to a reporting entity's financial performance。(来源: https://www.ifrs.org/))

尽管在形式上存在上述差异,但在实质上是具有可比性的。表 2-2 对上述表述的同质性进行说明。

表 2-2　会计要素表述的国际差异

制定机构	中国	美国	国际会计准则委员会
会计要素	资产	资产	资产
	负债	负债	负债
	所有者权益	权益（净资产） 股东增资 股利分配 综合收益	所有者权益
	收入	收入 利得	收益
	费用	费用 损失	费用
	利润（最终计入所有者权益）	（属于综合收益中的一部分；最终计入所有者权益）	（计入所有者权益）

对会计要素（财务报表要素）的正确认识有助于学员对会计科目/账户的恰当分类。

讨论题

按照我国的传统，可以将会计等式表述为：资产＝负债＋所有者权益＋收入－费用。那么，按照美国的十要素传统，会计等式应该如何表述要素之间的关系？国际会计准则委员会呢？

【即测即练】

练2

第 3 章

复 式 记 账

【本章学习目标】

1. 了解单式记账法和复式记账法的区别；
2. 了解会计分录的概念和种类；
3. 理解复式记账法的概念及其原理；
4. 掌握借贷记账法账户的基本结构、借贷记账法的记账规则；
5. 掌握会计分录的编制方法、基本账户的过账与结账；
6. 掌握试算平衡表的编制；
7. 了解临时账户的使用。

记账方法的比较

会计学专业的王明同学想用适当的方法进行日常生活开支的记录。3日,用现金35元购买了一个笔记本,第一种方法只记现金减少了35元；第二种方法,既记录了现金减少35元,还记录笔记本增加了一册,你认为哪种方法记录得更科学、更完整、更利于自己物品的管理呢？

3.1 复式记账原理

1. 记账方法的概念和分类

企业在设置了会计科目和账户以后,应采用科学的记账方法对企业发生的经济业务进行确认、计量、记录和报告。记账方法是利用一定的方式和技术,借助会计科目和账户,在账簿中记录经济业务的方法。记账方法可分为单式记账法(single entry bookkeeping)和复式记账法(double entry bookkeeping)。

1) 单式记账法

单式记账法是指一项经济业务发生以后,一般只在一个账户中进行登记的方法。这种方法的主要特征是:对于每项经济业务,通常只登记现金和银行存款的收付业务,以及应收、应付款的结算业务,而不登记实物收付的业务。实物性资产的结存数额,只能从定期的实地盘存中得到。比如,用 3 500 元现金购买一批材料,仅在库存现金账上记录 3 500 元库存现金的减少。单式记账法下,对于有关应收、应付款项产生的现金收付业务,虽然在记现金账的同时也记往来账,但现金账与往来账是各记各的,彼此没有直接的联系。

单式记账法是人类早期使用的记账方法,是在原始计量、记录方法的基础上适应自然经济的需要而产生并发展起来的。由于单式记账法没有完整的账簿体系,账户之间没有直接的联系和相互平衡的关系,这种记账方法不能全面、系统地反映经济业务的来龙去脉,也不便于检查账簿记录的正确性,因此不能适应复杂的商品生产和交换的需要,逐渐被复式记账方法所取代。

2) 复式记账法

复式记账法是指一项经济业务发生以后,同时在两个或两个以上相互联系的账户中以相等的金额进行登记的方法。复式记账法需要设置完整的账簿体系,在发生经济业务时,必然在两个或两个以上的相互联系的账户中进行登记。比如,用 3 500 元现金购买一批材料,采用复式记账法,这项经济业务除了在库存现金账上记录库存现金减少 3 500 元以外,还要在有关的材料账户中记录增加 3 500 元,使得现金的支付与材料的购进两者之间的关系一目了然。复式记账法作为一种科学的记账方法,一直得到广泛的运用。

复式记账法的主要特征是:需要设置完整的账户体系,除了货币资产账户和其他实物性资产账户,还要设置收入、费用和各种权益类账户;由于对每一项经济业务都在相互联系的两个或两个以上的账户中做记录,不仅记录货币资金的收付和债权债务的发生,还要对经营过程中发生的费用和获得的收入做全面的记录;根据账户记录的结果,不仅可以了解每一项经济业务的来龙去脉,而且可以通过会计要素的增减变动全面、系统地了解经济活动的过程和结果;对经济业务进行记录时,账户之间具有直接的对应关系和数字的平衡关系,因此可以对账户记录的结果进行试算平衡,以检查账户记录的正确性。

2. 复式记账法的基本原理

企业生产经营过程中发生的能够引起会计要素发生变化的事项,会计上称为经济业务或会计事项。复式记账法的理论依据是会计要素的关系式。基本的会计等式反映了资产与负债和所有者权益之间的恒等关系,用公式表示为

$$资产 = 负债 + 所有者权益$$

企业生产经营的目标是从生产经营活动中获得收入,在获得收入的同时必然会发生相关的费用,一定期间内的收入大于费用的差额为利润,收入小于费用的差额为亏损。收入的增加会引起资产的增加或负债的减少,费用的增加会引起资产的减少或负债的增加。结合基本会计等式综合理解,利润的增加会导致所有者权益的增加。上述关系可以通过扩展的会计等式进行表示:

$$资产 = 负债 + 所有者权益 + 收入 - 费用$$

在这些会计要素内涵与外延确定的基础上,设置完整的账户体系,使每一类要素具体经济内容的增加变化的记录得以实现。复式记账法原理就是对发生的每一项经济业务,都要在两个或两个以上相互联系的账户中以相等的金额进行登记,并且经济业务的发生

不会影响会计等式的恒等关系。

企业的一项经济业务发生后,对会计要素的影响有多种情况,根据对会计等式的不同影响,企业的经济业务可以归纳为以下几种主要类型。

(1) 经济业务涉及资产类和所有者权益类的项目同时增加。
(2) 经济业务涉及资产类和负债类的项目同时增加。
(3) 经济业务涉及资产类和所有者权益类的项目同时减少。
(4) 经济业务涉及资产类和负债类的项目同时减少。
(5) 经济业务涉及资产类的内部一个项目增加,另一个项目减少。
(6) 经济业务涉及负债类的内部一个项目增加,另一个项目减少。
(7) 经济业务涉及所有者权益类的内部一个项目增加,另一个项目减少。
(8) 经济业务涉及负债类和所有者权益类之间一个项目增加,另一个项目减少。
(9) 经济业务涉及资产类和收入类的项目同时增加。
(10) 经济业务涉及费用类项目增加和资产类项目减少。
(11) 经济业务涉及负债类项目的减少和收入类项目的增加。
(12) 经济业务涉及费用类和负债类的项目同时增加。

经济业务对扩展会计等式的影响见表3-1。

表3-1 经济业务对扩展会计等式的影响

资产＝负债＋所有者权益＋收入－费用

资 产	负 债	所有者权益	收 入	费 用
① 增加		① 增加		
② 增加	② 增加			
③ 减少		③ 减少		
④ 减少	④ 减少			
⑤ 一项增加 ⑤ 一项减少				
	⑥ 一项增加 ⑥ 一项减少			
		⑦ 一项增加 ⑦ 一项减少		
	⑧ 增加(减少)	⑧ 减少(增加)		
⑨ 增加			⑨ 增加	
⑩ 减少				⑩ 增加
	⑪ 减少		⑪ 增加	
	⑫ 增加			⑫ 增加

下面举例说明复式记账法原理:一项经济业务发生以后必然涉及两个或两个以上账户,并且经济业务的发生不会影响会计等式的恒等关系。

【例3-1】 新建公司"思瑞远"接受了一项投资,投资款800 000元,已存入银行。

该项经济业务涉及资产类和所有者权益类的项目同时增加。投资人进行了投资,使思瑞远公司资产类中的银行存款增加了 800 000 元；所有者权益类中的实收资本增加了 800 000 元。这项业务发生后，该公司的资产总额为 800 000 元，所有者权益的金额为 800 000 元。会计要素之间的关系依然满足"资产＝负债＋所有者权益"这一等式，具体计算过程见表 3-2。

表 3-2　计算表　　　　　　　　　　　　　　　金额单位：元

资产＝负债＋所有者权益			
银行存款	800 000	实收资本	800 000
总　计	800 000	总　计	800 000

【例 3-2】　思瑞远公司购入不需要安装的设备一台，价值 100 000 元，价款未付，固定资产已交付使用。

该项经济业务涉及资产类和负债类的项目同时增加。由于购买商品未支付货款，思瑞远公司资产类中的固定资产增加了 100 000 元，负债类中的应付账款增加了 100 000 元。该项经济业务发生后，公司资产增加了固定资产 100 000 元，银行存款依然是 800 000 元，资产总额为 900 000 元；同时该公司形成了一项负债，应付账款增加了 100 000 元，所有者权益类中的实收资本没有发生变化，依然是 800 000 元。会计要素之间的关系依然满足"资产＝负债＋所有者权益"这一等式，具体计算过程见表 3-3。

表 3-3　计算表　　　　　　　　　　　　　　　金额单位：元

资产＝负债＋所有者权益			
银行存款	800 000	应付账款	100 000
固定资产	100 000	实收资本	800 000
总　计	900 000	总　计	900 000

【例 3-3】　思瑞远公司用银行存款偿还了前欠设备价款 50 000 元。

该项经济业务涉及资产类和负债类的项目同时减少。由于偿还了一部分应付账款，思瑞远公司资产类中的银行存款就减少了 50 000 元，同时负债类中的应付账款也减少了 50 000 元。该项经济业务发生后，该公司资产总额为 850 000 元，其中银行存款 750 000 元、固定资产 100 000 元。负债类的应付账款 50 000 元，所有者权益类中实收资本金额不变，依然是 800 000 元。负债与所有者权益之和为 850 000 元。会计要素之间的关系依然满足"资产＝负债＋所有者权益"这一等式，具体计算过程见表 3-4。

表 3-4　计算表　　　　　　　　　　　　　　　金额单位：元

资产＝负债＋所有者权益			
银行存款	750 000	应付账款	50 000
固定资产	100 000	实收资本	800 000
总　计	850 000	总　计	850 000

【例 3-4】 思瑞远公司购买商品一批,价值 7 000 元,已经用银行存款支付。

该项经济业务涉及资产类项目内部一个项目增加,而另一个项目减少。由于思瑞远公司购买了商品,使该公司资产类中的库存商品增加了 7 000 元,同时使资产类中的银行存款减少了 7 000 元,其他类要素没有发生变化。发生了该项业务后,会计要素之间的关系依然满足"资产=负债+所有者权益"这一等式,会计要素之间的具体关系见表 3-5。

表 3-5　计算表　　　　　　　　　　金额单位:元

资产=负债+所有者权益			
银行存款	743 000	应付账款	50 000
库存商品	7 000	实收资本	800 000
固定资产	100 000		
总　计	850 000	总　计	850 000

【例 3-5】 思瑞远公司开出一张商业汇票抵偿应付账款 50 000 元。

这项经济业务属于负债类项目内部一个项目增加,而另一个项目减少。商业汇票具有到期日,企业需要在规定的到期日支付给特定收款人相应金额,思瑞远公司开出商业汇票意味着应付票据这一负债形式增加,同时,公司的应付账款得到偿还,应付账款这一负债形式减少,其他类要素没有发生变化。发生了该项业务后,会计要素之间的关系依然满足"资产=负债+所有者权益"这一等式,会计要素之间的具体关系见表 3-6。

表 3-6　计算表　　　　　　　　　　金额单位:元

资产=负债+所有者权益			
银行存款	743 000	应付账款	0
库存商品	7 000	应付票据	50 000
固定资产	100 000	实收资本	800 000
总　计	850 000	总　计	850 000

【例 3-6】 思瑞远公司向银行申请并获得期限为一年的贷款 200 000 元,已存入银行。

该项经济业务涉及资产类项目和负债类项目同时增加。思瑞远公司通过获得短期借款,银行存款增加了 200 000 元,短期借款增加了 200 000 元。这项业务发生以后,资产总额增加了 200 000 元,负债类的金额增加了 200 000 元。发生了该项业务后,会计要素之间的关系依然满足"资产=负债+所有者权益"这一等式,会计要素之间的具体关系见表 3-7。

表 3-7　计算表　　　　　　　　　　金额单位:元

资产=负债+所有者权益			
银行存款	943 000	短期借款	200 000
库存商品	7 000	应付票据	50 000
固定资产	100 000	实收资本	800 000
总　计	1 050 000	总　计	1 050 000

【例 3-7】 思瑞远公司通过银行存款支付广告费 800 元。

这项经济业务属于一项资产减少,一项费用增加。思瑞远公司支付广告费,银行存款减少了 800 元,同时使公司的销售费用增加了 800 元。发生了该项业务后,会计要素之间的关系依然满足"资产＝负债＋所有者权益"这一等式,会计要素之间的具体关系见表 3-8。

表 3-8　计算表　　　　　　　　　　　　　　　金额单位:元

资产	＝负债＋所有者权益		
银行存款	942 200	短期借款	200 000
库存商品	7 000	应付票据	50 000
固定资产	100 000	实收资本	800 000
		销售费用	－800
总　　计	1 049 200	总　　计	1 049 200

【例 3-8】 思瑞远公司销售商品一批,商品售价 5 000 元,思瑞远公司收到货款后存入银行。

这项经济业务属于第九种类型,一项资产增加,一项收入增加。思瑞远公司该销售业务使银行存款增加了 5 000 元,属于资产类项目的增加。通过该销售业务,思瑞远公司实现了经济利益的流入,即产生了收入,因为销售业务是该公司的主营业务,因此公司的主营业务收入增加 5 000 元。发生了该项业务后,会计要素之间的关系依然满足"资产＝负债＋所有者权益"这一等式,会计要素之间的具体关系见表 3-9。

表 3-9　计算表　　　　　　　　　　　　　　　金额单位:元

资产	＝负债＋所有者权益		
银行存款	947 200	短期借款	200 000
库存商品	7 000	应付票据	50 000
固定资产	100 000	实收资本	800 000
		销售费用	－800
		主营业务收入	5 000
总　　计	1 054 200	总　　计	1 054 200

【例 3-9】 承例 3-8,思瑞远公司的该笔销售业务售出的商品账面价值 3 800 元,需结转已销库存商品的成本 3 800 元。

这项经济业务使公司一项资产减少,同时一项费用增加。思瑞远公司结转已销库存商品成本的业务确认库存商品减少 3 800 元,这笔资产的减少实质是企业经济利益的流出,使公司的主营业务成本这一费用增加 3 800 元。发生了该项业务后,会计要素之间的关系依然满足"资产＝负债＋所有者权益"这一等式,会计要素之间的具体关系见表 3-10。

表 3-10　计算表　　　　　　　　　　　　　　　　　金额单位：元

资产＝负债＋所有者权益			
银行存款	947 200	短期借款	200 000
库存商品	3 200	应付票据	50 000
固定资产	100 000	实收资本	800 000
		销售费用	－800
		主营业务收入	5 000
		主营业务成本	－3 800
总　计	1 050 400	总　计	1 050 400

通过对思瑞远公司以上发生的经济业务进行分析可以看出，一项经济业务发生以后必然要涉及两个或两个以上账户，而且经济业务的发生不会影响会计等式的恒等关系。

3.2　借贷记账法

1. 借贷记账法概述

借贷记账法(debit and credit bookkeeping)是以"借""贷"为记账符号，记录会计要素增减变动情况的一种复式记账方法。借贷记账法起源于 12 世纪至 15 世纪的意大利，1494 年，意大利数学家卢卡·帕乔利的《算术、几何、比及比例概要》一书问世，标志着借贷记账法正式成为公认的复式记账法，也标志着近代会计的开始。借贷记账法在英、美等国家得到完善和发展，并于清朝末年经日本传入我国。

最早的"借""贷"二字表示债权、债务的增减变化。借贷记账法起源时，出现了经营商向银钱业商人取得一定时期货币的使用权并支付高额利息的信用行为。"借"和"贷"表示两个方向相反的资金流向，银钱业商人吸收存款时，记在"贷主"名下，表示"欠人"，即债务；对外放债时，记在"借主"名下，表示"人欠"，即债权。随着经济活动的内容日益复杂，"借""贷"二字逐渐脱离了自身的含义，成为纯粹的记账符号。记账对象不再局限于债权、债务关系，而是扩大到要记录财产物资的增减变化和经营损益，能够反映全部要素的增减变化。目前，借贷记账法是世界各国普遍采用的记账方法，也是我国法定的记账方法。借贷记账法的广泛应用，使得会计信息成为一种国际商业语言。

借贷记账法的应用包括记账符号、账户结构、记账规则、会计分录与试算平衡等内容。

2. 借贷记账法的记账符号和账户结构

借贷记账法以"借""贷"作为记账符号。记账符号是指记账的方向，在借贷记账法下，账户的基本结构将账户分为左右两块区域，用来记录增加额与减少额。账户的左边区域称为"借方"(debit)，账户的右边区域称为"贷方"(credit)。"借方"和"贷方"登记的内容并不必然对应增加或减少，而需要根据账户的性质来确定。

会计科目按其所归属的会计要素不同，分为资产类、负债类、所有者权益类、成本类、损益类五大类，相应形成了资产类、负债类、所有者权益类、成本类、损益类五大类账户，其中损益类账户可细分为费用类账户和收入类账户,分别具有不同的账户结构。

(1) 资产类账户的结构。资产类账户"借方"登记增加额,"贷方"登记减少额,余额在"借方"。资产类账户的基本结构见图3-1。

资产类账户期末余额的计算公式如下:

$$\text{资产类账户期末借方余额} = \text{期初借方余额} + \text{本期借方发生额} - \text{本期贷方发生额}$$

(2) 负债类账户的结构。负债作为资产来源之一,登记的方向与资产类账户的方向相反。负债类账户"贷方"登记增加额,"借方"登记减少额,余额在"贷方"。负债类账户的基本结构见图3-2。

资产类账户	
借方	贷方
期初余额	
增加额	减少额
本期发生额	本期发生额
期末余额	

图3-1 资产类账户的基本结构

负债类账户	
借方	贷方
	期初余额
减少额	增加额
本期发生额	本期发生额
	期末余额

图3-2 负债类账户的基本结构

负债类账户期末余额的计算公式如下:

$$\text{负债类账户期末贷方余额} = \text{期初贷方余额} + \text{本期贷方发生额} - \text{本期借方发生额}$$

(3) 所有者权益类账户的结构。所有者权益作为资产的来源,登记的方向与资产类账户相反,与负债类账户登记的方向相同。所有者权益类账户"贷方"登记增加额,"借方"登记减少额,余额在"贷方"。所有者权益类账户的基本结构见图3-3。

所有者权益类账户期末余额的计算公式如下:

$$\text{所有者权益类账户期末贷方余额} = \text{期初贷方余额} + \text{本期贷方发生额} - \text{本期借方发生额}$$

(4) 成本类账户的结构。成本类账户与资产类账户的结构相似。成本类账户的"借方"登记增加额,"贷方"登记结转额,余额在"借方"。结转额是由于核算上的需要,把已经记入账户中的数据结转出来,然后将其登记到另外一个账户中去。成本类账户的基本结构见图3-4。

所有者权益类账户	
借方	贷方
	期初余额
减少额	增加额
本期发生额	本期发生额
	期末余额

图3-3 所有者权益类账户的基本结构

成本类账户	
借方	贷方
期初余额	
增加额	结转额
本期发生额	本期发生额
期末余额	

图3-4 成本类账户的基本结构

(5) 损益类账户的结构。损益类账户包括费用类账户和收入类账户两大类别。

费用类账户与资产类、成本类账户的结构相似。费用类账户在"借方"登记增加额,

"贷方"登记结转额,也可以理解为减少额,由于结转额与增加额相等,费用类账户期末没有余额。这里所说的费用是广义的费用,费用类账户包括"主营业务成本""税金及附加""管理费用""销售费用""财务费用""营业外支出"等账户。费用类账户的基本结构见图3-5。

收入类账户的结构与负债类、所有者权益类账户的结构相似。收入类账户也是在"贷方"登记增加额,"借方"登记的是结转额,由于结转额与增加额相等,收入类账户期末没有余额。为了说明借贷记账法账户的基本结构,这里的收入是广义的收入,收入类账户包括"主营业务收入""其他业务收入""营业外收入"等账户。

企业在日常的生产经营过程中会随时取得收入,由于不用每天计算利润,因此平时将取得的各项收入暂时记在收入类相关账户的"贷方"。期末计算利润时,根据核算的需要,分别将已记在收入类各账户中的收入结转出来以确定利润。一定时期计入各账户的收入有多少就转出多少,因此收入类账户期末没有余额。收入类账户的基本结构见图3-6。

费用类 账户	
借方	贷方
增加额	结转额
本期发生额	本期发生额
期末无余额	

图 3-5　费用类账户的基本结构

收入类 账户	
借方	贷方
结转额	增加额
本期发生额	本期发生额
	期末无余额

图 3-6　收入类账户的基本结构

(6)"本年利润"账户的结构。"本年利润"属于所有者权益类账户,用来核算企业在当期实现的净利润或发生的净亏损。该账户的"借方""贷方"登记的都是损益类账户的结转额。"贷方"登记的是期末转入的各项收入(包括"主营业务收入""其他业务收入""营业外收入"等),"借方"登记的是期末转入的各项费用、支出(包括"主营业务成本""管理费用""财务费用""销售费用""税金及附加"等)。期末"贷方余额"是收入大于费用的差额,表示累计实现的净利润导致所有者权益的增加额;"借方余额"是收入小于费用的差额,表示累计发生的净亏损导致所有者权益的减少额。在进行年终决算时,还应将累计实现的净利润或累计发生的亏损额结转至年终决算账户,结转后年末余额为零。"本年利润"账户的基本结构见图3-7。

本年利润　账户(平时)	
借方	贷方
转入的费用发生额	转入的收入发生额
借方余额:表示累计发生的亏损	贷方余额:表示累计实现的净利润

本年利润　账户(年末)	
借方	贷方
转入的费用发生额	转入的收入发生额
年末结转累计发生的净利润	年末结转累计发生的净亏损
年末无余额	

图 3-7　"本年利润"账户的基本结构

3. 借贷记账法的记账规则

借贷记账法的记账规则（accounting rule）是"有借必有贷，借贷必相等"。复式记账法原理中强调一项经济业务的发生必然涉及两个或两个以上的相关账户，根据借贷记账法的账户结构，在登记经济业务时，一个账户登记在"借方"，而另一个账户必然登记在"贷方"，并且登记在"借方""贷方"的金额是相等的。按照记账规则登记账户的过程称之为过账。

如果一项经济业务较为复杂，涉及两个以上的账户，那么一个账户登记在借方，其他账户则登记在"贷方"，并且登记在"借方""贷方"的金额相等；或者一个账户登记在"贷方"，而其他账户登记在"借方"，并且登记在借方和贷方的金额相等；再者几个账户登记在"借方"，而另外几个账户登记在"贷方"，并且登记在"借方""贷方"的金额相等。

下面以企业主要的经济业务类型为例说明借贷记账法的记账规则。

如：例 3-1 新建公司"思瑞远"接受了一项投资，投资款 800 000 元，已存入银行。

这项经济业务使资产类和所有者权益类项目同时增加，即会计恒等式"两边同增"。

该项经济业务涉及"银行存款"和"实收资本"两个账户，"银行存款"是资产类的账户，增加额记在该账户的"借方"，"实收资本"是所有者权益类的账户，增加额记入该账户的"贷方"。具体见图 3-8、图 3-9。

图 3-8　　　　　　　　　　　图 3-9

如：例 3-3 思瑞远公司用银行存款偿还了前欠设备价款 50 000 元。

这项经济业务使资产类和负债类项目同时减少，即会计恒等式"两边同减"。

该项经济业务涉及"银行存款"和"应付账款"两个账户，"应付账款"是负债类账户，减少额记在该账户的"借方"，"银行存款"是资产类账户，减少额记在该账户的"贷方"。具体见图 3-10、图 3-11。

图 3-10　　　　　　　　　　　图 3-11

如：例 3-4 思瑞远公司购买商品一批价值 7 000 元，已经用银行存款支付。

这项经济业务使资产类项目内部一种资产增加，另一种资产减少，即会计恒等式"左边一增一减"。

该项经济业务涉及"库存商品"和"银行存款"两个账户，"库存商品"是资产类的账户，增加额 7 000 元记在该账户的"借方";"银行存款"是资产类的账户,减少额 7 000 元记在该账户的"贷方"。具体见图 3-12、图 3-13。

图 3-12　　　　　　　　　　　　　图 3-13

如:例 3-5 思瑞远公司开出一张商业汇票抵偿应付账款 50 000 元。

这项经济业务使负债类项目内部一种负债增加,另一种负债减少,即会计恒等式"右边一增一减"。

该项经济业务涉及"应付账款"和"应付票据"两个账户,"应付票据"是负债类的账户,增加额 50 000 元记在该账户的"贷方";"应付账款"也是负债类的账户,减少额 50 000 元记在该账户的"借方"。具体见图 3-14、图 3-15。

图 3-14　　　　　　　　　　　　　图 3-15

从以上所举的几个例子可以看出,每一项经济业务发生之后,运用借贷记账法进行账务处理,依据"资产=负债+所有者权益"的基本原理,必然在某一账户的借方和另一个账户的贷方记入,且记入的金额相等,因此我们总结出借贷记账法的记账规则:有借必有贷,借贷必相等。以上规则,也可以用图 3-16 表示。

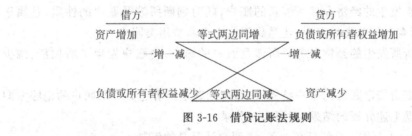

图 3-16　借贷记账法规则

4. 借贷记账法的会计分录

1) 会计分录的相关概念和编制意义

(1) 会计分录的概念。对发生的每一项经济业务都要按借贷记账法的记账规则,确定应借、应贷的账户及其记录的金额,这一记录形式简称会计分录(accounting entry)。会计分录的编制是通过登记分录凭证实现的。

会计分录具有规范的格式,每个会计分录都包括记账符号、对应账户和金额三个要素。

(2) 对应账户。在借贷记账法下,一项业务发生以后都会涉及两个或两个以上的相关账户。当发生某项经济业务时,就必然涉及与该项业务有关的一些账户,而这些账户之间就形成了一种对应关系。具有这种对应关系的账户称为对应账户。

(3) 编制会计分录的意义。为了便于进行对账和查账,以保证记账的正确性,要求在发生经济业务时,先根据审核无误的原始凭证编制会计分录,然后再根据会计分录确定的记账方向、对应账户以及金额,在各相关账户中进行登记。

2) 会计分录的分类

会计分录可分为简单会计分录和复杂会计分录两类。

(1) 简单会计分录。简单会计分录,是指一项经济业务发生以后涉及两个对应账户,一个账户记"借方",另一个账户记"贷方"的会计分录。

(2) 复杂会计分录。复杂会计分录,亦称复合会计分录,是指一项经济业务涉及两个以上对应账户而编制的会计分录。复杂会计分录还可分为"一借多贷""一贷多借"和"多借多贷"的形式。复杂会计分录可以将其分解为若干个简单的会计分录。

"一借多贷"的复杂会计分录,是指一项经济业务发生后,涉及一个账户的"借方"与多个账户的"贷方"相对应,而且"借方"和"贷方"登记的金额相等。

"一贷多借"的复杂会计分录,是指一项经济业务发生后,涉及一个账户的"贷方"与多个账户的"借方"相对应,而且"借方"和"贷方"登记的金额相等。

"多借多贷"的复杂会计分录,是指一项经济业务发生以后,涉及多个账户的"借方"与多个账户的"贷方"相对应,而且"借方"和"贷方"登记的金额相等。由于"多借多贷"形式的复杂分录中账户之间的对应关系不清楚,应尽可能采用"一借多贷"或"一贷多借"两种方式编制复杂会计分录。

3) 会计分录的编制

编制会计分录可以按下列步骤进行。

第一步,分析发生的经济业务所涉及的账户,同时判断所涉及账户的性质,是属于资产类、负债类、所有者权益类的账户,还是属于收入类和费用类账户。

第二步,分析所发生的经济业务对所涉及账户的影响,使账户发生了增加额、减少额还是结转额。

第三步,根据借贷记账法的账户结构、记账规则确定经济业务涉及账户的记账方向。

第四步,根据上述分析的结果,编写会计分录。

下面根据例 3-1 至例 3-9 的经济业务,说明会计分录的编制。

例 3-1 新建公司"思瑞远"接受了一项投资,投资款 800 000 元,已存入银行。

借:银行存款   800 000
 贷:实收资本   800 000

例 3-2 思瑞远公司购入不需要安装的设备一台,价值 100 000 元,价款未付,固定资产已交付使用。

借:固定资产   100 000
 贷:应付账款   100 000

例3-3 思瑞远公司用银行存款偿还了前欠设备价款 50 000 元。
借：应付账款　　　　　　　　　　　　　　50 000
　　贷：银行存款　　　　　　　　　　　　　　　50 000

例3-4 思瑞远公司购买商品一批，价值 7 000 元，已经用银行存款支付。
借：库存商品　　　　　　　　　　　　　　7 000
　　贷：银行存款　　　　　　　　　　　　　　　7 000

例3-5 思瑞远公司开出一张商业汇票抵偿应付账款 50 000 元。
借：应付账款　　　　　　　　　　　　　　50 000
　　贷：应付票据　　　　　　　　　　　　　　　50 000

例3-6 思瑞远公司向银行申请并获得期限为一年的贷款 200 000 元，已存入银行。
借：银行存款　　　　　　　　　　　　　　200 000
　　贷：短期借款　　　　　　　　　　　　　　　200 000

例3-7 思瑞远公司通过银行存款支付广告费 800 元。
借：销售费用　　　　　　　　　　　　　　800
　　贷：银行存款　　　　　　　　　　　　　　　800

例3-8 思瑞远公司销售商品一批，商品售价 5 000 元，思瑞远公司收到货款后存入银行。
借：银行存款　　　　　　　　　　　　　　5 000
　　贷：主营业务收入　　　　　　　　　　　　　5 000

例3-9 承例3-8 思瑞远公司的该笔销售业务售出的商品账面价值 3 800 元，需结转已销库存商品的成本 3 800 元。
借：主营业务成本　　　　　　　　　　　　3 800
　　贷：库存商品　　　　　　　　　　　　　　　3 800

【例3-10】 思瑞远公司将本期实现的销售收入 5 000 元结转到"本年利润"账户。
借：主营业务收入　　　　　　　　　　　　5 000
　　贷：本年利润　　　　　　　　　　　　　　　5 000

【例3-11】 思瑞远公司将主营业务成本 3 800 元及销售费用 800 元结转到本年利润账户。
借：本年利润　　　　　　　　　　　　　　4 600
　　贷：销售费用　　　　　　　　　　　　　　　800
　　　　主营业务成本　　　　　　　　　　　　　3 800

可以将上述复杂会计分录分解成两笔简单会计分录：
借：本年利润　　　　　　　　　　　　　　800
　　贷：销售费用　　　　　　　　　　　　　　　800
借：本年利润　　　　　　　　　　　　　　3 800
　　贷：主营业务成本　　　　　　　　　　　　　3 800

3.3 试算平衡和临时账户的使用

1. 试算平衡

所谓试算平衡(trial balance),就是根据"资产=负债+所有者权益"的平衡关系,按照记账规则的要求,通过汇总计算和比较,检查账户记录的正确性和完整性。如果记账是正确的,那么一定时期所有账户的借方发生额合计应该等于贷方发生额合计,所有账户借方余额合计应该等于贷方余额合计。根据这种账户登记的平衡关系编制账户发生额试算平衡表和余额试算平衡表,可以初步检查账户记录的正确性。

1) 过账与结账

根据借贷记账法的记账规则,每一笔经济业务发生以后都以相等的金额分别在相应的账户中进行记录,并在期末计算出每个账户的本期借方发生额及贷方发生额和期末余额。

(1) 过账(posting)。所谓过账,就是根据发生的经济业务在账户中进行登记。当发生经济业务时,首先应根据所发生的经济业务编制会计分录,然后根据会计分录确定的记账方向、对应账户及其金额,在各相关账户中进行登记。

(2) 结账(closing)。所谓结账,就是结算账目。期末结账时,要求计算出每个账户的发生额及期末余额。发生额是本期发生的金额,也就是本期增加额、减少额或结转额的合计数,表示某一特定经济内容本期发生的增减变化。期末余额是某一特定经济内容增减变化的结果。

【例3-12】 假设思瑞远公司20×1年12月31日各账户余额见表3-11,20×2年1月发生的业务,如例3-1至例3-11所示。根据经济业务编制的会计分录逐笔登记相关的账户,并计算各账户的发生额和余额,各账户格式见图3-17至图3-29。

表3-11 思瑞远公司20×1年12月31日各账户余额

资产类		负债和所有者权益	
库存现金	500	短期借款	20 000
银行存款	40 000	应付账款	9 000
应收账款	6 500	实收资本	100 000
库存商品	2 000	本年利润	20 000
固定资产	100 000		
总计	149 000	总计	149 000

银行存款 账户

借方	贷方
期初余额 40 000	
(1) 800 000	(3) 50 000
(6) 200 000	(4) 7 000
(8) 5 000	(7) 800
本期发生额 1 005 000	本期发生额 57 800
期末余额 987 200	

图 3-17

实收资本 账户

借方	贷方
	期初余额 100 000
	(1) 800 000
本期发生额	本期发生额 800 000
	期末余额 900 000

图 3-18

固定资产 账户	
借方	贷方
期初余额 100 000	
(2) 100 000	
本期发生额 100 000	本期发生额
期末余额 200 000	

图 3-19

应付账款 账户	
借方	贷方
	期初余额 9 000
(3) 50 000	(2) 100 000
(5) 50 000	
本期发生额 100 000	本期发生额 100 000
	期末余额 9 000

图 3-20

库存商品 账户	
借方	贷方
期初余额 2 000	
(4) 7 000	(9) 3 800
本期发生额 7 000	本期发生额 3 800
期末余额 5 200	

图 3-21

应付票据 账户	
借方	贷方
	期初余额 0
	(5) 50 000
本期发生额	本期发生额 50 000
	期末余额 50 000

图 3-22

短期借款 账户	
借方	贷方
	期初余额 20 000
	(6) 200 000
本期发生额	本期发生额 200 000
	期末余额 220 000

图 3-23

主营业务收入 账户	
借方	贷方
	期初余额 0
(10) 5 000	(8) 5 000
本期发生额 5 000	本期发生额 5 000
	期末无余额

图 3-24

主营业务成本 账户	
借方	贷方
期初余额 0	
(9) 3 800	(11) 3 800
本期发生额 3 800	本期发生额 3 800
期末无余额	

图 3-25

销售费用 账户	
借方	贷方
期初余额 0	
(7) 800	(11) 800
本期发生额 800	本期发生额 800
期末无余额	

图 3-26

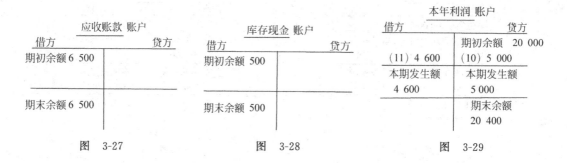

图 3-27　　　　　　　图 3-28　　　　　　　图 3-29

2) 试算平衡

根据借贷记账法的记账规则,每一笔经济业务发生以后均编制了会计分录,并且据以登记了账户。为了保证账户记录的正确性,期末一般要通过编制"试算平衡表"对账户的记录进行检查。

(1) 发生额试算平衡表。根据借贷记账法的记账规则,每一笔经济业务发生以后都以相等的金额分别在相应的账户中进行了记录,如果记账是正确的,那么一定时期的借方发生额合计应该等于贷方发生额合计。发生额试算平衡的作用在于检查账户记录的正确性。发生额试算平衡的公式如下:

全部账户的借方发生额合计＝全部账户的贷方发生额合计

根据例 3-1 至例 3-11 发生的经济业务涉及相关账户的发生额编制的发生额试算平衡表见表 3-12。

表 3-12　发生额试算平衡表

20×2 年 1 月　　　　　　　　　　　　　　　金额单位:元

会计科目	借方发生额	贷方发生额
银行存款	1 005 000	57 800
库存商品	7 000	3 800
固定资产	100 000	
应付账款	100 000	100 000
应付票据		50 000
短期借款		200 000
实收资本		800 000
主营业务收入	5 000	5 000
主营业务成本	3 800	3 800
销售费用	800	800
本年利润	4 600	5 000
合　　计	1 226 200	1 226 200

(2) 余额试算平衡表。根据借贷记账法的记账规则,每一笔经济业务发生以后都以相等的金额分别在相应的账户中进行了记录,如果记账是正确的,那么所有账户借方余额

合计应该等于贷方余额合计。余额试算平衡公式如下：

全部账户的借方余额合计＝全部账户的贷方余额合计

根据例3-1至例3-11发生的经济业务涉及相关账户的余额编制的余额试算平衡表见表3-13。

表3-13 余额试算平衡表

20×2年1月31日　　　　　　　　　　　　　　　　金额单位：元

会计科目	借方余额	贷方余额
库存现金	500	
应收账款	6 500	
银行存款	987 200	
库存商品	5 200	
固定资产	200 000	
应付账款		9 000
应付票据		50 000
短期借款		220 000
实收资本		900 000
本年利润		20 400
合　计	1 199 400	1 199 400

在进行试算平衡时，如果所有账户的借方发生额合计与所有账户贷方发生额的合计不等或所有账户的借方余额合计与所有账户的贷方余额合计不等，那么账户的记录肯定有错误，应进一步进行检查。如果借方、贷方发生额合计数相等或借方、贷方余额合计相等，只能说明账户记录基本上是正确的。因为有一些差错并不影响借贷的平衡关系，比如：在会计期间会计人员漏记或重复登记了某项经济业务、对一项经济业务的记录使用了错误的账户或记录了错误的金额，所以试算平衡相等只能说明账户记录的结果基本正确。

2．临时账户的设立与应用

当试算平衡表借方和贷方合计不等时，账户的记录肯定出现问题，会计人员应进一步审核，甄别会计差错并进行更正。

有些国家对于试算平衡出现的差异，直接利用个别检查法（差数法、除2法或除9法）和全面检查法进行差错纠错；也有一些国家，利用临时账户（suspense account）来处理此类问题。

临时账户，用以更正会计记账中产生的错误。当所有的错误都被更正之后，临时账户借方和贷方发生额会自动抵消，余额为零，自动消失，因此它不会对财务报表产生影响。

在期末编制试算平衡表时，可能出现借方余额大于贷方余额或者贷方余额大于借方余额的情况。当试算平衡表借方合计数大于贷方合计数时，根据差额设定临时账户的贷方发生额；如果试算平衡表贷方合计数大于借方合计数时，根据差额设定临时账户的借方发生额。临时账户的作用就是暂时补平试算平衡表。例如,试算平衡表借方余额为 2 000,贷方余额为 1 930,借方余额大于贷方余额,则将差额 70(2 000－1 930＝70)暂时记录在"临时账户"的贷方。设立临时账户后,甄别会计差错,更正会计错误。

更正错误时,分三步走:

第一步,根据题意判断经济交易,写出正确的分录。

第二步,根据题目描述写出题目中错误的分录。

第三步,对比正确与错误的分录,找出其中的差异,编制调整分录将原本错误的分录调整到正确的分录。

在更正错误分录时,如果涉及的账户很明确,则用正确的账户进行替换。例如:把应贷记至"银行存款"的金额 300 元记入了"短期借款"账户的贷方,则编制更正分录为

借:短期借款　　　　　　　　　　　　　　　　300
　　贷:银行存款　　　　　　　　　　　　　　　　　　300

如若错误导致借贷不相等。例如:合计借方余额时,漏记了"应收账款"账户借方余额 3 000 元,贷方金额合计没有问题,则编制会计分录为

借:应收账款　　　　　　　　　　　　　　　　3 000
　　贷:临时账户　　　　　　　　　　　　　　　　　　3 000

当错误全部更正,将临时账户的借贷方发生额进行比对,当账户余额为零时,临时账户消失,即临时账户更正错误时产生发生额的方向与临时账户最初的方向是相反的。

【例 3-13】　假设某公司进行试算平衡时,发现借方余额合计数为 343 800 元,贷方余额合计为 56 800 元,财务人员发现以下三项问题。

(1) 企业从银行借入短期借款 10 000 元,企业编制的会计分录为

借:备用金　　　　　　　　　　　　　　　　10 000
　　贷:短期借款　　　　　　　　　　　　　　　　　10 000

(2) 合计借方余额时,漏记了"应收账款"账户借方余额 13 000 元。

(3) 合计贷方余额时,漏记了"长期借款"账户贷方余额 300 000 元。

首先,判定"临时账户"账户的方向。

343 800－56 800＝287 000,将借贷差额设定在"临时账户"的贷方,即"临时账户"贷方余额为 287 000 元。

其次,更正错账。

(1) 借:银行存款　　　　　　　　　　　　　　10 000
　　　贷:备用金　　　　　　　　　　　　　　　　　10 000
(2) 借:应收账款　　　　　　　　　　　　　　13 000
　　　贷:临时账户　　　　　　　　　　　　　　　　13 000
(3) 借:临时账户　　　　　　　　　　　　　　300 000
　　　贷:长期借款　　　　　　　　　　　　　　　　300 000

最后,将更正错误的三笔分录涉及临时账户的发生额,过账到临时账户,见图 3-30。调整后的试算平衡表,见表 3-14。

```
                    临时账户
        借方          │          贷方
                      │   最初余额：287 000
     (3) 300 000      │   (2) 13 000
                      │
                      0
```

图 3-30

表 3-14　调整后的试算平衡表　　　　　　　　　　金额单位：元

借　方　余　额	贷　方　余　额
更正错误前：343 800	更正错误前：56 800
增加银行存款　10 000	增加长期借款　300 000
增加应收账款　13 000	
减少备用金　10 000	
更正错误后余额：356 800	更正错误后余额：356 800

【本章小结】

本章主要介绍了会计核算的基本方法之一借贷记账法及其具体应用。本章的内容与前后章节的知识点有紧密的相关性，理解、掌握会计要素的内容与特征是学好借贷记账法的基础，掌握借贷记账法的基本原理，理解会计分录的编制能够为以后各章的学习奠定良好的基础。

(1) 在日常会计核算中，从编制凭证到登记账簿，都采用借贷记账法这一复式记账方法。复式记账法就是对发生的每一项经济业务，都要至少在两个互相联系的账户中，以相等的金额进行记录，从而系统地反映每一项经济业务引起的资金运动的来龙去脉，能够全面完整地反映经济业务的全貌。

(2) 借贷记账法应用的前提是会计要素体系的建立，并对不同的会计要素内容进行具体分类，称之为会计科目，再以会计科目为名称设置账户。账户能够反映会计要素具体内容的增减变化以及变动后的结果，首先要设置账户，这一功能的实现离不开完备的账户结构安排。借贷记账法下，账户结构可以简化为：左边是"借方"，右边是"贷方"。"借""贷"作为记账符号，代表记账的方向，也即是经济业务引起资金运动后，以货币表示的相应会计要素具体内容金额的增加或者减少，但究竟哪一方表示增加，哪一方表示减少，又与会计账户的具体类别紧密相关。按其所归属的会计要素不同，会计科目包括资产类、负债类、所有者权益类、成本类、损益类等类别，账户进一步相应细分为资产类、负债类、所有者权益类、成本类、费用类和收入类等，分别具有不同的账户结构。其中，资产类、成本类和费用类账户经济内容的增加额登记在"借方"，减少额登记在"贷方"，负债类、所有者权益类和收入类账户经济内容的增加额登记在"贷方"，减少额登记在"借方"。根据经济内容的性质和账户核算的要求，资产类、成本类、负债类和所有者权益类账户期末有余额，余额记录在各自账户的增加方向，根据公式"期末余额＝期初余额＋本期增加额－本期减少额"计算出本期期末余额。费用类和收入类账户期末无余额，在期末，通过会计核算中的"结转"程序，将费用类、收入类账户本期发生额从相反的方向转出，同时转入所有者权益类的"本年利润"账户，最终使收入类、费用类账户"借""贷"两方的发生额相等，实现账户期末无余额。

（3）借贷记账法的记账规则"有借必有贷、借贷必相等"在实务过程中是通过编制会计分录和过账工作实现的。当发生经济业务时，首先应根据所发生的经济业务编制会计分录，然后根据会计分录确定的记账方向、对应账户及其金额，在各相关账户中进行登记，即为"过账"。期末在账户中结出本期借贷双方的发生额，有期末余额的账户，再结出本期期末余额。根据账户之间的平衡关系，编制发生额试算平衡表、期末余额试算平衡表，可以初步检查账户记录的正确性。

（4）借贷记账法重点和难点内容包括：复式记账法的原理、借贷记账法的概念、借贷记账法的账户基本结构、借贷记账法的记账规则、会计分录的编制和试算平衡表的编制。

【主要专业词汇中英文对照】

中文	英文
单式记账法	single entry bookkeeping
复式记账法	double entry bookkeeping
借贷记账法	debit and credit bookkeeping
借方	debit
贷方	credit
记账规则	accounting rule
会计分录	accounting entry
过账	posting
结账	closing
试算平衡	trial balance

【思考题】

1. 什么是复式记账方法？
2. 企业经济业务对会计要素的影响类型有哪些？
3. 什么是借贷记账法？
4. 借贷记账法账户的基本结构是怎样的？
5. 如何理解"有借必有贷，借贷必相等"的记账规则？
6. 什么是会计分录？会计分录构成的因素有哪些？
7. 为什么要编制会计分录？
8. 会计分录如何分类？
9. 借贷记账法的试算平衡公式有哪些？
10. 应用借贷记账法时怎样进行试算平衡？

11. 如何判断账户记录是否正确?

【业务题】

1. 资料：20×2年1月阳光公司发生下列经济业务(增值税略)。
(1) 1日,为满足资金周转需要,向银行借款500 000元,期限为6个月。
(2) 5日,购入甲材料3 000千克,每千克15元,未付款,材料已验收入库。
(3) 6日,收到投资者追加投入的货币资金500 000元,已存入银行。
(4) 10日,向客户销售乙产品100台,每台400元,未收款。
(5) 12日,为满足零星开支需要,从银行提取现金1 000元。
(6) 14日,通过银行支付水电费5 000元。
(7) 16日,通过银行收取货款40 000元。
(8) 25日,用银行存款购买不需要安装的设备一台,价值20 000元。
(9) 26日,以银行存款偿还前欠材料款45 000元。
(10) 27日,以现金支付差旅费780元。
要求：根据公司以上经济业务编制会计分录。

2. 资料：东方公司20×5年1月期初余额见表3-15。

表3-15　东方公司20×5年1月账户期初余额表　　　　　金额单位：元

借方余额		贷方余额	
库存现金	500	短期借款	33 000
银行存款	20 000	应付账款	10 000
应收账款	1 500	本年利润	20 000
应收票据	1 000	实收资本	100 000
库存商品	70 000		
固定资产	70 000		
合　计	163 000	合　计	163 000

本期该企业发生下列经济业务：
(1) 接受了3 000 000元的投资,投资款已存入银行。
(2) 从银行存款中提取现金4 000元备用。
(3) 购买了电脑等经营用机器设备总价款200 000元,用银行存款支付。
(4) 取得一项6个月期限的短期银行借款金额150 000元,已划入该企业账户。
(5) 用银行存款购买商品一批,价款600 000元。
(6) 职工王某出差预支差旅费2 000元,企业以现金支付。
(7) 出售商品取得收入400 000元,存入银行。
(8) 出售商品的成本为350 000元,结转已销商品的成本。
(9) 以银行存款支付销售过程中发生的运费400元。
(10) 职工王某报销差旅费1 800元,余款退回。
(11) 将损益类账户发生额结转到"本年利润"账户。

要求：根据东方公司本期发生的经济业务编制会计分录；根据会计分录登记丁字账户；编制东方公司本期的发生额试算平衡表和余额试算平衡表。

案例分析

某大学生毕业后自主创业，以每月 2 000 元租入一处店面，经营文具。1月1日，以公司名义开了账户，存入 10 万元作为资本，由于他不精通会计，他就把所有的单据和发票收集一起，没有其他记录。月底，他发现公司的存款减少了 58 987 元，现金剩余 643 元，应付货款 10 560 元，客户欠公司 13 300 元，盘点存货价值为 25 800 元，他由此判断公司经营亏损了。他保留的票据包括：

(1) 投资人投入资本金 10 万元，存入公司基本存款账户。
(2) 用支票支付本月店面租金 2 000 元。
(3) 购入文具两批，每批价值 35 200 元，第一批用支票支付；第二批欠对方 30% 货款。
(4) 本月销售文具两批，第一批收入 38 800 元，收取现金；第二批收入 25 870 元，其中 13 300 元未收款。
(5) 用支票购买办公家具 20 000 元。
(6) 提现 10 000 元，支付工资 4 000 元和个人开支 5 000 元。
(7) 本月费用 900 元，其中现金支付 357 元，其余用支票支付。

讨论题

根据本章所学知识，为企业设立一套会计科目，编制会计分录，简要分析企业当月经营成果的情况。

【即测即练】

第 4 章

制造业主要经济业务

【本章学习目标】

1. 了解制造业的主要经济业务；
2. 掌握负债和投入资本的会计核算；
3. 掌握资产的会计核算；
4. 掌握简单的产品成本的会计核算；
5. 掌握收入和费用的会计核算；
6. 理解应计项目和递延项目的内容及核算；
7. 掌握利润和利润分配的会计核算。

引导案例

王凯职专毕业以后，办了一家高级服装定制店，因为他没有接受过专门的会计知识培训，他认为只要用一借一贷把经济业务和事件进行记录就可以了。

当向布料供应商赊销布料生产服装时：

借：生产成本 3 000
　　贷：应付账款 3 000

当向银行贷款购买缝纫机等机器时：

借：固定资产 10 000
　　贷：短期借款 10 000

当用销售服装的资金购买布料时：

借：原材料 6 000
　　贷：主营业务收入 6 000

王凯的记录有什么问题？应该怎样记录呢？

4.1 制造业企业主要经济业务概述

1. 制造业企业经营过程

反映制造企业经营过程的资金运动包括资金进入企业和资金周转。在企业经营过程中，资金运动反映了会计对象要素及其相互关系。

企业开始进行生产经营活动前，资金进入企业表现为取得一定数量的经营资金。资金的来源渠道有两个：一是投资者对企业的投资，按会计对象要素的划分，属于所有者权益；二是债权人，按会计对象要素的划分，属于企业的负债。从这两个来源渠道取得的资金，在会计核算上以货币形式表现其占用形态为资产这一会计对象要素。

资金进入企业后，伴随着生产经营活动的持续进行，不断地进行周转，体现在工业企业的生产经营过程（包括供应过程、生产过程、销售过程）中，资产要素发生各种形态的变化，并形成其他要素。在供应过程中，企业用货币资产购买各种材料，形成生产的储备，使货币资产转化为储备资产。在生产过程中，劳动者借助劳动资料对劳动对象进行加工，制造出新的产品，生产过程既是产品的生产过程，同时也是物化劳动和活劳动的耗费过程。其耗费主要有生产资料的耗费，包括材料耗费、人工耗费、固定资产的折旧费和其他费用等。在这一过程中，资产要素表现为由储备资产、固定资产、货币资产等形态转化为生产资产形态，并形成企业的各种费用。生产过程结束时，生产资金形态转化为成品资金形态。在销售过程中，企业将产品销售出去，取得收入，会计对象要素表现为由成品资金形态转化为货币资金形态，同时形成企业的收入，将收入与费用进行比较就可以计算出企业的利润（或亏损）。企业实现的利润在依法向国家缴纳所得税和向投资者分配利润后，余下的部分形成企业的积累，属于所有者权益。

2. 制造业企业成本核算的意义

制造业是按照社会主义市场经济体制的要求面向市场、独立核算、自负盈亏、自我积累、自我发展、制造产品的营利性组织。它的基本任务就是满足市场需求、提高产品质量、不断提高产品技术含量、不断创新；降低产品成本，降低费用，提高经济效益和社会效益。

成本控制是制造业企业从内部提高经济效益的有效手段，企业在进行生产活动中经常发生经济资源的耗费，如各种人力、物力和财力的消耗，这种消耗的货币表现就是经济利益的流出，即费用。在生产过程中发生的直接材料、直接人工和其他间接费用，构成了各种产品的制造成本。通过成本的计算和核算，可以确定实际成本和计划成本的差异，就其差异进行企业内部纵向分析以及同行业的横向比较分析，挖掘潜力，采取积极措施有效控制各项成本费用开支，以达到预期的成本目标。

4.2 负债和所有者权益（投入资本）的核算

1. 企业筹资渠道

企业作为一个营利性的经济实体，为开展生产经营活动，实现其盈利的目的，必须筹集足够的资金。企业筹集资金的渠道有两个：权益资本筹资和债务资本筹资。权益资本筹资是企业所有者对企业投入的资金，企业所有者提供的资金被称为所有者权益（在股份制公司中称为股东权益）；债务资本筹资是通过举债向债权人借入的资金，向债权人借入的资金在会计平衡公式中被称为负债。

1）所有者投入资本

投入资本是所有者投入企业的、由所有者拥有的权益。投入资本包括实收资本或股本账户和资本公积核算的内容。它是所有者权益的主要来源和表现形式,是投资者拥有的根本权益,对企业的盈余分配和净资产处置权利起着直接影响作用。

投入资本按投资主体分为国家投入资本、法人投入资本、个人投入资本和外商投入资本四类。国家投入资本,是有权代表国家投资的政府部门或机构,以国有资产投入的资本。法人投入资本,是其他企业法人以其依法可支配的财产,投入本企业的资本。事业单位和社会团体,以国家允许其用于生产经营的资产向本企业投入的财产,亦属法人投入资本。个人投入资本,是社会个人或企业内部职工以个人合法财产投入企业的资本;外商投入资本,是中国境外的法人和个人以其外币、设备、无形资产或其他资产投入的资本。

投入资本按投资方式分为货币资产投资、实物资产投资、无形资产投资三种。货币资产投资是指投资者投资时以现金、银行存款等货币资产作为投资投入企业,形成企业的所有者权益。实物资产投资是以存货、固定资产等投入企业。无形资产投资则以商标、专利、特许经营权等资产作为投资。

根据2018年修订的最新公司法,第二十六条修改为:"有限责任公司的注册资本为在公司登记机关登记的全体股东认缴的出资额。""法律、行政法规以及国务院决定对有限责任公司注册资本实缴、注册资本最低限额另有规定的,从其规定。"即公司股东可以自主约定认缴出资额、出资方式、出资期限等,并记载于公司的章程。

所有者权益的来源包括所有者投入的资本、直接计入所有者权益的利得和损失以及留存收益等。本节主要涉及所有者权益中的投入资本的内容,留存收益详见"4.7利润和利润分配的核算";直接计入所有者权益的利得和损失详见"中级财务会计实务"。

2）举借债务

通过举借债务筹资是企业解决权益资金不足的主要方式。可以采取向银行或其他非金融机构借款、企业发行债券,或者进行融资租赁等方式。

(1) 从银行取得借款。从银行或其他非金融机构取得借款是企业解决长期或短期资金缺口的一种间接融资方式。

(2) 发行企业债券。与通过银行取得资金相比,发行企业债券属于一种直接融资方式,即企业与最终资金提供者签订借款合同。

2. 投入资本的确认与计量

所有者权益是所有者在企业资产中享有的经济利益,其金额为资产减去负债后的余额。企业所有者所拥有的权益,最初只是以投入企业资产的形式表现,随着生产经营活动的进行,投入资本自身的增值按税后利润的一定比例提取的盈余公积以及未分配利润,也应归属于企业所有者。因此,所有者权益包括投资人投入企业的资本、直接计入所有者权益的利得和损失(其他综合收益)、留存收益等,通常由实收资本(股本)、资本公积(含股本溢价或资本溢价、其他资本公积)、盈余公积和未分配利润构成。

投资者将资本金投入企业后,在企业生产经营期间内,投资者除依法转让外,一般不得抽回投资。

1) 实收资本的确认与计量

实收资本是企业的投资者按照企业章程,或合同、协议的约定,实际投入企业的资本。实收资本是企业所有者权益的主体,也是企业进行正常生产经营活动所必需的资金。

股东可以用货币出资,也可以用实物、知识产权、土地使用权等能够用货币估价并可以依法转让的非货币财产作价出资。对作为出资的非货币财产应当评估作价,核实财产,不得高估或者低估作价。法律、行政法规对评估作价有规定的,从其规定。

企业应该设置"实收资本"账户核算企业实际收到投资人投入的资本,账户应按投资者设置明细账户。账户贷方登记企业实际收到的投资人投入的资本;借方登记投入资本的减少额;余额在贷方,表示投资者投入企业的投资总额。

2) 资本公积的确认与计量

资本公积是企业收到投资者投资额超出其在注册资本或股本中所占份额的部分,即资本溢价。对于投入企业的资本,由于出资的时间不同,其对于企业的影响程度不同,由此而带给投资者的权利也不同,前者往往大于后者。所以,新加入的投资者要付出大于原投资者出资额,才能取得与原投资者相同的投资比例,其大于部分就是资本溢价。股票溢价是指企业采用溢价发行股票筹集资金时,超过股票面值的溢价收入。资本溢价或股票溢价属于所有者权益,作为资本公积处理。

企业应该设置"资本公积"账户。本账户核算企业取得的资本公积。账户贷方登记资本公积的增加数额;借方登记资本公积的减少数额;余额在贷方,表示企业所拥有的资本公积的数额。

3) 核算举例

【例4-1】 甲公司收到投资人投入的货币资金200 000元,并存入银行。

甲公司的该项经济业务使实收资本和银行存款同时增加200 000元。"实收资本"账户属于所有者权益类账户,所有者权益类账户的增加额应记录到该账户贷方,"银行存款"账户属于资产类账户,资产类账户的增加额应记录到该账户借方。会计分录如下:

借:银行存款　　　　　　　　　　　　　　　200 000
　　贷:实收资本　　　　　　　　　　　　　　　200 000

【例4-2】 甲公司收到一台由投资人投入的新设备,双方协议价和公允价值均为100 000元。

甲公司的该项经济业务使甲公司实收资本和固定资产同时增加100 000元。"实收资本"账户属于所有者权益类账户,所有者权益类账户的增加额应记录到该账户贷方,"固定资产"账户属于资产类账户,资产类账户的增加额应记录到该账户借方。会计分录如下:

借:固定资产　　　　　　　　　　　　　　　100 000
　　贷:实收资本　　　　　　　　　　　　　　　100 000

【例4-3】 甲公司收到一台由投资人投入的旧设备,该设备经评估确认价值为50 000元。

甲公司的该项经济业务使实收资本和固定资产同时增加50 000元。"实收资本"账户属于所有者权益类账户,所有者权益类账户的增加额应记录到该账户贷方,"固定资产"账户属于资产类账户,资产类账户的增加额应记录到该账户借方。会计分录如下:

借:固定资产　　　　　　　　　　　　　　　50 000

贷：实收资本　　　　　　　　　　　　　　　　　　　　50 000

【例 4-4】 某公司发行股票，面值为 2 000 万元，收到 2 700 万元存入银行。

该项经济业务使甲公司银行存款增加 27 000 000 元，同时使甲公司股本增加 20 000 000 元，两者之间的差额为股本溢价，使甲企业资本公积增加 7 000 000 元。"银行存款"账户属于资产类账户，资产类账户的增加额应记录到该账户借方；"股本"和"资本公积"账户均属于所有者权益类账户，增加额 2 000 万元和 700 万元分别记录到两个账户的贷方。会计分录如下：

借：银行存款　　　　　　　　　　　　　　　　　　27 000 000
　　贷：股本　　　　　　　　　　　　　　　　　　　20 000 000
　　　　资本公积　　　　　　　　　　　　　　　　　 7 000 000

【例 4-5】 甲公司收到一批投资人投入的材料，价值 350 000 元，并已验收入库，假设不考虑相关税费。

甲公司该项经济业务使实收资本和库存材料同时增加 350 000 元。"实收资本"账户属于所有者权益类账户，所有者权益类账户的增加额应记录到该账户贷方，"原材料"账户属于资产类账户，资产类账户的增加额应记录到该账户借方。会计分录如下：

借：原材料　　　　　　　　　　　　　　　　　　　　350 000
　　贷：实收资本　　　　　　　　　　　　　　　　　　350 000

3. 负债的确认与计量

负债是过去的交易、事项形成的现时义务，履行该义务预期会导致经济利益流出企业。根据负债的这一定义，可以概括出负债的如下基本特征：第一，负债是一项经济责任，它需要企业偿还，只有在偿还债务，或债权人自动放弃债权，或情况发生变化以后才能消失。第二，清偿负债会导致企业未来经济利益的流出。第三，负债是企业过去已经发生的交易、事项的一种后果。

按照偿付期限的长短，负债可分为流动负债（current liabilities）和非流动负债（non-current liabilities）。

1) 流动负债的确认与计量

流动负债是将在一年（含一年）或者超过一年的一个营业周期内偿还的债务，按照流动负债的应付金额是否肯定，可以分为以下三种情况。

(1) 应付金额肯定的流动负债。这种流动负债根据合同、契约或法律的规定具有确切的金额、债权人和到期日，并且到期必须偿还。如短期借款、应付账款、应付票据、应付职工薪酬等。

(2) 应付金额视经营情况而定的流动负债。这类流动负债需待经营期末才能确定负债金额，在该经营期未结束前，负债金额不能以货币计量。如应交税费、应付股利等。

(3) 应付金额需予估计的流动负债。这类负债因过去发生的经济业务而存在，但其金额乃至偿还日期和债权人都无法确定，应根据以往的经验或依据有关的资料估计确定其负债金额。

各项流动负债应按实际发生额入账。

2) 非流动负债的确认与计量

非流动负债，又称长期负债，是偿还期在一年以上或者超过一年的一个营业周期以上的债务。非流动负债除了具有负债的共同特点外，还具有偿还期长、举债金额大的特点。非流动负债主要包括长期借款、应付债券和长期应付款等。

（1）长期借款：企业向金融机构等借入的长期借款。

（2）应付债券：企业为筹集长期资金通过发行债券而形成的长期债务。

（3）长期应付款：企业采用融资租入方式租入固定资产和补偿贸易方式引进设备而形成的长期负债。

3) 负债的核算

（1）设置的账户。负债核算设置的主要账户有以下几种。

① "短期借款"账户。本账户核算企业从银行借入的各种短期借款。该账户的贷方登记借入的各种短期借款；借方登记归还的借款；期末余额在贷方，表示尚未归还的借款。

② "应付账款"账户。本账户核算企业因购买材料、商品和接受劳务等发生的应付而未付供应单位的款项。该账户贷方登记应付给供应单位的款项；借方登记已归还供应单位的款项；余额在贷方，表示尚未归还的应付账款。该账户应按照供应单位分别设置明细账。作为负债主要账户的对应账户，一般应设置"库存现金""银行存款""原材料"等。

③ "应付票据"账户。该账户主要核算企业采用商业汇票结算方式延期付款购入货物的票据款。在我国，商业汇票的付款期限最长为6个月，根据承兑人的不同可以分为商业承兑汇票和银行承兑汇票。企业取得结算凭证并签付商业汇票后，应按照票据价值借记"原材料"等账户，贷记"应付票据"账户；票据到期有能力支付票据款时，借记"应付票据"账户，贷记相关货币资金账户；票据到期无力支付票据款时，借记"应付票据"账户，分商业承兑汇票和银行承兑汇票分别贷记"应付账款"账户和"短期借款"账户。

（2）核算举例。

【例4-6】 甲公司向银行短期借款150 000元，款项已存入银行。

甲公司该项经济业务使银行存款和短期借款同时增加150 000元。"银行存款"账户属于资产类账户，资产类账户的增加额应记录到该账户借方，"短期借款"账户属于负债类账户，负债类账户的增加额应记录到该账户贷方。会计分录如下：

借：银行存款　　　　　　　　　　　　150 000
　　贷：短期借款　　　　　　　　　　　　　　150 000

【例4-7】 甲公司购入一批价值180 000元的材料，并已验收入库，货款尚未支付。

甲公司该项经济业务使库存材料和应付账款同时增加180 000元。"原材料"账户属于资产类账户，资产类账户的增加额应记录到该账户借方，"应付账款"账户属于负债类账户，负债类账户的增加额应记录到该账户贷方。会计分录如下：

借：原材料　　　　　　　　　　　　　180 000
　　贷：应付账款　　　　　　　　　　　　　　180 000

若甲公司以商业汇票来结算，则会计分录如下：

借：原材料　　　　　　　　　　　　　180 000

　　　　贷：应付票据　　　　　　　　　　　　　　　　　　　　　180 000

【例 4-8】　甲公司用银行存款归还短期借款 150 000 元。

　　甲公司该项经济业务使银行存款和短期借款同时减少 150 000 元。"银行存款"账户属于资产类账户,资产类账户的减少额应记录到该账户贷方,"短期借款"账户属于负债类账户,负债类账户的减少额应记录到该账户借方。会计分录如下：

　　　　借：短期借款　　　　　　　　　　　　　　　　　　　　　150 000
　　　　　　贷：银行存款　　　　　　　　　　　　　　　　　　　　150 000

【例 4-9】　甲公司用银行存款归还应付账款 180 000 元。

　　甲公司该项经济业务使银行存款和应付账款同时减少 180 000 元。"银行存款"属于资产类账户,资产类账户的减少额应记录到该账户贷方,"应付账款"属于负债类账户,负债类账户的减少额应记录到该账户借方。会计分录如下：

　　　　借：应付账款　　　　　　　　　　　　　　　　　　　　　180 000
　　　　　　贷：银行存款　　　　　　　　　　　　　　　　　　　　180 000

4.3　资产的核算

1. 资产的定义和特征

资产是过去的交易、事项形成的并由企业拥有或者控制的资源,该资源预期会给企业带来经济利益。根据资产的这一定义,可以概括出资产的如下基本特征。

(1) 资产是企业的资源。资产的本质是经济资源,这一点是强调资产的有用性,即其可以作为要素投入生产经营中去。资产同已经不能再投入作为生产经营要素的耗费项目相区别。

(2) 资产是过去的交易、事项形成的。这一点是强调资产的历史性和现时性,即其是以往事项的结果和现时的客观实在。资产同未来的、尚未发生的事项的可能后果相区别。

(3) 资产是由企业所拥有或控制的。这一点是强调资产的权属关系。企业对资产的权属有两种情况：拥有和控制。其中：拥有是指资产的法定所有权属于该企业；控制是指资产的所有权虽不为企业所拥有,但资产的收益与风险已由企业所承担。资产尽管有不同的来源渠道,但一旦进入企业便置于企业的控制之下,成为企业能够自主运用、处置的资源。

(4) 资产预期能给企业带来经济利益。这一点是强调资产的效益性,即其强调对未来经济利益流入的作用。资产同已经不能带来未来经济利益流入的项目相区别。

资产的计价方法有历史成本法、重置成本法、可变现净值法、现值法与公允价值法等,我国是以历史成本即实际成本对资产计价。

资产按其流动性,可以分为流动资产和非流动资产。

2. 流动资产的确认与计量

流动资产是可以在一年或者超过一年的一个营业周期内变现或耗用的资产。变现是指转化为货币资金;耗用是指在生产经营过程中消耗、使用。流动资产主要包括货币资金(现金和银行存款)、应收及预付款项、存货等。

1) 货币资金

货币资金是企业资金周转过程中,以货币形态存在的那部分资金,包括库存现金、银行存款和其他货币资金。

(1) 库存现金:存放于财会部门的库存现金。

(2) 银行存款:企业存放在银行和其他金融机构的货币资金。

(3) 其他货币资金:除库存现金、银行存款以外的其他货币资金。包括外埠存款、银行汇票存款、银行本票存款、信用卡存款、信用证保证金存款等。

2) 应收及预付款项

应收及预付款项是指在活跃市场中没有报价、回收金额固定或可确定的非衍生金融资产,在非金融企业一般是指企业在日常生产经营过程中发生的各种债权,包括应收款项(应收账款、应收票据、其他应收款)和预付款项等。

(1) 应收账款:企业因销售商品、产品或提供劳务而形成的债权。

(2) 应收票据:企业在采用商业汇票结算方式下,因销售商品或提供劳务而收到商业汇票所形成的债权。

(3) 其他应收款:应收账款、应收票据和预付账款以外的各种应收、暂付款项。

(4) 预付账款:企业按购货合同规定预付给供货单位的货款,它属于企业的债权。

3) 存货

存货(inventory)是企业在日常生产活动中持有以备出售的产成品或商品、处在生产过程中的在产品、在生产或提供劳务过程中将消耗的材料或物料等。存货按经济用途分类,可分为商品存货、制造业存货及其他存货三类。

(1) 商品存货:商业流通企业在其经营过程中为销售而储备的商品。

(2) 制造业存货:从事产品制造的工业企业的存货。制造业存货按其存在形态又可以分为材料存货、在产品存货和产成品存货三类。材料存货,是指工业企业库存的各种材料,包括原料及主要材料、辅助材料、低值易耗品、包装物等;在产品存货,是指工业企业正在各生产阶段加工,尚未最后制造完工的产品;产成品存货,是指工业企业已经完成全部加工过程,验收入库的产品。

(3) 其他存货:商品存货和制造业存货以外,供一般性耗用的库存事务用品,如办公用品等。

流动资产应当按取得时的实际成本记账。

3. 固定资产的确认与计量

固定资产是企业用于生产商品、提供劳务、出租或经营管理而持有的,预计使用年限超过一个会计年度的有形资产。包括房屋及建筑物、机器、机械、运输工具以及其他与生产、经营有关的设备、器具、工具等。固定资产具有以下特征。

(1) 使用年限在一年以上。企业的固定资产必须能为企业的生产经营活动提供 1 年以上的服务,不足一年的就不能列为固定资产,而只能列为流动资产。

(2) 实物形态在使用中不改变。企业的固定资产在企业的生产经营过程中使用,其价值以折旧的方式逐渐地转移到成本、费用中去,并从企业实现的营业收入中得到补偿,但其实物形态在使用过程中始终保持不变,直至报废。

(3) 持有目的是用于生产经营活动。作为企业的固定资产,必须是以为企业服务为目的,而不能用于对外销售。对于准备用于销售的,不能列为固定资产,而应列为存货。

(4) 使用寿命有限。除土地以外,其他固定资产均有各自一定的使用寿命期限,期满则将报废。

固定资产的计价是以货币为计量单位来确定固定资产的价值。企业对固定资产的计价标准不同,固定资产的计价方法也就不同。固定资产的计价,主要有原始价值、重置完全价值、公允价值等。原始价值也称原始成本,是指企业购建某项固定资产并达到可以使用前所发生的全部支出。原始价值是固定资产的计价基础。

4. 资产的账务核算

1) 设置账户

资产核算应设置的主要账户有"应收账款""预付账款""其他应收款""在途物资""原材料""固定资产""无形资产""库存商品""应收票据""库存现金""银行存款"等。

(1) "应收账款"账户。本账户核算企业因销售产品或提供劳务等应向购货单位收取的款项。该账户借方登记企业因销货而发生的应收款项;贷方登记已收回的应收款项;余额在借方,表示尚未收回的应收款项。"应收账款"账户应按购货单位设置明细账。

(2) "预付账款"账户。本账户核算企业因购货而按合同规定预先付给供货单位的货款。该账户借方登记预付给供货单位的款项;贷方登记从供货方收到货物时或退回余款时核销的预付账款;余额在借方,表示已预付但尚未收到货物、尚未结算的预付款项。预付款项不多的企业,可不设本科目,将预付款项直接记入"应付账款"科目的借方,将收到货物或退回余款时核销的预付款项,记入"应付账款"科目的贷方。

(3) "其他应收款"账户。本账户核算应收账款、预付账款以外的各种应收、暂付款项。该账户借方登记企业发生的各种其他应收款;贷方登记收回及结转的其他应收款;余额在借方,表示尚未收回的其他应收款。

(4) "在途物资"账户。本账户核算企业采用实际成本进行材料、商品等物资的日常核算时,货款已付但尚未验收入库的各种物资(即在途物资)的采购成本,该科目应按供应单位和物资品种进行明细核算。该科目的借方登记企业购入的在途物资的实际成本,贷方登记验收入库的在途物资的实际成本,期末余额在借方,反映企业在途物资的采购成本。

(5) "原材料"账户。本账户核算企业库存的各种材料包括原料及主要材料、辅助材料、外购半成品(外购件)、修理用备件(备品备件)、包装材料、燃料等的增减变动和结存情况。该账户借方登记已验收入库材料的实际成本;贷方登记发出材料的实际成本;余额在借方,表示库存材料的实际成本。该账户可按材料品种设置明细账。

(6) "固定资产"账户。本账户核算企业持有的固定资产原价。建造承包商的临时设施,以及企业购置计算机硬件所附带的未单独计价的软件,也通过该科目核算。借方登记增加的固定资产价值,贷方登记固定资产转出的价值,其借方余额,反映企业固定资产的原价。

(7)"无形资产"账户。本账户核算企业持有的无形资产成本,包括专利权、非专利技术、商标权、著作权、土地使用权等。借方登记增加的无形资产价值,贷方登记无形资产转出的价值,其借方余额,反映企业无形资产的成本。

2)核算举例

【例4-10】 A工厂购入一批价值50 000元的材料,并以银行存款支付,材料验收入库。

A工厂该项经济业务使原材料增加50 000元,同时使银行存款减少50 000元。"原材料"和"银行存款"都属于资产类账户,资产类账户的增加额应记录到该账户借方,减少额应记录到该账户的贷方。会计分录如下:

　　借:原材料　　　　　　　　　　　　　　　　　50 000
　　　　贷:银行存款　　　　　　　　　　　　　　　　　50 000

如果购买材料的相关手续已经办妥,但原材料还没有验收入库,则借记在"在途物资"账户,具体会计分录如下:

　　借:在途物资　　　　　　　　　　　　　　　　　50 000
　　　　贷:银行存款　　　　　　　　　　　　　　　　　50 000

【例4-11】 A工厂从银行存款中提取6 000元现金备用。

A工厂该项经济业务使库存现金增加6 000元,同时使银行存款减少6 000元。"库存现金"和"银行存款"都属于资产类账户,资产类账户的增加额应记录到该账户借方,减少额应记录到该账户贷方。会计分录如下:

　　借:库存现金　　　　　　　　　　　　　　　　　6 000
　　　　贷:银行存款　　　　　　　　　　　　　　　　　6 000

【例4-12】 A工厂职工李元出差,预借差旅费3 000元现金。

A工厂该项经济业务使其他应收款增加3 000元,同时使库存现金减少3 000元。"其他应收款"和"库存现金"都属于资产类账户,资产类账户的增加额应记录到该账户借方,减少额应记录到该账户贷方。会计分录如下:

　　借:其他应收款——李元　　　　　　　　　　　　3 000
　　　　贷:库存现金　　　　　　　　　　　　　　　　　3 000

【例4-13】 甲公司预付A工厂购料款35 000元,以银行存款支付。

甲公司该项经济业务使预付账款增加35 000元,同时使银行存款减少35 000元。此项业务应记在"预付账款"账户的借方(假设甲公司未专门为A工厂设置"预付账款"明细账户,则应记入"应付账款"账户的借方,即未来应付A工厂款项的减少),"银行存款"账户属于资产类账户,资产类账户的减少应记在该账户的贷方。会计分录如下:

　　借:应付账款(或预付账款)　　　　　　　　　　35 000
　　　　贷:银行存款　　　　　　　　　　　　　　　　　35 000

【例4-14】 甲公司收到从A工厂发来的材料30 000元,余款退回并存入银行。

甲公司该项经济业务使库存材料增加30 000元、银行存款增加5 000元,同时使预付账款减少35 000元。"原材料"和"银行存款"账户都属于资产类账户,增加额应记录到账户借方;"预付账款"账户记贷方(如果企业未设置"预付账款"账户,可以记录在"应付账款"的贷方,即应付账款的增加)。会计分录如下:

借:原材料　　　　　　　　　　　　　　　　　　30 000
　　银行存款　　　　　　　　　　　　　　　　　　5 000
　贷:应付账款(预付账款)　　　　　　　　　　　　35 000

【例4-15】 甲公司销售X产品15件,单价2 000元,货款30 000元尚未收到。

甲公司该项经济业务使应收账款和主营业务收入同时增加30 000元。"应收账款"属于资产类账户,资产类账户的增加额应记录到该账户借方,"主营业务收入"属于损益类收入账户,损益类收入账户的增加额应记录到该账户贷方。会计分录如下:

借:应收账款　　　　　　　　　　　　　　　　　　30 000
　贷:主营业务收入　　　　　　　　　　　　　　　　30 000

【例4-16】 甲公司购置一台新设备,价值50 000元,款项以银行存款交付。

甲公司该项经济业务使固定资产增加50 000元,同时使银行存款减少50 000元。"固定资产"和"银行存款"都属于资产类账户,资产类账户的增加额记录到该账户借方,减少额记录到该账户贷方。会计分录如下:

借:固定资产　　　　　　　　　　　　　　　　　　50 000
　贷:银行存款　　　　　　　　　　　　　　　　　　50 000

【例4-17】 甲公司收到某购货单位归还前欠X产品货款30 000元。

甲公司该项经济业务使银行存款增加30 000元,同时使应收账款减少30 000元。"银行存款"和"应收账款"都属于资产类账户,资产类账户的增加额应记录到该账户借方,减少额应记录到该账户贷方。会计分录如下:

借:银行存款　　　　　　　　　　　　　　　　　　30 000
　贷:应收账款　　　　　　　　　　　　　　　　　　30 000

4.4　简单的生产成本核算

1. 费用与成本的概念

对费用的概念,有广义和狭义两种理解。广义的费用包括企业的各种费用和损失;狭义的费用是企业为销售商品、提供劳务等日常经营活动而发生的经济利益的流出,即仅指与商品或劳务提供相联系的资产耗费。凡是同提供商品或劳务无关的资产耗费或资产减少都不是费用。此处述及的费用指狭义费用。

成本也有广义和狭义之分。广义上的成本,泛指取得资产的代价;狭义上的成本是企业为生产产品、提供劳务而发生的各种耗费,即仅指产品的制造成本。此处述及的成本指狭义成本。

2. 费用、成本的确认

1) 费用的分类

费用可按不同的标准进行分类。费用按照经济用途分类是最基本的分类，可以分为计入产品成本的费用和期间费用。

（1）计入产品成本的费用。计入产品成本的费用是指为生产产品而发生的费用。对计入产品成本的费用，按其计入成本计算对象的方法不同，可以分为直接费用和间接费用。直接费用，是指为某一成本计算对象而发生的，在费用发生时可根据原始凭证直接计入这一对象的成本中，包括直接材料费和直接人工费；间接费用，是指为几个成本计算对象而共同发生的费用，这种费用不能根据原始凭证直接计入某一对象的成本中，而是需要采用适当的分配方法在有关成本计算对象之间分配后计入。企业为生产产品和提供劳务而发生的各项间接费用，包括职工薪酬、折旧费、办公费、水电费、机物料消耗、劳动保护费、季节性和修理期间的停工损失等。

（2）期间费用。期间费用是指在生产经营过程中支出的，但产品与生产活动没有直接关系而与时期有直接关系的费用。期间费用包括管理费用、财务费用和销售费用。

管理费用，是指企业为管理和组织企业的生产经营活动而发生的各项费用。管理费用具体包括公司经费（行政管理人员的薪酬、修理费、物料消耗、周转材料的摊销、办公费、折旧费、差旅费等）、工会经费、待业保险费、劳动保险费、董事会费、聘请中介机构费、咨询费（含顾问费）、诉讼费、业务招待费、技术转让费、矿产资源补偿费、无形资产摊销费、职工教育经费、研究与开发费、排污费、存货盘亏或盘盈。

财务费用，是指企业为筹集生产经营所需资金等而发生的各项费用，包括企业支付流动负债和经营期间长期负债所应计的利息支出（减利息收入）、汇兑损失（减汇兑收益），企业通过金融机构办理往来结算业务所支付的手续费等。

销售费用，是指企业在销售商品过程中所发生的各项费用，一般包括由企业负担的运输费、装卸费、包装费、广告费、展览费、保险费、手续费以及专门设置销售机构的经费等。

2) 费用与成本的关系

费用与成本有着密切的关系，费用的计算和核算是成本计算的基础与前提。成本是生产一定种类和数量的产品而发生的费用，即成本是对象化的费用。费用与成本也有着明显的区别。费用是和一定的时期相联系，它按照费用发生的期间组织核算；成本是和一定种类与数量的产品相联系，它按照成本计算对象组织核算。本期实际支出的费用，可能已经计入前期产品成本或需要延迟计入以后各期；而计入当期产品成本的费用，可能已在以前各期支付或要等到以后各期支付。

3. 费用、成本的计量

1) 正确划分各种费用界限

（1）正确划分资本性支出和收益性支出的界限。凡为取得本期收益而发生的支出，即支出的效益仅与本年度相关的，应作为收益性支出，如产品生产成本、管理费用、财务费用、销售费用等。凡支出的效益与几个会计年度相关的，应当作为资本性支出，如购建固定资产、对外进行长期投资等。

(2) 正确划分产品成本和期间费用的界限。企业发生的各项费用,只有与产品生产有直接关系的费用才能计入产品成本,包括直接材料、直接人工、制造费用等。对于那些与企业生产经营有关,但与产品成本无直接关系的费用,如管理费用、财务费用、销售费用等,应作为期间费用计入当期损益。

(3) 正确划分各个月份的费用界限。按照权责发生制的原则,对于发生期与归属期不一致的费用进行划分。对于本期已支付但应由本期和以后各期负担的费用,应作为待摊费用分期摊入各期的费用成本中;对于应由本期负担而尚未支出的费用,应作为预计的费用预先提取计入本期费用或成本中。

(4) 正确划分不同成本计算对象的成本界限。对应计入本期产品成本的费用,要进一步确定应计入的成本计算对象。凡能直接计入有关产品的各项费用,要直接计入;与几种产品有关的费用,需按照合理的分配标准,分配计入各产品生产成本。

(5) 正确划分在产品成本与完工产品成本的界限。期末已计入各成本计算对象的费用,对于有期末在产品的产品,还需将其费用在完工产品和期末在产品之间进行分配,分别计算出完工产品成本和期末在产品成本。

2) 成本核算程序

(1) 确定成本计算对象。成本计算对象就是费用的归集对象。确定成本计算对象就是指以什么来归集生产费用和计算产品成本。根据企业生产类型的特点和管理要求对成本的影响,企业的成本计算对象主要有三种类型:产品品种、产品批别和产品生产步骤。相应采用的成本计算方法:①品种法,以产品品种为成本计算对象,适用于单步骤大量生产企业;②分批法,以产品批别为成本计算对象,适用于单件、小批量的单步骤生产企业,或虽是多步骤生产但管理上不要求分步骤计算成本的生产企业;③分步法,以产品生产步骤为成本计算对象,适用于大量、大批多步骤生产企业。

(2) 按成本项目归集和分配生产费用。企业在生产过程中发生的各项费用按其经济用途分类,构成产品成本项目。工业企业一般设置以下三个成本项目:①直接材料,指直接用于产品生产,构成产品实体的原料及主要材料,以及有助于产品形成的辅助材料等;②直接人工,指直接从事产品生产的工人工资,以及按生产工人工资总额和规定的比例计算提取的职工福利费;③制造费用,指企业内部各生产单位为组织和管理生产而发生的各项间接费用。

(3) 计算产品生产成本。成本计算是指在生产经营过程中,按照成本计算对象归集和分配发生的各项费用支出,以确定该对象的总成本和单位成本。在各项费用按成本项目分别归集分配到各成本计算对象的基础上,就可以计算各种对象的总成本和单位成本。对月末没有在产品的产品,将按成本项目归集和分配的费用经过汇总,就是该种产品的完工产品成本。对于既有当期完工产品又有期末在产品的产品,应将月初在产品成本与本月产品费用之和,在本月完工产品与月末在产品之间进行分配和归集,分别计算出该种完工产品成本与月末在产品成本。本月发生的产品费用和月初、月末在产品及完工产品成本之间的关系如下:

$$\text{月初在产品成本} + \text{本月发生产品费用} = \text{本月完工产品成本} + \text{月末在产品成本}$$

或

$$\text{月初在产品成本} + \text{本月发生产品费用} - \text{月末在产品成本} = \text{本月完工产品成本}$$

4. 费用、成本的核算

1) 设置账户

费用、成本核算设置的主要账户有以下几种。

(1)"应付职工薪酬"账户。本账户核算企业应付给职工的各种薪酬。该账户贷方登记应付职工的薪酬数额；借方登记实际已支付的薪酬数额；月末一般无余额，该账户如有余额，表示实际已支付的薪酬数额与应付薪酬数额之间的差额。

(2)"累计折旧"账户。本账户核算企业固定资产因磨损而减少的价值。企业的固定资产在使用过程中磨损的价值，通过计提折旧的方式逐步转移到产品成本和期间费用中。"累计折旧"账户是"固定资产"账户的调整账户，以固定资产账面原值减累计折旧即为固定资产净值。"累计折旧"账户的贷方登记按月提取的固定资产折旧数额；借方登记累计折旧的减少数额；余额在贷方，表示固定资产累计已提折旧数额。

(3)"生产成本"账户。本账户核算产品生产过程中所发生的各项费用，计算确定产品的实际生产成本。该账户的借方登记企业产品生产过程中发生的生产费用，本期发生的直接费用直接计入，间接费用通过分配计入；贷方登记已完工入库产成品的实际生产成本；期末如有余额在借方，表示尚未完工的在产品的实际生产成本。该账户应按照产品的品种或类别设置明细账。

(4)"制造费用"账户。本账户核算企业各生产单位(如生产车间)为组织和管理生产而发生的各项间接费用。该账户的借方登记企业各生产单位发生的各项间接费用；贷方登记月末分配转入各产品成本的制造费用；该账户月末一般没有余额。

(5)"库存商品"账户。本账户核算企业生产完工并验收入库的产成品的增减变动及结存情况。该账户借方登记生产完工并验收入库产成品的实际成本；贷方登记发出产成品的实际成本；余额在借方，表示库存产成品的实际成本。该账户应按产品的品种或类别设置明细账。

(6)"管理费用"账户。本账户核算企业行政管理部门为组织和管理生产经营活动而发生的各项费用。该账户的借方登记企业发生的各项管理费用；贷方登记期末结转的管理费用；该账户期末没有余额。

(7)"财务费用"账户。本账户核算企业为筹集生产经营所需资金而发生的各项费用。该账户借方登记企业发生的各项财务费用，包括利息支出、汇兑损失以及支付金融机构的手续费等；贷方登记期末结转的财务费用；该账户期末没有余额。

2) 核算举例

【例 4-18】 某仓库汇总本月材料，发出材料如下：甲产品生产领用材料 25 000 元，乙产品生产领用材料 15 000 元，车间一般消耗领用材料 8 000 元，企业行政管理部门领用材料 1 000 元。

以上经济业务减少了该企业库存材料的同时增加了该企业的生产成本和费用。材料的减少应记录到"原材料"账户的贷方;费用的增加应按费用的用途进行归集,记入相应费用账户的借方,生产耗用材料应计入生产成本,车间耗用材料应计入制造费用,企业管理部门耗用材料应计入管理费用。会计分录如下:

借:生产成本——甲产品　　　　　　　　25 000
　　生产成本——乙产品　　　　　　　　15 000
　　制造费用　　　　　　　　　　　　　 8 000
　　管理费用　　　　　　　　　　　　　 1 000
　　贷:原材料　　　　　　　　　　　　　49 000

【例4-19】 结算本月应付职工工资:生产甲产品工人工资 50 200 元,生产乙产品工人工资 26 600 元,车间管理人员工资 6 400 元,企业行政管理人员工资 13 800 元。

以上经济业务使企业费用增加,同时使应付职工薪酬这一负债项目增加。费用的增加应按费用的用途进行归集,计入相应费用账户的借方,生产工人的工资应计入"生产成本"账户;车间管理人员的工资应计入"制造费用"账户;企业行政管理人员的工资应计入"管理费用"账户。会计分录如下:

借:生产成本——甲产品　　　　　　　　50 200
　　生产成本——乙产品　　　　　　　　26 600
　　制造费用　　　　　　　　　　　　　 6 400
　　管理费用　　　　　　　　　　　　　13 800
　　贷:应付职工薪酬　　　　　　　　　　97 000

【例4-20】 企业计提固定资产折旧:生产车间使用的固定资产折旧费 36 300 元,企业行政管理部门使用的固定资产折旧费 23 400 元。

以上经济业务使企业的费用增加,同时使累计折旧增加。费用的增加计入相关费用账户的借方,生产车间使用的固定资产折旧费应计入"制造费用",企业行政管理部门使用的固定资产折旧费应计入"管理费用"。计提折旧记在"累计折旧"账户的贷方。会计分录如下:

借:制造费用　　　　　　　　　　　　　36 300
　　管理费用　　　　　　　　　　　　　23 400
　　贷:累计折旧　　　　　　　　　　　　59 700

【例4-21】 续例 4-12,职工李元报销差旅费 2 600 元,余款 400 元退回现金。

该项经济业务使企业的管理费用增加 2 600 元,现金增加 400 元,同时其他应收款减少 3 000 元。"管理费用"账户、"库存现金"账户记借方,"其他应收款"账户记贷方。会计分录如下:

借:管理费用　　　　　　　　　　　　　 2 600
　　库存现金　　　　　　　　　　　　　　 400
　　贷:其他应收款——李元　　　　　　　 3 000

【例4-22】 支付企业本期负担的银行借款利息 2 000 元。

该项经济业务使企业财务费用增加,同时使银行存款减少。记在"财务费用"账户借方和"银行存款"账户贷方。会计分录如下：

借：财务费用　　　　　　　　　　　　　　　2 000
　　贷：银行存款　　　　　　　　　　　　　　　　　2 000

【例4-23】 支付企业本期负担的财产保险费1 000元。

该项经济业务使企业管理费用增加1 000元，银行存款减少1 000元。记在"管理费用"账户借方、"银行存款"账户贷方。会计分录如下：

借：管理费用　　　　　　　　　　　　　　　1 000
　　贷：银行存款　　　　　　　　　　　　　　　　　1 000

【例4-24】 生产产品发生的间接费用，即制造费用，应按照一定的分配标准分别计入各个产品的生产成本。分配制造费用采用的标准，可以是产品的生产工时、生产工人的工资等。分配公式如下：

$$\text{分配率} = \frac{\text{制造费用总额}}{\text{生产工时总额（或生产工人工资总额）}}$$

$$\text{某种产品应负担的制造费用} = \text{该种产品生产工时（或生产工人工资）} \times \text{分配率}$$

假设该企业制造费用按生产工人工时作为分配标准，本月制造费用总额为50 700元，甲产品人员的工时为600小时，乙产品人员的工时为400小时。则制造费用分配如下：

分配率＝50 700/1 000＝50.7(元/小时)

甲产品应负担的制造费用＝600×50.7＝30 420(元)

乙产品应负担的制造费用＝400×50.7＝20 280(元)

根据以上的计算结果编制会计分录，应记在"生产成本"账户借方和"制造费用"账户贷方。会计分录如下：

借：生产成本——甲产品　　　　　　　　　　30 420
　　生产成本——乙产品　　　　　　　　　　20 280
　　贷：制造费用　　　　　　　　　　　　　　　　50 700

【例4-25】 本月生产的50件甲产品，全部完工验收入库，乙产品尚未完工，结转已经完工甲产品的全部生产成本105 620元。

该项经济业务使库存成品增加，同时使生产成本减少。应记在"库存商品"账户的借方和"生产成本"账户的贷方。会计分录如下：

借：库存商品——甲产品　　　　　　　　　　105 620
　　贷：生产成本——甲产品　　　　　　　　　　　105 620

前已述及企业应按产品品种设置生产产品明细账，在该明细账中按成本项目设置专栏，直接费用直接计入，间接费用经过分配后计入。最后，企业对于已完工的产品，根据生产成本明细账的计算结果编制其产品成本计算表，以计算出完工产品的总成本和单位成本。

根据上述举例，甲、乙产品的生产成本明细账及已经完工甲产品的成本计算表见表4-1、表4-2、表4-3。

表 4-1 生产成本明细账　　　　　　　　　　　　甲产品

20××年		凭证号数	摘要	借方金额				贷方金额
月	日			直接材料	直接人工	制造费用	合计	
			领料	25 000				
			职工薪酬		50 200			
			制造费用			30 420		
			完工产品成本					105 620
			月结	25 000	50 200	30 420	105 620	105 620

表 4-2 生产成本明细账　　　　　　　　　　　　乙产品

20××年		凭证号数	摘要	借方金额				贷方金额
月	日			直接材料	直接人工	制造费用	合计	
			领料	15 000				
			工资		26 600			
			制造费用			20 280		
			月结	15 000	26 600	20 280	61 880	

表 4-3 甲产品成本计算表　　　　　　　　　　　产量：50 件

成本项目	总成本	单位成本
直接材料	25 000	
直接人工	50 200	2 112.4
制造费用	30 420	
合　计	105 620	

4.5　收入和费用的核算

对收入概念有广义和狭义的两种理解。广义的收入指企业所有经营和非经营所得。这种广义上的收入包括营业收入、投资收入、营业外收入等。狭义的收入仅指营业收入,其他不属于营业收入的所得除外。我国《企业会计准则》对收入做了狭义的规定,即"收入是企业在日常活动中形成的、会导致所有者权益增加的与投资者投入资本无关的经济利益的总流入"。

狭义的收入即营业收入,是企业在销售商品、提供劳务及让渡资产使用权等日常活动中所形成的经济利益的总流入。包括主营业务收入和其他业务收入两部分。主营业务收入,指企业在其主要的或主体业务活动中所取得的营业收入。其他业务收入,指企业在除主营业务以外的其他业务活动中所取得的收入。收入不包括为第三方或者客户代收的款项。

1. 收入的确认

企业的经营活动是连续不断地进行的,投入企业的资金也随着经营活动的进行而不断地改变其占用形态及数量。合理地确认营业收入,对于正确计算企业经营成果、评价企业经济效益具有重要的意义。

我国 2017 年 7 月 5 日修订的《企业会计准则第 14 号——收入》第四条规定,企业应当在履行了合同中的履约义务,即在客户取得相关商品控制权时确认收入。取得相关商品控制权,是指能够主导该商品的使用并从中获得几乎全部的经济利益。当企业与客户之间的合同同时满足下列条件时,企业应当在客户取得相关商品控制权时确认收入。

(1) 合同各方已批准该合同并承诺将履行各自义务。
(2) 该合同明确了合同各方与所转让商品或提供劳务相关的权利和义务。
(3) 该合同有明确的与所转让商品相关的支付条款。
(4) 该合同具有商业实质,即履行该合同将改变企业未来现金流量的风险、时间分布或金额。
(5) 企业因向客户转让商品而有权取得的对价很可能收回。

2. 收入的计量

企业应当按照分摊至各单项履行义务的交易价格计量收入。交易价格,是指企业因向客户转让商品而预期有权收取的对价金额。企业代第三方收取的款项以及企业预期将退还给客户的款项,应当作为负债进行会计处理,不计入交易价格。企业应当根据合同条款,并结合其以往的习惯做法确定交易价格。在确定交易价格时,企业应当考虑可变对价、合同中存在的重大融资成分、非现金对价、应付客户对价等因素的影响。

3. 收入的核算

1) 设置的账户

收入核算设置的主要账户有以下几种。

(1) "主营业务收入"账户。本账户核算企业销售产品或提供劳务而确定的收入。该账户的贷方登记企业取得的销售收入;借方登记期末转入"本年利润"账户的销售收入;结转后该账户期末无余额。

(2) "主营业务成本"账户。本账户核算企业已售出产品、劳务的成本。该账户的借方登记已售产品、劳务的成本;贷方登记期末转入"本年利润"账户的销售成本;结转后该账户期末无余额。

(3) "销售费用"账户。本账户核算企业在销售过程中所发生的各项销售费用。该账户借方登记发生的销售费用;贷方登记期末转入"本年利润"账户的销售费用;结转后该账户期末无余额。

(4) "税金及附加"账户。本账户核算企业在经营活动中发生的消费税、城市维护建设税、资源税和教育费附加等相关税费。该账户的借方登记应交纳的销售税费;贷方登记期末转入"本年利润"账户的销售税费;结转后该账户期末无余额。

(5) "应交税费"账户。本账户核算企业应交纳的销售税金。该账户贷方登记按规定计算出的应交纳的销售税费;贷方登记通过银行已交纳的销售税费;余额在贷方,表示应交未交的税费。

(6)"预收账款"账户。本账户核算企业按照合同规定向购货单位预收的货款。该账户的贷方登记按照合同预收的货款;借方登记发货后与购货单位结算的货款;余额在贷方,表示已经预先收取货款但尚未发货的款项。预收款项不多的企业,可以不设置本科目,将预收款项直接记入"应收账款"科目的贷方,将发货后与购货单位结算的预收款项,记入"应收账款"科目的借方。

2) 核算举例

【例 4-26】 企业销售甲产品 30 件,单价 6 000 元,收到货款 120 000 元并存入银行,其余 60 000 元尚未收到。

该项经济业务使企业银行存款增加 120 000 元,使应收账款增加 60 000 元,同时实现销售收入 180 000 元。应在"银行存款""应收账款"账户记借方,"主营业务收入"账户记贷方。会计分录如下:

借:银行存款　　　　　　　　　　　　　　　120 000
　　应收账款　　　　　　　　　　　　　　　 60 000
　　贷:主营业务收入　　　　　　　　　　　　180 000

【例 4-27】 企业支付产品广告费 30 000 元,以银行存款交付。

该项经济业务形成销售费用 30 000 元,同时使企业银行存款减少 30 000 元。应在"销售费用"账户记借方,"银行存款"账户记贷方。会计分录如下:

借:销售费用　　　　　　　　　　　　　　　 30 000
　　贷:银行存款　　　　　　　　　　　　　　 30 000

【例 4-28】 根据合同预收某单位购货款 10 000 元。

该项经济业务使银行存款和预收账款同时增加 10 000 元。银行存款增加记在该账户的借方,预收账款增加记在"预收账款"或"应收账款"账户的贷方。会计分录如下:

借:银行存款　　　　　　　　　　　　　　　 10 000
　　贷:应收账款(或预收账款)　　　　　　　　 10 000

【例 4-29】 企业计算并结转应交纳的 12 000 元销售税金。

该项经济业务使企业销售税金和应交税费同时增加 12 000 元。"税金及附加"账户记借方,"应交税费"账户记贷方。会计分录如下:

借:税金及附加　　　　　　　　　　　　　　 12 000
　　贷:应交税费　　　　　　　　　　　　　　 12 000

【例 4-30】 企业结转已销售甲产品 50 件的实际生产成本,单位成本为 2 112.4 元,总成本 105 620 元。

该项经济业务使企业的销售成本增加 105 620 元,同时使库存产成品减少 105 620 元。应在"销售成本"账户记借方、"库存商品"账户记贷方。会计分录如下:

借:主营业务成本　　　　　　　　　　　　　105 620
　　贷:库存商品　　　　　　　　　　　　　　105 620

4.6 应计项目和递延项目的核算

企业发生的收入和费用除了本期直接发生货币资金流动之外,还会产生很多货币资金流动时间和收入费用确认时间有差异的经济业务,具体表现在以下两个方面。

第一,企业确认收入和负担费用先于货币资金流动,即应计项目。

第二,企业货币资金的流动先于确认收入和负担费用,即递延项目。

1. 应计项目

应计项目(accruals)又称应计未付项目,是指企业在生产经营和利润分配过程中已经计提而尚未以货币支付的各项目,主要包括应付工资、应付利息、应付职工福利费、应交税金、应付利润等。

1) 应计收入

应计收入(accrued income),或应收收入,即收入赚取在先,收取货币资金在后。最常见的应计收入的业务为赊销商品和服务。根据复式记账法的原理,当企业赚取了收入,收入的增加额应该贷记到"主营业务收入"账户,同时由于企业未收取款项,应收账款增加,借记到"应收账款"的借方,如例4-26。待到实际收到货款时,借记"银行存款"账户,贷记"应收账款"账户。

2) 应计费用

应计费用(accrued expenditure),或应付费用,即费用负担在先,货币资金支付在后。企业从其他主体购买了商品或劳务,并且企业使用了这些资源,而没有货币资金的实际流出,根据权责发生制的原则,也必须确认为费用。

最常见的应计费用的业务就是企业的工资费用。通常,企业在会计期末,将工资费用根据工资的用途记录到相关的成本或费用账户:生产工人的工资借记"生产成本"账户;车间管理人员的工资借记"制造费用"账户;销售人员的工资借记"销售费用"账户;行政管理人员的工资借记"管理费用"账户。同时,根据复式记账法的原则,由于当时没有货币资金的实际流出,企业应该根据职工工资总额,贷记"应付职工薪酬"账户,如例4-19。待到实际支付工资时,借记"应付职工薪酬"账户,贷记"银行存款"账户。

企业的利息费用的处理,也属于应计的费用。通常,企业在会计期末,将本月应负担的利息费用,借记"财务费用"账户,由于没有实际的货币资金流出,贷记"应付利息"账户;待到实际支付利息,引起货币资金流出时,借记"应付利息"账户,贷记"银行存款"账户。

【例4-31】 某企业于1月1日向银行借入30万元,借款期限为1年,借款年利率为10%,借款合同规定按季支付利息,该笔借款用于借款单位的产品生产活动。

(1) 取得借款时,会计分录如下:

借:银行存款　　　　　　　　　　　　　　　300 000
　　贷:短期借款　　　　　　　　　　　　　　　　　300 000

(2) 每个月末计提利息(采用预提的方法)时,会计分录如下:

借:财务费用(300 000×10%÷12)　　　　　2 500

　　　　贷：应付利息　　　　　　　　　　　　　　　　　　　　2 500

（3）每季度末支付利息时，前两个月的利息已经根据权责发生制的要求，汇总到"应付利息"账户的贷方，没有货币资金的实际流出；第三个月的利息费用直接引起货币资金的流出，因此会计分录如下：

　　　　借：应付利息　　　　　　　　　　　　　　　　　　　　5 000
　　　　　　财务费用　　　　　　　　　　　　　　　　　　　　2 500
　　　　　　贷：银行存款　　　　　　　　　　　　　　　　　　　7 500

（4）归还借款本金时，会计分录如下：

　　　　借：短期借款　　　　　　　　　　　　　　　　　　　　300 000
　　　　　　贷：银行存款　　　　　　　　　　　　　　　　　　　300 000

2. 递延项目

递延项目（prepayments）即推迟或延后，是指在赚取收入和负担费用之前，已经预收或预付了货币资金，如预收货款、预付租金或保险费等。

1）递延收入

递延收入（deferred income），即货币资金收取在先，收入确认在后。最常见的递延收入的例子就是预收货款。

【例 4-32】 企业 3 月 20 日预收了客户 300 000 元的销售商品款，4 月 15 日，商品的控制权转移给客户，销售收入为 298 500 元，当即退给客户 1 500 元。

企业 3 月 20 日收到货款时，商品的控制权并没有转移，不能确认主营业务收入，应该作为预收账款的增加，计入负债类账户"预收账款"的贷方；待到 4 月 15 日，商品控制权转移时，才能增加主营业务收入，冲减预收账款。

（1）3 月 20 日，企业预收货款时，会计分录如下：

　　　　借：银行存款　　　　　　　　　　　　　　　　　　　　300 000
　　　　　　贷：预收账款　　　　　　　　　　　　　　　　　　　300 000

（2）4 月 15 日，确认收入并退回余款时，会计分录如下：

　　　　借：预收账款　　　　　　　　　　　　　　　　　　　　300 000
　　　　　　贷：主营业务收入　　　　　　　　　　　　　　　　　298 500
　　　　　　　　银行存款　　　　　　　　　　　　　　　　　　　1 500

2）递延费用

递延费用（prepaid expenditure），即货币资金支付在先，费用担负在后。最常见的递延费用的例子就是预付保险费、预付租金等。

【例 4-33】 企业 20×1 年 12 月 20 日预付了物业下一年 120 000 元的办公室租金。20×2 年 1 月 31 日，企业确认 1 月应当负担的租金费用 10 000 元。

企业 12 月 20 日预付租金时，不能确认费用，应该作为预付账款的增加，计入资产类账户"预付账款"的借方；待到 1 月 31 日，确认企业应当担负的本月租金费用时，才能增加相关费用，同时冲减预付账款。

(1) 12月20日,会计分录如下:

借:预付租金(或预付账款)　　　　　　　　120 000
　　贷:银行存款　　　　　　　　　　　　　　　　120 000

(2) 1月31日,担负本期租金费用时,会计分录如下:

借:管理费用　　　　　　　　　　　　　　　10 000
　　贷:预付租金(或预付账款)　　　　　　　　　　10 000

上述四类项目的比较,见表4-4。

表4-4　应计项目和递延项目比较表

项　目	前	后
应计收入	收入赚取时: 借:应收项目 　贷:相关收入	收到货币时: 借:银行存款 　贷:应收项目
应计费用	费用担负时: 借:相关费用 　贷:应付项目	支付货币时: 借:应付项目 　贷:银行存款
递延收入	收到货币时: 借:银行存款 　贷:预收项目	收入赚取时: 借:预收项目 　贷:相关收入
递延费用	支付货币时: 借:预付项目 　贷:银行存款	费用担负时: 借:相关费用 　贷:预付项目

4.7　利润和利润分配的核算

利润是企业在一定期间生产经营的最终成果。它是收入与费用相抵以后的差额,如果收入大于费用,其间差额为利润,反之为亏损。

1. 利润的确认

利润是综合反映企业一定时期生产经营成果的重要指标。企业各方面的情况,诸如劳动生产率的高低、产品是否适销对路、产品成本和期间费用的节约与否,都会通过利润指标得到综合反映。因此,透过利润指标可以发现企业在生产经营中存在的问题,以便不断改善经营管理,提高经济效益。

利润按照配比的原则,是将一定时期内相对应的收入与费用进行配比,收入大于费用的部分为利润,反之则为亏损。利润的确认,是以企业生产经营活动过程中所产生的收入和费用的确认为基础,同时也要包括通过投资活动而获得的投资收益,还要包括那些与生产经营活动无直接关系的营业外收入和营业外支出。

2. 利润的计量

1) 利润总额的计算

企业的利润总额可以通过以下公式来计算:

营业利润＝营业收入－营业成本－税金及附加－管理费用－财务费用－销售费用等

利润总额＝营业利润＋营业外收入－营业外支出

营业外收入反映企业发生的营业利润以外的收益,主要包括债务重组利得,与企业日常活动无关的政府补助、盘盈利得、捐赠利得等。

营业外支出反映企业发生的营业利润以外的支出,主要包括债务重组损失、公益性捐赠支出、非常损失、盘亏损失、非流动资产毁损报废损失等。此处需要注意的是,企业处置固定资产和无形资产的收益(或损失),应该填列在"资产处置收益"项目(损失以"－"填列);如果固定资产出现毁损报废的损失,应该填列在"营业外支出"项目。

2) 净利润的计算

企业的净利润是利润总额减去所得税费用后的余额。企业的所得税费用和当期所得税因为会计准则和《中华人民共和国企业所得税法》规定的不同而出现差异,据此确定递延所得税,相关内容详见"企业所得税会计"介绍。企业净利润和当期应交所得税计算公式如下:

净利润＝利润总额－所得税费用

当期应交所得税＝应纳税所得额×所得税税率

3) 净利润的分配顺序

企业实现的利润,按照国家固定的税率计算缴纳所得税;企业对于缴纳所得税后的净利润,应按照公司法规定的顺序进行分配。

根据《中华人民共和国公司法》等有关法规的规定,企业当年实现的净利润,一般应按照下列内容、顺序和金额进行分配:①弥补以前年度亏损;②提取法定盈余公积金;③提取任意公积金;④支付优先股股利;⑤支付普通股股利;⑥转作资本(股本)的普通股股利。必须指出的是上述利润分配的顺序不能颠倒。也就是说,企业以前年度的亏损未得到完全弥补前,不得提取法定盈余公积金;在提取法定盈余公积金以前,不得向投资者支付股利和利润;支付股利的顺序必须是先支付优先股股利后支付普通股股利。

3. 利润和利润分配的核算

1) 设置的账户

利润核算设置的主要账户有以下几个。

(1) "营业外收入"账户。本账户核算企业所取得的各项营业外收入。该账户贷方登记企业取得的各项营业外收入;借方登记期末转入"本年利润"账户的营业外收入;结转后该账户无余额。

(2) "营业外支出"账户。本账户核算企业发生的各项营业外支出。该账户的借方登记企业发生的各项营业外支出;贷方登记期末转入"本年利润"账户的营业外支出;结转后该账户无余额。

(3) "所得税费用"账户。本账户核算企业应缴的所得税额。该账户的借方登记企业按规定计算的应缴所得税;贷方登记期末结转"本年利润"账户的应缴所得税;结转后该账户无余额。

(4) "盈余公积"账户。本账户核算企业盈余公积金的提取和使用。该账户的贷方登记企业提取的盈余公积金;借方登记使用的盈余公积金,如弥补亏损、转增资本等;余额在贷方,表示结余的盈余公积金。

(5) "应付股利(利润)"账户。本账户核算股份制企业(或非股份制企业)应付给投资者的股利或利润。该账户的贷方登记企业计算出的应付投资者的股利(利润);借方登记已支付给投资者的股利(利润);余额在贷方,表示尚未支付的应付利润。

(6) "本年利润"账户。本账户核算企业实现的利润或亏损总额。贷方登记由各项收入账户转入的收入,包括主营业务收入、营业外收入等;借方登记由各项费用账户转入的费用,包括主营业务成本、销售费用、税金及附加、管理费用、财务费用、营业外支出等;余额若在贷方,表示企业本年内实现的利润总额,余额若在借方,表示企业本年内实现的亏损总额。按规定将所得税记入该账户的借方后,此时该账户贷方余额为企业的税后净利润,年终将此余额结转"利润分配"账户,结转后"本年利润"账户无余额。

(7) "利润分配"账户。本账户核算企业税后净利润的分配。该账户的借方登记已分配的利润,包括提取的盈余公积金、向投资者分配的利润等;贷方登记从"本年利润"账户转入的企业税后净利润;余额在贷方,表示未分配的利润。

该账户下应至少设置"利润分配——提取盈余公积""利润分配——应付股利(应付利润)""利润分配——未分配利润"三个明细账户。年终将企业实现的税后净利润从"本年利润"账户转入"利润分配——未分配利润"明细账户的贷方,同时再将另外两个明细账户的余额转入"利润分配——未分配利润"明细账户的借方,结转后,除"利润分配——未分配利润"外,其他明细账户应无余额。

2) 核算举例

【例 4-34】 企业支付违约罚款 2 000 元,以银行存款交付。

该项经济业务使企业营业外支出增加 2 000 元,同时使企业银行存款减少 2 000 元。应在"营业外支出"账户记借方,在"银行存款"账户记贷方。会计分录如下:

借:营业外支出　　　　　　　　　　　　　2 000
　　贷:银行存款　　　　　　　　　　　　　2 000

【例 4-35】 企业将无法支付的应付账款 1 500 元转作营业外收入。

该项经济业务使企业应付账款减少 1 500 元,同时使企业的营业外收入增加 1 500 元。应在"应付账款"账户记借方,在"营业外收入"账户记贷方。会计分录如下:

借:应付账款　　　　　　　　　　　　　　1 500
　　贷:营业外收入　　　　　　　　　　　　1 500

【例 4-36】 将企业本期实现的主营业务收入 210 000 元和营业外收入 1 500 元结转至"本年利润"账户。

该项经济业务是将主营业务收入和营业外收入结转至本年利润。应在"主营业务收入"账户和"营业外收入"账户记借方,在"本年利润"账户记贷方。会计分录如下:

借:主营业务收入　　　　　　　　　　　　210 000
　　营业外收入　　　　　　　　　　　　　1 500
　　贷:本年利润　　　　　　　　　　　　　211 500

【例 4-37】 将企业本期发生的主营业务成本 105 620 元、销售费用 30 000 元、税金及附加 12 000 元、管理费用 41 800 元、财务费用 2 000 元、营业外支出 2 000 元结转至"本年利润"账户。

以上经济业务是将企业本期的各项费用账户余额结转至"本年利润"账户,"本年利润"账户记借方,所涉及的六个对应费用账户记贷方。会计分录如下:

借:本年利润　　　　　　　　　　　　　　　　193 420
　　贷:主营业务成本　　　　　　　　　　　　　　105 620
　　　　销售费用　　　　　　　　　　　　　　　　30 000
　　　　税金及附加　　　　　　　　　　　　　　　12 000
　　　　管理费用　　　　　　　　　　　　　　　　41 800
　　　　财务费用　　　　　　　　　　　　　　　　 2 000
　　　　营业外支出　　　　　　　　　　　　　　　 2 000

【例 4-38】 假设会计准则和企业所得税法对于收入和费用的规定本期没有差异,没有纳税调整项目,企业按规定税率25%计算企业应缴纳的所得税。

首先应计算企业的应纳税所得额,此处即指企业实现的利润总额,然后计算应缴纳的所得税。计算过程如下:

营业利润=营业收入-营业成本-税金及附加-销售费用-管理费用-财务费用
　　　　=210 000-105 620-12 000-30 000-41 800-2 000
　　　　=18 580(元)
利润总额=营业利润+营业外收入-营业外支出
　　　　=18 580+1 500-2 000
　　　　=18 080(元)
应纳所得税=应纳税所得额×所得税税率
　　　　　=18 080×25%
　　　　　=4 520(元)

该项经济业务使企业的所得税和应缴所得税同时增加4 520元。应在"所得税费用"账户记借方,在"应交税费"账户记贷方。会计分录如下:

借:所得税费用　　　　　　　　　　　　　　　　4 520
　　贷:应交税费　　　　　　　　　　　　　　　　 4 520

【例 4-39】 将所得税费用结转至"本年利润"账户。

该项经济业务是将"所得税费用"账户余额结平,在"本年利润"账户记借方,"所得税费用"账户记贷方。会计分录如下:

借:本年利润　　　　　　　　　　　　　　　　　 4 520
　　贷:所得税费用　　　　　　　　　　　　　　　 4 520

【例 4-40】 按企业净利润的10%,提取盈余公积金。

应提盈余公积=净利润×提取比例
　　　　　　=(18 080-4 520)×10%
　　　　　　=1 356(元)

该项经济业务使利润分配和盈余公积同时增加。利润分配的增加实质上是企业净利润的减少,应记入"利润分配——提取盈余公积"账户的借方,盈余公积的增加应记入"盈余公积"账户的贷方。会计分录如下：

  借：利润分配——提取盈余公积   1 356
    贷：盈余公积   1 356

【例 4-41】 企业决定，向投资者分配利润 8 560 元。

该项经济业务使利润分配和应付投资者的利润同时增加 8 560 元。利润分配的增加是企业净利润的减少，应记入"利润分配——应付利润"账户的借方，应付利润的增加是负债的增加，应记入"应付利润"账户的贷方。会计分录如下：

  借：利润分配——应付利润   8 560
    贷：应付利润   8 560

【例 4-42】 企业将实现的净利润 13 560(18 080－4 520)元转入"利润分配——未分配利润"账户。

这项经济业务是结平"本年利润"账户，因此，应在"本年利润"账户记借方，"利润分配——未分配利润"由于转入净利润，应记贷方。会计分录如下：

  借：本年利润   13 560
    贷：利润分配——未分配利润   13 560

【例 4-43】 将"利润分配"账户下其他两个明细账户的余额，转入"利润分配——未分配利润"明细账户。会计分录如下：

  借：利润分配——未分配利润   9 916
    贷：利润分配——提取盈余公积   1 356
      利润分配——应付利润   8 560

年终，该企业"利润分配——未分配利润"账户的贷方余额为 3 644(13 560－9 916)元，表示企业年末的未分配利润，是企业留存收益 5 000 元(盈余公积和未分配利润的合计)的组成部分之一，也是所有者权益增加的内容。

【本章小结】

(1) 制造业是按照社会主义市场经济体制的要求面向市场、独立核算、自负盈亏、自我积累、自我发展、制造产品的营利性组织。它的基本任务就是满足市场需求、提高产品质量、不断提高产品技术含量、不断创新；降低产品成本、降低费用、提高经济效益和社会效益。

(2) 企业作为一个营利性的经济实体，为开展生产经营活动，实现其盈利的目的，必须筹集足够的资金。企业筹集资金的渠道有两种：权益资本筹资和债务资本筹资。权益资本筹资是企业所有者对企业投入的资金，企业所有者提供的资金被称为所有者权益(在股份制公司中称为股东权益)；债务资本筹资是通过举债向债权人借入的资金，向债权人借入的资金在会计平衡公式中被称为负债。

(3) 成本核算程序。

① 确定成本计算对象。成本计算对象就是费用的归集对象。确定成本计算对象就是指以什么来归集生产费用和计算产品成本。根据企业生产类型的特点和管理要求对成本的影响，企业的成本计算对象主要有三种类型，即产品品种、产品批别和产品生产步骤。相应采用的成本计算方法：品种法、分批法、分步法。

② 按成本项目归集和分配生产费用。企业在生产过程中发生的各项费用按其经济用途分类,构成产品成本项目。工业企业一般设置以下三个成本项目:直接材料、直接人工、制造费用。

③ 计算产品生产成本。成本计算是指在生产经营过程中,按照成本计算对象归集和分配发生的各项费用支出,以确定该对象的总成本和单位成本。在各项费用按成本项目分别归集分配到各成本计算对象的基础上,就可以计算各种对象的总成本和单位成本。对月末没有在产品的产品,将按成本项目归集和分配的费用经过汇总,就是该种产品的完工产品成本。对于既有当期完工产品又有期末在产品的产品,应将月初在产品成本与本月产品费用之和,在本月完工产品与月末在产品之间进行分配和归集,分别计算出该种完工产品成本与月末在产品成本。

(4) 利润是综合反映企业一定时期生产经营成果的重要指标。企业各方面的情况,诸如劳动生产率的高低、产品是否适销对路、产品成本和期间费用的节约与否,都会通过利润指标得到综合反映。因此,透过利润指标可以发现企业在生产经营中存在的问题,以便不断改善经营管理,提高经济效益。

(5) 营业利润 = 营业收入 － 营业成本 － 税金及附加 － 管理费用 － 财务费用 － 销售费用等

利润总额 = 营业利润 ＋ 营业外收入 － 营业外支出

净利润 = 利润总额 － 所得税费用

(6) 本章重点要求学生掌握基本的负债、资产、成本、费用、收入、利润等的核算;掌握短期借款、长期借款、实收资本(股本)、资本公积、库存现金、银行存款、固定资产、在途物资、原材料、生产成本、制造费用、库存商品、主营业务收入、主营业务成本、税金及附加、管理费用、财务费用、销售费用、本年利润、利润分配、盈余公积等会计科目的使用。

【主要专业词汇中英文对照】

中文	英文
流动负债	current liabilities
非流动负债	non-current liabilities
流动资产	current assets
非流动资产	non-current assets
存货	inventory
固定资产	fixed assets; PPE
累计折旧	accumulated depreciation
无形资产	intangible assets
应收账款	accounts receivable
应付账款	accounts payable
股本	capital
留存收益	retained earning
管理费用	administrative expense
财务费用	finance cost

续表

中　文	英　文
销售费用	selling expense; distribution cost
所得税费用	tax expense
当期所得税	current tax
应计项目	accruals
应计收入	accrued income
应计费用	accrued expenditure
递延项目	prepayments
递延收益	deferred income
递延费用	prepaid expenditure

【思考题】

1. 简述制造业生产过程的核算。
2. 简述企业筹集资金的渠道。
3. 如何核算产品的制造成本？
4. 如何计算企业的营业利润、利润总额和净利润？

【业务题】

1. 所有者权益的核算

(1) 收到一台甲公司投入的设备,经评估确认价值为 50 万元。

(2) 收到乙公司投入的银行存款 900 万元。

(3) 收到一批丙公司投入的原料,确认价值为 10 万元。

(4) 收到丁公司投资兴建的一幢厂房,价值为 5 000 万元。

(5) 收到张一先生作为新投资人投入的汽车,公允价值 16 万元,双方确认的价值为 15 万元。

2. 负债的核算

(1) 向银行借入短期借款 50 万元存入银行。

(2) 以银行存款归还银行短期借款 50 万元。

(3) 从某企业购入原材料一批,价值 2 万元,货款暂未交付,材料已验收入库。

(4) 以银行存款归还原材料款 2 万元。

(5) 从某企业购入原材料一批,价值 8 万元,其中 3 万元已用银行存款支付,其余货款暂未支付,并开出商业承兑汇票,材料已验收入库。

3. 资产的核算

(1) 以支票购入一台价值 20 万元的设备。

(2) 以支票购入一批价值 12 000 元的木材,材料已验收入库。
(3) 从银行提取备用现金 5 000 元。
(4) 经理出差预借差旅费 3 000 元,以现金交付。
(5) 以支票购入一批价值 4 000 元的原料,材料尚未收到。
(6) 将库存现金 6 000 元存入银行。

4. 成本综合练习

某企业生产甲、乙两种产品。甲产品期初在产品成本为 2 500 元,其中直接材料费 1 800 元,直接人工费 500 元,制造费用 200 元。本月发生材料费用 50 000 元,生产工人工资 15 000 元。月末在产品成本为 2 000 元,其中直接材料费 1 500 元,直接人工费 350 元,制造费用 150 元。甲产品完工产量为 500 件。乙产品期初在产品成本为 2 100 元,本月发生材料费用 42 000 元,生产工人工资 6 000 元,月末无在产品,完工产量为 300 件。本月共发生制造费用 5 000 元。

要求:计算甲完工产品的总成本和单位成本。制造费用按生产工时比例分配法分配(甲产品生产工时为 900 小时,乙产品生产工时为 600 小时),并将计算结果填在下列分配表和明细账中。具体见表 4-5、表 4-6。

表 4-5 制造费用分配表

产品名称	生产工时	分配率	分配额/元
合计			

表 4-6 生产成本——基本生产成本

产品名称:甲产品 完工产量:500 件

××年		凭证		摘要	借方			
月	日	字	号		直接材料费	直接人工费	制造费用	合计
				期初在产品成本				
				领用材料				
				分配职工薪酬				
				分配制造费用				
				生产费用合计				
				完工产品成本转出				
				完工产品单位成本				
				期末在产品成本				

5. 费用、成本、收入和利润核算

(1) 用支票付款购买办公用品,价值 1 500 元。
(2) 用银行存款支付本月电费 8 000 元,其中:甲产品生产耗电价值 2 500 元,乙产品

生产耗电价值3 000元,车间耗电价值800元,企业管理部门耗电价值1 700元。

(3) 从银行提取现金15 000元,发放职工薪酬。

(4) 支付企业排污费、绿化费等1 000元,其中650元以支票支付,350元以现金支付。

(5) 结转本月领料情况,其中：甲产品领用材料10 200元,乙产品领用材料13 600元,车间领用材料2 100元,企业领用材料4 500元。

(6) 职工李元预借差旅费2 000元,以现金支付。

(7) 用银行存款支付广告费1500元。

(8) 支付银行借款利息3 000元。

(9) 支付违约罚款100元,以现金支付。

(10) 用支票支付车间财产保险费800元。

(11) 提取本月固定资产折旧,其中生产车间2 000元,企业行政管理部门1 500元。

(12) 职工李元出差回来报销差旅费1 800元,余款退回。

(13) 本月应付职工薪酬,其中甲产品生产工人工资30 000元,乙产品生产工人工资50 000元,车间管理人员工资2 000元,企业管理部门人员工资5 000元。

(14) 按生产工时比例分配制造费用,其中：甲产品工时为4 500小时,乙产品工时为9 000小时。

(15) 假设没有期初、期末在产品,本月生产甲产品200件全部完工,结转其完工产品成本。

(16) 向某中心销售甲产品150件,单价600元,将部分货款70 000元存入银行,其余货款尚未收回,假设不考虑税费。

(17) 计算并结转本月应交的销售税金3 800元。

(18) 结转已售甲产品的销售成本(按本月完工产品成本计算)。

(19) 将无法支付的应付账款20 000元转为营业外收入。

(20) 将"主营业务收入""营业外收入"和"主营业务成本""税金及附加""销售费用""管理费用""财务费用""营业外支出"等账户余额结转至"本年利润"账户,计算当期损益。

(21) 按税率25%计算应缴所得税并结转计入本年利润。

(22) 企业按税后利润的10%提取盈余公积。决定按税后利润的20%向投资者分配利润。

(23) 年终结转"本年利润"和"利润分配"账户的余额,确定本年的未分配利润。

要求：对上述经济业务进行核算。

案例分析

收入的确认

A公司从事房地产开发业务,根据规划不同,其开发销售的商品房既有毛坯房,也有精装修房。A公司也可以单独为购房人提供精装修服务。2×19年10月,A公司就其近期开发的某住宅小区商品房进行预售。A公司在该项目的备案文件和楼书中,均承诺所销售的商品房为精装修房屋。根据A公司与购房人签订的预售合同,A公司销售的商品房为精装修房屋,房屋的装修设计和装修标准由A公司统一制定,购房人无权选择是否接受装修以及何时开始装修,也不能变更装修的设计方案和装修标准,装修期间不得进入施工现场观看施工,也不得要求施工人员更改施工内容。合同价款为不含装修的毛坯房价格加上精装修价格。装修工程全部完工后,A公司向购房人发出入住通知书,购房人对精装修房屋进行验收并办理收房手续。

讨论题

1. A公司与购房人签订的精装修商品房销售合同中是包含销售毛坯房和提供精装修两项单项履约义务呢,还是仅仅包含销售精装商品房一项履约业务?

2. 怎么计算A公司的销售收入?

【即测即练】

第 5 章

会 计 凭 证

【本章学习目标】

1. 了解会计凭证的作用、意义、种类、传递和保管;
2. 理解原始凭证的概念、作用、种类、编制和审核;
3. 理解记账凭证的概念、作用、种类、编制和审核;
4. 掌握会计凭证的审核及审核后的处理;
5. 运用本章所学知识对原始凭证和记账凭证的用途进行区分,正确地编制记账凭证;
6. 了解会计凭证的传递和保管。

拒交公司会计凭证 安庆一出纳员获刑

安徽省安庆市大观区人民法院公开宣判一起隐匿会计凭证案。被告人出纳员王某由于个人对公司不满故意将依法由其保管的会计凭证、会计账簿隐匿拒不交出,其隐匿会计账册的票面金额总计为 321 万元,其行为已构成隐匿会计凭证罪,法院依法判处被告人有期徒刑一年,缓刑一年,并处罚金人民币 2.5 万元。该公司聘用的会计师事务所审核过程中需要审核王某保管的会计凭证才能完成对该公司的审计工作。

会计凭证是会计实现核算和监督职能的重要会计资料之一,它支持账簿记录和财务会计报表编制。《中华人民共和国会计法》(以下简称《会计法》)规定:"各单位必须根据实际发生的经济业务事项进行会计核算,填制会计凭证,登记会计账簿,编制财务会计报告。"

5.1 会计凭证的意义与种类

1. 会计凭证的概念

企业、事业单位经济活动中发生的各种经济业务,如支付职工薪酬、开支管理费用等,都需要进行记录,以便反映经济业务发生的具体情况,表明经办单位和人员的经济责任,并作为进一步进行会计处理的依据。根据实际发生的经济业务填制会计凭证是进入会计核算系统的第一步。

会计凭证(accounting document)是记录经济业务，明确经济责任，按一定格式编制的作为记账依据的书面证明。例如，A企业从外部购入机器设备的配件一个，价款2 000元。A企业会计根据采购人员取得的发票进行账务处理，编制反映该笔交易的会计分录。本例中，发票是原始凭证，A企业会计用于编制会计分录的凭证是记账凭证。会计凭证按其用途不同可以分为原始凭证和记账凭证。

2．会计凭证的种类

会计凭证按照填制程序和用途进行分类，可分为原始凭证(source document)和记账凭证(journal voucher)两大类。

1) 原始凭证

原始凭证是指在经济业务发生时取得或填制的，用以记录经济业务发生或完成情况，具有法律效力的书面证明。原始凭证是在经济业务的发生时取得或填制的，是进行会计核算的初始资料和依据。因此，原始凭证必须能够证明经济业务已经发生或完成。

原始凭证可以按不同标准进一步进行分类。

(1) 按来源不同分为外来原始凭证和自制原始凭证。外来原始凭证是指经济业务发生时，从其他单位或个人取得的原始凭证。如购买材料从外单位取得的发票，银行转来的收款通知单、付款通知单等。自制原始凭证是指本单位内部经办业务的部门和人员，在办理经济业务时自行填制的原始凭证。如销售产品时开具的发货票、材料验收入库时开具的收料单、材料领用出库时开具的领料单等。例如，天津A企业从北京B企业购买商品，同时取得B企业开出的"北京增值税普通发票"的"发票联"，见图5-1。本例中，A企业取得的发票联是A企业取得的外来原始凭证，B企业开出并保留的"记账联"是B企业自制的原始凭证。

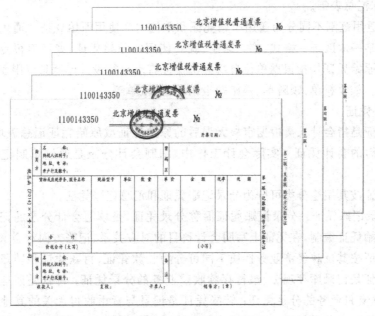

图5-1 原始凭证

（2）按填制次数分为一次凭证和累计凭证。一次凭证是指在经济业务发生时一次填制完成，用以记录一项或若干项同类经济业务的原始凭证，如发票。累计凭证是指在一定时期内连续多次记载若干项不断重复发生的同类经济业务的原始凭证。累计凭证直到期末方能填制完成，并以其累计数作为记账的依据，如工业企业发出材料时填制的限额领料单。见表5-1。

表 5-1 限额领料单

领料部门： 　　　　　　　　　　　　　　　　　　　　　　第　号
　用途： 　　　　　　　20　年　月　日　　　　　　　　发料仓库：

材料编号	材料名称规格	计量单位	计划投产量	单位消耗定额	领用限额	实发			
						数量	单价		金额
						百十万百十元角分		千百十万千百十元角分	

日期	领用			退料			限额结余数量
	数量	领料人	发料人	数量	退料人	收料人	

仓库保管：　　　　　　　　　　　　　　　　　　　　　　　　制单：

（3）按记录经济业务数量的多少分为单项原始凭证和汇总原始凭证。单项原始凭证是指只记录一项经济业务的原始凭证。如"发货票""借款单"等。汇总原始凭证是指反映一定期间许多同类经济业务的原始凭证汇总编制的原始凭证。如收料汇总表、发料汇总表、工资结算汇总表等。

（4）按适用范围不同分为通用原始凭证和单位内部使用原始凭证。通用原始凭证是指在全国或某一地区统一格式、统一印制、统一使用的原始凭证，如增值税专用发票。单位内部使用原始凭证是指根据单位自身经济业务特点自行设计印制且仅限于本单位使用的原始凭证。如收料单、领料单、差旅费报销单、借款单等。

2）记账凭证

记账凭证是指会计人员根据审核无误后的原始凭证或原始凭证汇总表填制的，据以登记会计账簿的会计凭证。实际会计工作中，编制会计分录是通过填制记账凭证来实现的。

记账凭证按其用途分类可分为分录记账凭证和汇总记账凭证。

（1）分录记账凭证。分录记账凭证简称分录凭证，是填写会计分录的记账凭证。它一般根据原始凭证编制，在凭证上写明会计科目的对应关系、记账方向和金额。

分录凭证按其反映经济业务性质不同可分为收款凭证、付款凭证和转账凭证三种凭证。收款凭证是记录库存现金、银行存款收款业务的分录凭证；付款凭证是记录库存现金、银行存款支付业务的分录凭证；转账凭证是记录与货币收付无关的其他业务的分录凭证。这种凭证的分类便于区别经济业务的性质，便于编制会计分录。分录凭证还可分为现金凭证、银行凭证和转账凭证。如果企业库存现金、银行存款业务多,且对现金、银行存款的收支设专人分管,则可将企业使用的分录凭证分为五种,即现金收款凭证、现金付款凭证、银行存款收款凭证、银行存款付款凭证和转账凭证。

分录凭证按其使用范围不同分为通用记账凭证和专用记账凭证。通用记账凭证是适用于各种经济业务的会计凭证,它采用转账凭证的格式;专用记账凭证是适用于某种经济业务的分录凭证,如收款凭证、付款凭证和转账凭证。

企业的记账凭证多种多样,为了便于识别,对不同种类的记账凭证,可以选用不同颜色印制,如收款凭证用红色,付款凭证用蓝色,转账凭证用绿色等。

企业单位在选用记账凭证时,要考虑本单位会计事项的多少,采用一种或数种记账凭证;要结合会计人员分工情况和采用的会计核算形式,选用一种或数种记账凭证。

(2) 汇总记账凭证。汇总记账凭证简称汇总凭证,是根据分录凭证汇总编制的记账凭证。它简化了登记总账的手续。汇总凭证按其内容不同,分为分类汇总记账凭证和全部汇总记账凭证。

分类汇总记账凭证是指分别对每一种专用凭证定期进行汇总的记账凭证。如果企业采用的记账凭证为收款凭证、付款凭证和转账凭证,定期对这三种专用记账凭证进行汇总的记账凭证,分别称为汇总收款凭证、汇总付款凭证和汇总转账凭证。

全部汇总记账凭证是指汇总一定时期全部记账凭证的汇总记账凭证。这种凭证集中反映一定时期的经济活动情况,全部汇总记账凭证亦称为综合汇总记账凭证、科目汇总表或记账凭证汇总表。

5.2 原 始 凭 证

1. 原始凭证的构成要素

原始凭证是用来记录经济业务发生或完成情况的,而经济业务又是多种多样的,那么就需分别填制或取得内容各不相同的原始凭证。但是,不论什么原始凭证,都要遵循如实反映经济业务发生的原貌(发生的时间、内容、数量、金额等方面)、明确经办人员责任等原则,所以,在原始凭证的格式上,就有其共同的构成要素。

(1) 凭证的名称。
(2) 填制凭证的日期。
(3) 填制凭证单位的名称或者填制人姓名。
(4) 经办人员的签名或者盖章。
(5) 接受凭证单位的名称。
(6) 经济业务的内容。
(7) 数量、单位和金额。

原始凭证除了必须具备以上基本要素外,还可根据单位自身经济活动的特点及经营管理的需要,补充一些必要的内容。例如,为防止伪造,在凭证上印出单位的地址、开户银行账号;指出办理业务时需要附加说明的情况,有的凭证还印有备注栏。

2. 原始凭证的填制要求

（1）填制必须及时。原始凭证应在经济业务发生时及时填制，不得拖延。

（2）内容必须真实可靠。对经济业务发生情况应如实地进行记录，不得弄虚作假。

（3）记录必须完整清晰。原始凭证中有关项目必须逐项填写齐全，不得遗漏。各项目要填写清晰，特别是文字说明应字迹工整、简单明了。另外，原始凭证需用蓝色或黑色墨水填写。若需填制多联原始凭证，可用蓝、黑色圆珠笔复写，但各联字迹必须清晰，易于辨认。随着技术进步，现在单位填制凭证时更多使用开票软件和针式打印机。原始凭证不得涂改、挖补。发现原始凭证有错误的，应当由开出单位重开或者更正，更正处应当加盖开出单位的公章。

（4）数字必须准确无误。首先，数字书写应规范。阿拉伯数字应当一个一个地写，不得连笔写。阿拉伯金额数字前面应当书写货币币种符号或者货币名称简写及币种符号。币种符号与阿拉伯金额数字之间不得留有空白。凡阿拉伯数字前写有币种符号的，数字后面不再写货币单位。其次，所有以元为单位的阿拉伯数字，除表示单价情况外，一律填写到角分；无角分的，角位和分位可写"00"，或者符号"—"；有角无分的，分位应当写"0"，不得用符号"—"代替。再次，金额大写数字应规范，即壹、贰、叁、肆、伍、陆、柒、捌、玖、拾、佰、仟、万、亿、元（或圆）、角、分、零、整等，一律用正楷或者行书体书写。填写大写金额时，事先印好的"人民币"字样与大写数字之间不得留空；大写金额数字到元或角为止的，应在其后书写"整"字，如到分位为止的，后面不写"整"字；阿拉伯数字中间有"0"时，汉字大写金额要对应书写"零"字。最后，数字计算应正确，大小写金额应相符。如￥1201.50，汉字大写金额应写成人民币壹仟贰佰零壹元伍角整。阿拉伯金额数字中间连续有几个"0"时，汉字大写金额中可以只写一个"零"字，如￥3004.56，汉字大写金额应写成人民币叁仟零肆元伍角陆分。阿拉伯金额数字元位是"0"，或数字之间连续有几个"0"，元位也是"0"，但角分不是"0"时，汉字大写金额可只写一个"零"字，也可不写"零"字。如￥5320.56，汉字大写金额应写成人民币伍仟叁佰贰拾元零伍角陆分，或人民币伍仟叁佰贰拾元伍角陆分；又如￥6000.56，汉字大写金额应写成人民币陆仟元零伍角陆分，或人民币陆仟元伍角陆分。在使用软件开票系统时，输入数量、单价、税率之后，金额、税款和总额自动生成，总额的大写金额也自动生成。

（5）从外单位取得的原始凭证，必须盖有填制单位的公章；从个人取得的原始凭证，必须有填制人的签名或者盖章。自制原始凭证必须有经办单位领导人或者其指定的人员签名或者盖章。对外开出的原始凭证，必须加盖本单位的公章。

（6）凡填有大写和小写金额的原始凭证，大写与小写金额必须相符。购买实物的原始凭证，必须有验收证明。支付款项的原始凭证，必须有收款单位和收款人的收款证明。

（7）一式多联的原始凭证，应当注明各联的用途，只能以一联作为报销凭证。一式多联的发票和收据，必须用双面复写纸（发票和收据本身具备复写纸功能的除外）套写，并连续编号。作废时应当加盖"作废"戳记，连同存根一起保存，不得撕毁。

（8）发生销货退回的，除填制退货发票外，还必须有退货验收证明；退款时，必须取得对方的收款收据或者汇款银行的凭证，不得以退货发票代替收据。

(9) 职工公出借款凭据，必须附在记账凭证之后。收回借款时，应当另开收据或者退还借据副本，不得退还原借款收据。

(10) 经上级有关部门批准的经济业务，应当将批准文件作为原始凭证附件。如果批准文件需要单独归档的，应当在凭证上注明批准机关名称、批准日期和文件字号。

3. 原始凭证的填制方法

企业、事业单位经济业务发生后，要由经办单位和人员根据所取得的资料填制自制原始凭证。填制自制原始凭证有三种方法。

(1) 在经济业务发生之前填制。经办人员根据有关政策、制度、法律，或定额、计划的规定，或主管人员的要求，填写具有指示、通知、命令、要求性质的凭证，如车间或班组材料核算人员根据材料消耗定额和生产计划填写领料单，向仓库提出某种材料的请领数量。

(2) 在经济业务发生当时填制。经办人员根据经济业务实际执行和完成情况填写凭证，如借款人员交回现金时填制的现金收据，仓库保管人员根据材料验收情况而填写实收数量的收料单等。

(3) 在经济业务发生之后填制。有关人员根据凭证和账簿的有关记录整理而填制凭证，如原材料发出汇总表、工资结算汇总表、工资及福利费分配表以及产品成本计算单等。

经办人员在填制原始凭证时，要对经济业务的内容进行审核，经审核无误后，才能根据经济业务的性质，按照填制原始凭证的要求，填制相应的凭证，并与经济业务的实际情况核对相符，检查有关业务手续健全，凭证填制才算完成。

4. 原始凭证的审核

案例 5-1　　　　　　　　　　原始凭证审核与反腐

最近，百万名酒、万元豪宴都被一张张薄薄的发票披露到了公众面前：上海卢湾区红十字会 9 859 元的餐费发票、中石化广东分公司 168 万元的购买名酒发票，还有国家资助科研项目资金被用于"支持"项目主持人家人出国旅游。会计人员在原始凭证审核过程中未能按照财务管理制度发挥监督职能。

会计机构、会计人员应当对原始凭证进行审核和监督。会计人员要重视对原始凭证的审核，只有审核无误的原始凭证，才能作为会计核算的基础，据以编制记账凭证和登记会计账簿，保证会计核算的正确性。

会计人员对外来的和自制的原始凭证都要进行审核。审核的内容有以下几方面。

(1) 审核原始凭证的真实性。审核凭证的基本要素——凭证的名称；填制凭证的日期；填制凭证单位名称或者填制人姓名；经办人员的签名或者盖章；接受凭证单位名称；经营业务内容、数量、单价和金额。凡有下列情况之一者不能作为正确的原始凭证。

① 未写接受单位或名称不符。
② 数量和金额计算不正确。
③ 有关责任人员没有签字或盖章。
④ 凭证联次不符。

⑤ 有污染、抹擦、刀刮和挖补等。

(2) 审核原始凭证的合规性。审核经济业务的发生是否符合党和国家的方针、政策、制度和法律。有的凭证内容填写齐全、手续完备，但实际上存在违反财经法纪的现象。凡有下列情况的不能作为合法的会计凭证。

① 多计或少计收入、支出、费用、成本。

② 擅自扩大开支范围，提高开支标准。

③ 不按国家规定的资金渠道和用途使用资金，或挪用资金进行计划外基本建设。

④ 巧立名目，虚报冒领，违反规定出借公款公物。

⑤ 套取现金，签发空头支票。

⑥ 不按国家规定的标准、比例提取费用。

⑦ 私分公共财物和资金。

⑧ 擅自动用公款、公物请客送礼。

⑨ 不经上级批准，购买、自制属于国家控制购买的商品。

(3) 审核原始凭证的合理性。审核经济业务的发生，根据党和国家的方针、政策、制度和法律，从经营和管理的具体情况出发，按照厉行节约、反对浪费、提高经济效益的原则，看是否合理。如用预算节余购买不需用的物品，对陈旧过时的设备进行大修理。

会计人员要认真对原始凭证进行审核，严格从凭证的真实性、合规性和合理性等方面把关，使每一张凭证具有真实性、合规性和合理性。会计人员要坚持原则，对审核后的凭证进行正确的处理。

① 对于经审核符合要求的原始凭证，应按规定及时办理会计手续，据以编制记账凭证，并作为记账凭证的附件保存，以备核对使用。

② 对不真实、不合法的原始凭证，不予受理。对弄虚作假、严重违法的原始凭证，在不予受理的同时，应当予以扣留，并及时向单位领导人报告，请求查明原因，追究当事人的责任。

③ 对记载不准确、不完整的原始凭证，予以退回，要求经办人员更正、补充。

5.3 记账凭证

1. 记账凭证的构成要素

记账凭证的内容必须包括以下方面。

(1) 填制凭证的日期。

(2) 凭证编号。

(3) 经济业务摘要。

(4) 会计科目。

(5) 金额。

(6) 所附原始凭证张数。

(7) 填制凭证人员、稽核人员、记账人员、会计机构负责人、会计主管人员签名或者盖章。

(8) 收款和付款记账凭证还应当由出纳人员签名或者盖章。

以自制的原始凭证或者原始凭证汇总表代替记账凭证的,也必须包括记账凭证应有的项目。

2. 分录记账凭证的编制

1) 编制分录记账凭证的要求

(1) 依据要正确。除结账和更正错误的记账凭证可以不附原始凭证外,其他记账凭证必须附有原始凭证。编制记账凭证时,要依据经过审核、记录真实、符合手续的原始凭证,原始凭证正确,编制的记账凭证才正确。

(2) 内容要全面。编制记账凭证填写的内容要全面,包括编制记账凭证的日期、摘要、会计科目(包括明细分类科目)、金额、编号、附件和责任人员签字等,不得漏填或错填。

(3) 编写要规范。凭证内容的各要素要按规定填写,注意阿拉伯金额数字、汉字大写金额数字和货币符号要按规定填写正确。

(4) 编制要及时。

(5) 字迹要清楚。

2) 分录记账凭证的编制方法

(1) 凭证的名称。凭证上已事先印制凭证的名称,编制时要根据经济业务的性质,选用相应的凭证。

(2) 编制日期。填写编制凭证的日期,它反映会计事项处理完毕时的日期。

(3) 摘要。根据原始凭证的记录,通过摘要简明地反映经济业务,作为分析和检查的参考。填写摘要时,要考虑全面、突出中心、言简意赅。

(4) 会计科目。列明总账科目和明细分类科目。会计科目和明细科目要写全称,不能省略,以便日后核查。

(5) 金额。数字要填写清楚,角分位不留空白,可写成"00";记账凭证填制完经济业务事项后,如有空行,应当自金额栏最后一笔金额数字下的空行处至合计数上的空行处画线注销;金额合计第一位数前应写人民币符号"￥"。填写金额要保持会计分录的平衡关系。

(6) 填制记账凭证时,应当对记账凭证进行连续编号。采用多种凭证的要分类编号,每月从第1号编起,如收字第×号,付字第×号,转字第×号。一笔经济业务需要填制两张以上记账凭证的,可以采用分数编号法进行编号。例如一笔会计分录要编制三张转账记账凭证,编号为转字第12 1/3号、转字第12 2/3号,转字第12 3/3号。只采用一种通用的记账凭证,可按编制凭证的先后顺序编号。

(7) 记账凭证可以根据每一张原始凭证填制,或者根据若干张同类原始凭证汇总填制,也可以根据原始凭证汇总表填制。但不得将不同内容和类别的原始凭证汇总填制在一张记账凭证上。

(8) 除结账和更正错误的记账凭证可以不附原始凭证外,其他记账凭证必须附有原始凭证。如果一张原始凭证涉及几张记账凭证,可以把原始凭证附在一张主要的记账凭证后面,并在其他记账凭证上注明附有该原始凭证的记账凭证的编号或者附原始凭证复印件。

(9) 一张原始凭证所列支出需要几个单位共同负担的,应当将其他单位负担的部分,开给对方原始凭证分割单,进行结算。原始凭证分割单必须具备原始凭证的基本内容:凭证名称、填制凭证日期、填制凭证单位名称或者填制人姓名、经办人的签名或者盖章、接受凭证单位名称、经济业务的内容、数量、单价、金额和费用分摊情况等。

(10) 如果在填制记账凭证时发生错误,应当重新填制。已经登记入账的记账凭证,在年内发现填写错误时,可以用红字填写一张与原内容相同的记账凭证,在摘要栏注明"注销某月某日某号凭证"字样,同时再用蓝字重新填制一张正确的记账凭证,注明"订正某月某日某号凭证"字样。如果会计科目没有错误,只是金额错误,也可以将正确数字与错误数字之间的差额,另编一张调整的记账凭证,调增金额用蓝字,调减金额用红字。发现以前年度记账凭证有错误的,应当用蓝字填制一张更正的记账凭证。

【例 5-1】 收款凭证的编制。

凡是同现金收取和通过银行收款有关的经济业务,都要编制收款凭证。收款经济业务主要有接受所有者投资取得的现金或银行存款、借款取得现金或银行存款、销货取得现金或银行存款等。

2021 年 6 月 19 日,某公司从银行借入一年期借款 50 000 元。根据该项经济业务,会计处理如下:

  借:银行存款   50 000
    贷:短期借款   50 000

在实际工作中,该分录在收款凭证上编制,见表 5-2。

表 5-2 收 款 凭 证

借方科目:银行存款   2021 年 6 月 19 日   收字第×号

摘 要	贷方总账科目	明细科目	记账	金 额	
取得短期借款	短期借款	工商银行		50 000.00	附件 张
合 计				¥50 000.00	

财务主管   记账   出纳   审核   制单

【例 5-2】 付款凭证的编制。

凡是同付出现金和通过银行付款有关的经济业务,都要编制付款凭证。付款经济业务主要有归还借款、支付工资、支付费用、派发利润或股利等。

2021 年 6 月 19 日,某公司购入甲材料一批,价款 30 000 元,增值税税款 3 900 元,通过银行付款,材料已验收入库。根据该项经济业务,会计处理如下:

  借:原材料——甲材料   30 000
    应交税费——应交增值税(进项税额) 3 900
    贷:银行存款   33 900

在实际工作中,该分录在付款凭证上编制,见表 5-3。

表 5-3 付 款 凭 证

贷方科目:银行存款　　　　　　2021 年 6 月 19 日　　　　　　付字第×号

摘　要	借方总账科目	明细科目	记　账	金　额	
购买原材料	原材料	甲材料		30 000.00	附件
	应交税费	应交增值税(进项税额)		3 900.00	
					张
合　计				¥33 900.00	

财务主管　　　　　　记账　　　　　　出纳　　　　　　审核　　　　　　制单

需要注意的是,现金与银行存款之间发生相互转化业务时,如将现金存入银行或从银行提取现金,在企业单位使用收款、付款和转账三种记账凭证的条件下,根据会计一致性原则,为了保持会计手续前后一致,对于同样的经济业务应采用同样的会计处理手续,一般编制付款凭证。也就是说,凡发生现金存入银行,或从银行提取现金,都要编制付款凭证进行会计处理,不得有时编制付款凭证,有时又编制收款凭证,使会计处理的手续前后不一致。现金与银行存款之间发生收付款业务时一律要编制付款凭证,是为了引起注意,加强对付款业务的审核与检查。

【例 5-3】 转账凭证的编制。

凡涉及货币收付业务以外的其他经济业务,都要编制转账凭证。

2021 年 6 月 19 日,某公司从 C 公司购入乙材料一批,价款 20 000 元,增值税 2 600 元,未付款,材料已验收入库。根据上述经济业务,会计处理如下:

借:原材料——乙材料　　　　　　　　　　　　20 000
　　应交税费——应交增值税(进项税额)　　　　2 600
　　贷:应付账款——C 公司　　　　　　　　　　　　22 600

在实际工作中,该分录在转账凭证上编制,见表 5-4。

表 5-4 转 账 凭 证

2021 年 6 月 19 日　　　　　　　　　　转字第×号

摘　要	借方总账科目	明细科目	记账	金　额	记账	金　额	
购买原材料	原材料	乙材料		20 000.00			附件
	应交税费	应交增值税(进项税额)		2 600.00			
	应付账款	C 公司				22 600.00	张
合　计				¥22 600.00		¥22 600.00	

财务主管　　　　　　记账　　　　　　出纳　　　　　　审核　　　　　　制单

3. 汇总记账凭证的编制

1) 编制汇总记账凭证的要求

(1) 要依据正确的记账凭证。编制汇总记账凭证时,要依据审核无误的分录凭证。分录凭证在使用的会计科目、记账方向和金额等方面都是正确的,才能保证编制汇总记账凭证的正确性;根据汇总记账凭证登记总账,也才能保证总账记录的正确性。

(2) 要定期编制汇总记账凭证。编制汇总记账凭证要定期进行,如每日、5日、10日、半月或一月编制一次。

(3) 要汇总所有记账凭证。采用全部汇总时,应将全部记账凭证按每个科目汇总所有的记账凭证;采用分类汇总时,应将每类记账凭证按每个会计科目不重不漏地进行汇总,以保证编制汇总记账凭证的正确性。

2) 汇总记账凭证的编制方法和程序

(1) 对分录凭证进行归类。采用全部汇总和分类汇总编制汇总记账凭证的方法如下。

采用全部汇总,应将一定时期的全部分录凭证按总分类会计科目逐一归类。

采用分类汇总,可将一定时期的全部分录凭证按经济业务性质归类,通常分为收款、付款和转账三类凭证。

(2) 进行汇总。汇总计算每个会计科目的一定时期的借方发生额和贷方发生额。企业可以设置汇总底表,采用登记统计法汇总记账凭证。汇总底表的格式,在白纸上设丁字账户格式,或者采用印制的汇总底表账页。汇总方法是,在汇总底表上,按会计科目的顺序填写会计科目;然后,按每类分录凭证的顺序号,将其会计科目的发生额逐笔登记在底表相应的会计科目上;全部登记完毕,加计每个会计科目发生额,并加计全部会计科目发生额。以资产为例编制汇总底表,见表5-5。

表5-5 汇总底表

会计科目类别:资产

年		现金		银行存款		应收账款		(略)		合计	
月	日	借方	贷方	借方	贷方	借方	贷方	借方	贷方	借方	贷方

【例5-4】 下面以丁字账为例,介绍汇总记账凭证的编制方法。

资料:新远公司2021年3月1日至10日发生如下经济业务:

(1) 成本50 000元的原材料验收入库。

(2) 购入原材料一批,收到的增值税专用发票上注明的原材料价款为100 000元,增值税进项税额为13 000元,款项已通过银行转账支付,材料未验收入库。

(3) 收到银行通知,用银行存款支付到期的商业承兑汇票80 000元。

(4) 用银行汇票支付采购材料价款,公司收到开户银行转来银行汇票多余款收账通知,通知上填写的多余款为800元,购入材料价款及装卸费合计81 600元,支付的增值税进项税额为10 400元,原材料已验收入库。

(5) 销售产品一批,开出的增值税专用发票上注明的销售价款为120 000元,增值税销项税额为15 600元,货款尚未收到。该批产品实际成本70 000元,产品已发出。

(6) 销售产品一批,开出的增值税专用发票上注明的销售价款为100 000元,增值税销项税额为13 000元,款项已存入银行。销售产品的实际成本是60 000元。

(7) 提取应计入本期损益的借款利息共 5 500 元,其中,短期借款利息 500 元,到期付息的长期借款利息 5 000 元。

(8) 偿还长期借款 300 000 元。

(9) 用银行存款支付产品展览费 6 000 元。

(10) 用银行存款支付广告费 10 000 元。

(11) 公司采用商业承兑汇票结算方式销售产品一批,开出的增值税专用发票上注明的销售价款为 180 000 元,增值税销项税额为 23 400 元,收到 203 400 元的商业承兑汇票 1 张。产品实际成本为 110 000 元。

(12) 归还短期借款本金 100 000 元;利息 1 200 元,已预提。

要求:编制新远公司上述经济业务的分录记账凭证(以会计分录替代),并编制全部汇总记账凭证(即科目汇总表)。

(1) 编制转账凭证时,记:

借:原材料	50 000	
贷:在途物资		50 000

(2) 编制付款凭证时,记:

借:在途物资	100 000	
应交税费——应交增值税(进项税额)	13 000	
贷:银行存款		113 000

(3) 编制付款凭证时,记:

借:应付票据	80 000	
贷:银行存款		80 000

(4) 编制收款凭证和转账凭证时,记:

借:银行存款	800	
贷:其他货币资金		800
借:原材料	81 600	
应交税费——应交增值税(进项税额)	10 400	
贷:其他货币资金		92 000

(5) 编制转账凭证时,记:

借:应收账款	135 600	
贷:主营业务收入		120 000
应交税费——应交增值税(销项税额)		15 600
借:主营业务成本	70 000	
贷:库存商品		70 000

(6) 编制收款凭证和转账凭证时,记:

借:银行存款	113 000	
贷:主营业务收入		100 000
应交税费——应交增值税(销项税额)		13 000

借：主营业务成本 60 000
    贷：库存商品 60 000

(7) 编制转账凭证时，记：

借：财务费用 5 500
    贷：应付利息 500
        长期借款 5 000

(8) 编制付款凭证时，记：

借：长期借款 300 000
    贷：银行存款 300 000

(9) 编制付款凭证时，记：

借：销售费用 6 000
    贷：银行存款 6 000

(10) 编制付款凭证时，记：

借：销售费用 10 000
    贷：银行存款 10 000

(11) 编制转账凭证时，记：

借：应收票据 203 400
    贷：主营业务收入 180 000
        应交税费——应交增值税（销项税额） 23 400
借：主营业务成本 110 000
    贷：库存商品 110 000

(12) 编制付款凭证时，记：

借：短期借款 100 000
    应付利息 1 200
    贷：银行存款 101 200

以"银行存款"账户为例，说明使用丁字账编制汇总记账凭证的方法，见表5-6。该账户借方发生额为113 800元，贷方发生额为610 200元。其他账户的本期发生额列示在全部汇总记账凭证中。汇总记账凭证在会计实务中也被称作科目汇总表，见表5-7。

表 5-6　银行存款

(4) 800.00	(2) 113 000.00
(6) 113 000.00	(3) 80 000.00
	(8) 300 000.00
	(9) 6 000.00
	(10) 10 000.00
	(12) 101 200.00
本期借方发生额 113 800.00	本期贷方发生额 610 200.0

表 5-7　科目汇总表

2021 年 3 月 10 日

会计科目	总账页次	本期发生额	
		借方	贷方
银行存款		113 800.00	610 200.00
其他货币资金			92 800.00
应收票据		203 400.00	
应收账款		135 600.00	
原材料		131 600.00	
在途物资		100 000.00	50 000.00
库存商品			240 000.00
短期借款		100 000.00	
应付票据		80 000.00	
应交税费		23 400.00	52 000.00
应付利息		1 200.00	500.00
长期借款		300 000.00	5 000.00
主营业务收入			400 000.00
主营业务成本		240 000.00	
销售费用		16 000.00	
财务费用		5 500.00	
合计		1 450 500.00	1 450 500.00

财务主管　　　　　　记账　　　　　　出纳　　　　　　审核　　　　　　制单

3）试算平衡

对经过汇总的会计科目发生额,利用发生额相等平衡公式,即借方发生额等于贷方发生额的平衡公式,进行试算平衡,检查汇总是否正确。

4）编制汇总记账凭证

正确的汇总记账凭证才是登记总账的依据。

4. 记账凭证的审核

记账凭证是登账的直接依据,为了保证账簿记录的正确性,记账凭证填制完毕以后,必须进行认真审核。审核的内容包括以下几方面。

(1) 所附原始凭证是否完整,记账凭证内容与原始凭证记载的内容是否一致。

(2) 记账凭证中会计分录是否正确。

(3) 记账凭证中各项内容是否填写齐全、正确,有关人员是否签名盖章。

(4) 数字大、小写书写是否规范。

(5) 有无涂改、伪造记账凭证现象。

(6) 实行会计电算化的单位,对于机制记账凭证,要认真审核,做到会计科目使用正确、数字准确无误。打印出的机制记账凭证要加盖制单人员、审核人员、记账人员及会计机构负责人、会计主管人员印章或者签字。

经过审核,符合规定要求的记账凭证才能作为记账的依据;不符合规定要求的记账凭证,应补办手续、更正错误或重新编制。

5.4 会计凭证的传递与保管

1. 会计凭证的传递

会计凭证的传递是在会计凭证的编制到归档保管的过程中,在有关单位和人员之间传送的顺序、时间和手续。

一项经济业务,往往要由单位内部若干职能部门分工完成。例如,材料采购入库业务,要由采购部门、仓库部门、财会部门共同完成。因此,会计凭证也要随着经济业务的进程在这些部门之间进行传递。一般来说是根据采购材料所取得的"发货票"等有关原始凭证并经采购人员、采购部门负责人签章后连同材料一并送交仓库据以验收入库,仓库填制"收料单"原始凭证,一般一式三份,一份仓库留存,一份交采购部门存查,一份连同"发货票"送交财会部门。财会部门经过审核、制证、会计主管批准等手续后,即可填制记账凭证。若尚未付款,将"发货票"等交由出纳人员通过银行向供应单位办理货款结算,而后将"发货票"连同付款结算凭证交给记账人员以填制付款记账凭证,并作为该记账凭证的附件。填好付款凭证后再交由出纳人员据以登记"银行存款日记账"。作为原始凭证的"收料单"可据以填制收料、结转材料采购成本的转账凭证,并作为该记账凭证的附件。填好后的转账记账凭证可作为登记"原材料""材料采购"账户的依据。材料采购的上述有关原始凭证、记账凭证登账后,就可装订归档保管。可见,正确、及时组织会计凭证的传递,对于及时传递经济业务信息、有效组织经济活动、提高会计工作质量、实行会计监督有重要意义。

会计凭证传递的要求包括以下几方面。

(1) 传递的程序要合理,以便协调有关部门和人员的行为,并可使经办业务的部门和人员之间形成一种相互牵制、相互监督的关系。

(2) 传递的时间要节约,以便处理及时、传递迅速。

(3) 传递的手续要严密,以便明确责任,确保凭证的安全和完整。

各单位会计凭证的传递程序应当科学、合理,具体办法由各单位根据会计业务的需要自行规定。

2. 会计凭证的保管

会计档案是单位在进行会计核算等过程中接收或形成的,记录和反映单位经济业务事项的,具有保存价值的文字、图表等各种形式的会计资料,包括通过计算机等电子设备形成、传输和存储的电子会计档案。会计凭证是会计档案的组成部分。会计机构、会计人员要妥善保管会计凭证。

(1) 会计凭证应当及时传递,不得积压,以保证会计核算的及时、正常进行。

(2) 会计凭证登记完毕后,应当按照分类和编号顺序保管,不得散乱丢失。

(3) 记账凭证应当连同所附的原始凭证或者原始凭证汇总表,按照编号顺序,折叠整齐,按期装订成册,并加具封面,注明单位名称、年度、月份和起讫日期、凭证种类、起讫号码,由装订人在装订线封签处签名或者盖章。

对于数量过多的原始凭证,可以单独装订保管,在封面上注明记账凭证日期、编号、种类,同时在记账凭证上注明"附件另订"和原始凭证名称及编号。

各种经济合同、存出保证金收据以及涉外文件等重要原始凭证,应当另编目录,单独登记保管,并在有关的记账凭证和原始凭证上相互注明日期与编号。

(4) 原始凭证不得外借,其他单位如因特殊原因需要使用原始凭证,经本单位会计机构负责人、会计主管人员批准,可以复制。向外单位提供的原始凭证复制件,应当在专设的登记簿上登记,并由提供人员和收取人员共同签名或者盖章。

(5) 从外单位取得的原始凭证如有遗失,应当取得原开出单位盖有公章的证明,并注明原来凭证的号码、金额和内容等,由经办单位会计机构负责人、会计主管人员和单位领导人批准后,才能代作原始凭证。如果确实无法取得证明,如火车、轮船、飞机票等凭证,由当事人写出详细情况,由经办单位会计机构负责人、会计主管人员和单位领导人批准后,代作原始凭证。

(6) 会计凭证的归档保管规定。年度终了,应将装订成册的会计凭证归档保管。会计档案的保管期限,从会计年度终了后的第一天算起。企业的原始凭证、记账凭证保管30年;银行对账单和银行存款余额调节表保管10年。单位档案管理机构负责组织会计档案销毁工作,并与会计管理机构共同派员监销。

【本章小结】

本章主要阐述了原始凭证和记账凭证的用途、填制、审核、传递和保管。

(1) 会计凭证是会计核算和监督的重要会计资料。各单位必须根据实际发生的经济业务事项进行会计核算,填制会计凭证,登记会计账簿,编制财务报告。根据实际发生的经济业务填制会计凭证是进入会计核算系统的第一步。

(2) 原始凭证的审核。原始凭证需要审核其真实性、合规性、合理性。对于经审核符合要求的原始凭证,应按规定及时办理会计手续,据此编制记账凭证并作为记账凭证的附件保存,以备核对使用;对不真实、不合法的原始凭证,不予受理;对弄虚作假、严重违法的原始凭证,在不予受理的同时,应当予以扣留,并及时向单位领导人报告,请求查明原因,追究当事人的责任;对记载不准确、不完整的原始凭证,予以退回,要求经办人员更正、补充。

(3) 记账凭证的填制。记账凭证分为分录凭证和汇总凭证。分录凭证通常是根据原始凭证或原始凭证汇总表编制。分录凭证上记录的是根据经济业务编制的会计分录。企业使用的常见的分录凭证包括收款凭证、付款凭证和转账凭证。汇总凭证是根据分录凭证汇总编制而成,科目汇总表是一种常见的全部汇总凭证。编制科目汇总表可以简化总分类账登记程序。

(4) 会计凭证的保管。会计凭证属于会计档案,应按照我国《会计档案管理办法》(2015)规定的保管期限进行管理。

【主要专业词汇中英文对照】

中　文	英　　文	中　文	英　文
会计凭证	sources document, business documentation	销售订单	sales order
销售发票	sales invoice	收据	receipt
报价单	quotation	发票	invoice

【思考题】

1. 什么是会计凭证？
2. 会计凭证有哪几种？
3. 什么是原始凭证？原始凭证包括哪些基本要素？
4. 在会计凭证上书写金额时应注意哪些问题？
5. 原始凭证审核的内容包括哪些？对审核结果如何处理？
6. 什么是记账凭证？记账凭证包括哪些基本要素？
7. 怎样审核记账凭证？
8. 什么是记账凭证的传递？

【业务题】

1. 目的：掌握会计凭证的编制。

2. 资料：胜利有限责任公司（以下简称"胜利公司"）为增值税一般纳税人企业。适用的增值税税率为13%。存货按实际成本计算。存货采用先进先出法。2021年12月31日账户余额如下（单位：元）：

库存现金 10 000

银行存款 200 000

应收票据 275 500。其中：北方公司 175 500，东方公司 100 000

应收账款 900 000。其中：南方公司 600 000，西部公司 300 000

坏账准备 0

预付账款 100 000。其中：西南公司 100 000

其他应收款 2 000。其中：魏琪 2 000

原材料 910 000。

其中：甲材料结存 400 吨，成本 100 000；丙材料结存 5 吨，成本 2 500；丁材料结存 400 吨，成本 800 000；辅助材料结存成本 7 500 元。

周转材料 66 500。其中：低值易耗品 12 500，包装物 54 000。

库存商品 2 545 500。

其中：A 产品结存 1 200 件，成本 300 000；B 产品结存 160 件，成本 16 000；C 产品结存 500 件，成本 2 229 500。

生产成本 20 500。其中：A 产品 8 100，B 产品 12 400
长期股权投资 300 000
固定资产 5 000 000
累计折旧 600 000
无形资产 469 500
长期待摊费用 1 500
短期借款 2 000 000
应付票据 400 000。其中：中南公司 400 000
应付账款 600 000。其中：华东公司 30 000，华南公司 570 000
应付利息 16 000
实收资本 6 000 000
资本公积 292 050
盈余公积 300 000
利润分配 592 950

胜利公司 2022 年发生下列经济业务。

(1) 所有者增资：货币资金 500 000 元，收到支票，存入银行。

(2) 所有者增资：生产用设备一台，价值 200 000 元。

(3) 所有者增资：乙材料 200 吨，价值 400 000 元。

(4) 所有者增资：专利权，价值 30 000 元。

(5) 从银行取得一年期借款 1 900 000 元，款项存入银行。

(6) 偿还短期借款 2 000 000 元。

(7) 采购员魏琪报销差旅费 680 元，余款交回。

(8) 以银行存款购进乙材料 10 吨，单价 2 000 元，增值税额为 2 600 元。材料已经验收入库。

(9) 从华东公司购进甲材料 200 吨，单价 200 元，增值税额为 5 200 元，装卸费 1 500 元，材料验收入库，货款未付。

(10) 购进丙材料 20 吨，单价 500 元，增值税额 1 300 元。甲材料 10 吨，单价 200 元，增值税 260 元。共发生装卸费 240 元，按照甲、丙材料重量分摊。货款已转账支付，材料未到。

(11) 购进的丙材料和甲材料运达胜利公司，经过验收，办理了入库手续。

(12) 以银行存款偿还所欠华东公司甲材料货款及装卸费。

(13) 生产 A 产品领用甲材料 240 吨，乙材料 15 吨；生产 B 产品领用甲材料 40 吨，乙材料 2.5 吨；车间领用丙材料 1 吨，厂部领用辅助材料成本 1 000 元。

(14) 为了发放工资，从银行提取现金 30 000 元。

(15) 支付职工薪酬 30 000 元。

(16) 支付车间办公费 320 元，公司管理部门办公费 500 元。用转账支票支付。

(17) 支付车间水电费 600 元，公司管理部门水电费 300 元。用转账支票支付。

(18) 支付公司办公室打印机修理费 200 元。用转账支票支付。

(19) 计提固定资产折旧 6 000 元,其中车间 4 000 元、公司管理部门 2 000 元。

(20) 以银行存款支付本月报刊费 900 元,其中车间 300 元、公司管理部门 600 元。

(21) 计算出本期应付 A 产品工人薪酬 17 100 元,B 产品工人薪酬 11 400 元,车间管理人员薪酬 2 280 元,行政管理人员薪酬 3 200 元。

(22) 按 A 产品和 B 产品生产工人的薪酬分配制造费用。

(23) A 产品 400 件全部完工,期初在产品生产成本为 8 100 元(其中材料成本 6 800 元、人工成本 800 元、制造费用 500 元);B 产品完工 500 件,期初在产品成本为 12 400 元(其中材料成本 10 000 元、人工成本 2 000 元、制造费用 400 元),月末 100 件在产品成本为 2 000 元(其中材料成本 1 400 元、人工成本 320 元、制造费用 280 元)。

(24) 销售 A 产品 300 件,每件售价 500 元,增值税额 19 500 元,销货款收到支票,存入银行。

(25) 向西部公司销售 A 产品 400 件,每件 500 元,增值税额 26 000 元,销货款尚未收到。

(26) 销售 B 产品 400 件,每件 125 元,增值税额为 6 500 元,收到东方公司已承兑的商业汇票一张。

(27) 结转已销 A、B 产品的销售成本。

(28) 计算应交城市维护建设税 10 000 元。

(29) 以银行存款支付广告费 9 000 元。

(30) 以银行存款支付展览费 7 000 元。

(31) 收回西部公司的货款 226 000 元,款项存入银行。

(32) 北方公司的商业汇票到期,收到货款,款项存入银行。

(33) 计提短期借款利息 8 000 元。

(34) 以银行存款支付金融机构手续费 2 000 元。

(35) 提取坏账准备 600 元。

(36) 以银行存款支付技术转让费 1 200 元。

(37) 将一项专利权出售,获得 80 000 元。该专利权账户余额为 69 500 元。已办妥产权交接手续。

(38) 月末盘点,盘亏全新设备一台,计 3 000 元。经批准,损失计入营业外支出。

(39) 按利润总额的 25%(企业所得税税率)计算应交所得税金额为 36 755 元。

(40) 按净利润的 10% 提取法定盈余公积。

(41) 按净利润的 50% 向投资者分配利润。

3. 要求:

(1) 根据上述经济业务编制胜利公司的分录记账凭证。

(2) 编制上述分录凭证的科目汇总表。

案例分析

采购环节的那些会计凭证

采购是指购买物资(或接受劳务)及支付款项等相关活动。企业开展采购业务会面临风险。例如,采购计划安排不合理,市场变化趋势预测不准确,造成库存短缺或积压,可能导致企业生产停滞或资源浪费;供应商选择不当,采购方式不合理,招投标或定价机制不科学,授权审批不规范,可能导致采购物资质次价高,出现舞弊或遭受欺诈;采购验收不规范,付款审核不严,可能导致采购物资、资金损失或信用受损。那么企业要通过哪些内部控制程序控制上述风险呢?企业应当结合实际情况,全面梳理采购业务流程,完善采购业务相关管理制度,统筹安排采购计划,明确请购、审批、购买、验收、付款、采购后评估等环节的职责和审批权限,按照规定的审批权限和程序办理采购业务,建立价格监督机制,定期检查和评价采购过程中的薄弱环节,采取有效控制措施,确保物资采购满足企业生产经营需要。

企业应建立采购申请制度。企业可以根据实际需要设置专门的请购部门,对需求部门提出的采购需求进行审核,并进行归类汇总,统筹安排企业的采购计划。采购需求表现为由提出采购需要的部门提出请购单,从而发起采购业务。企业根据确定的供应商、采购方式、采购价格等情况拟订采购合同,准确描述合同条款,明确双方权利、义务和违约责任,按照规定权限签订采购合同。企业应当建立严格的采购验收制度,确定检验方式,由专门的验收机构或验收人员对采购项目的品种、规格、数量、质量等相关内容进行验收,出具验收证明。

采购付款流程应当明确付款审核人的责任和权利,严格审核采购预算、合同、相关单据凭证、审批程序等相关内容,审核无误后按照合同规定及时办理付款。企业会计工作人员在付款过程中,应当严格审查采购发票的真实性、合法性和有效性。发现虚假发票的,应查明原因,及时报告处理。企业应当加强对购买、验收、付款业务的会计系统控制,详细记录供应商情况、请购申请、采购合同、采购通知、验收证明、入库凭证、商业票据、款项支付等情况,确保会计记录、采购记录与仓储记录核对一致。在这个过程中,伴随采购付款业务进程的是各种原始凭证,这也是其后编制记账凭证的依据。

讨论题

为了控制采购付款环节的风险,会计人员需要收集该业务过程中的原始凭证。试分析下列原始凭证能够对何种风险进行控制。

(1) 请购单

(2) 采购合同

(3) 验收证明(验收单)

(4) 入库凭证(入库单)

【即测即练】

第 6 章

会 计 账 簿

【本章学习目标】

1. 了解会计账簿的意义和种类、账页格式和适用范围;
2. 理解会计账簿的设置和登记方法、总分类账和明细分类账的平行登记;
3. 掌握账簿核对的内容和方法、错账的更正方法。

会计账簿体系的设置

ABC公司是新成立的一家制造业企业,小王被聘任为该公司的会计主管。上任伊始,他为公司建立如下账簿体系:①总分类账,包括账簿外部形式的确定、账页格式的确定、账户的确定及排列顺序,主要包括启用账簿、设置账户、登记期初余额和填写账户目录。②特种日记账,购置库存现金日记账、银行存款日记账各一本。外表采用订本式账簿,内部格式采用三栏式账页格式。具体建账方法同总分类账类似。③明细分类账,不同明细分类账的账页格式要求不同,明细分类账账根据需要可以采用活页式或卡片式。④备查账,根据本公司的实际需要,建立临时租入固定资产备查账等。

该公司账簿体系设置是否符合《会计法》的规定?

6.1 会计账簿的意义与种类

会计账簿(book of accounts)是根据会计科目开设并由专门格式的账页组成,以会计凭证为依据,连续、系统、分类记录各种经济业务的簿籍。会计账簿一般由三部分组成:账簿名称,封面列明账目名称和会计主体名称;扉页,记载与账簿使用有关的事项;账页,记录经济业务的增减变化及其结果。

1. 设置和登记会计账簿的意义

填制和审核会计凭证是会计核算的起点。尽管会计凭证提供的信息较为详尽,但是不能连续、系统、全面地反映某一账户在特定时期的增减变化过程和结果。为了把分散在会计凭证中的大量资料加以集中归类,进行系统反映,就必须设置和登记会计账簿。

设置和登记账簿是会计核算的专门方法之一,是连接会计凭证和会计报表的中间环节。通过设置和登记账簿,一方面将会计凭证中记录的各项经济业务进行序时核算和分类核算,为单位定期编制会计报表提供相关、可靠的依据;另一方面可以连续反映各项经济活动的增减变动及其结果,有利于开展会计分析、加强会计监督、保护单位财产安全。

2．会计账簿的种类

会计账簿的分类既要考虑到完成会计目标的要求,又要结合不同单位经济业务和经营管理上的特点。为了具体认识各种账簿的特点,更好地运用账簿的功能,应从不同角度对其进行分类。

1) 按使用用途分类

按使用用途,会计账簿可分为序时账簿(journal)、分类账簿(ledger)、备查账簿。

(1) 序时账簿。序时账簿也称日记账,是指按照经济业务发生时间的先后顺序逐日逐笔登记的账簿。序时账簿按记录内容的不同,可以分为普通日记账和特种日记账。为了加强对货币资金的管理、预防舞弊行为的发生,我国会计制度要求各单位必须设置库存现金日记账和银行存款日记账。

(2) 分类账簿。分类账簿是指对单位发生的经济业务按照会计科目进行分类登记的会计账簿。分类账簿按照反映会计信息的详细程度不同,可以分为总分类账和明细分类账。总分类账是按照总分类科目开设并进行登记的账簿。明细分类账是根据明细分类科目开设并登记的会计账簿。在实际工作中,会计主体可以根据经营管理的需要,根据总分类账设置相关的明细分类账。

(3) 备查账簿。备查账簿也称辅助账簿,是指对在序时账簿和分类账簿中未能充分记录的经济业务进行补充登记的账簿。它不是根据会计凭证登记的账簿,格式和内容较为灵活,旨在加强单位财产物资的监督和保管,如固定资产备查账、原材料备查账等。

2) 按外表形式分类

按外表形式,会计账簿可分为订本式账簿、活页式账簿和卡片式账簿。

(1) 订本式账簿。订本式账簿是在未启用前就将账页按照顺序进行编号并固定装订成册的账簿。订本账的优点是可以避免账页散失和防止抽换账页,确保账簿资料的完整;缺点是在同一时间只能由一人登账,不便于记账人员的分工。总分类账、库存现金日记账和银行存款日记账必须采用订本账。

(2) 活页式账簿。活页式账簿的账页平时置于活页夹中,而非装订成册。活页账可以根据需要随时调整账页数量,优点在于方便记账人员的分工记账,缺点是账页容易丢失和抽换。会计年度终了时,活页账应及时装订成册,妥善保管。大部分明细分类账采用活页式账簿。

(3) 卡片式账簿。卡片式账簿是由具有相同格式的卡片作为账页组成的账簿。卡片账通常装在卡片箱内,不用装订成册,可长期使用,缺点是容易丢失。卡片账一般适用于可随资产转移的明细账,如固定资产明细账。

3) 按账页格式分类

账页格式是会计账簿中各项目的排列组合方式。按账页格式,会计账簿可分为三栏式账簿、多栏式账簿、数量金额式账簿等。

(1) 三栏式账簿。三栏式账簿是设有借方、贷方和余额三个基本栏目的账簿。这种账簿适用于总分类账、特种日记账和不需要进行数量核算的结算类账户的明细分类账。三栏式账簿体现了账户的基本结构,是账页的基本格式,也是其他账页格式形成的基础。

(2) 多栏式账簿。多栏式账簿是在账簿的两个基本栏目借方和贷方按需要分设若干栏目,具体分为借方多栏式、贷方多栏式和借贷多栏式三种类型。成本费用类和收入类账户明细分类账一般采用多栏式账簿。

(3) 数量金额式账簿。数量金额式账簿是在借方、贷方和余额三个栏目中各开设数量、单价和金额三个小栏,用以反映财产物资的实物数量和价值量的账簿。它主要适用于既需要金额核算又需要数量核算的财产物资类账户,如原材料、库存商品、产成品等明细分类账一般都采用数量金额式账簿。

6.2 会计账簿的设置与登记

1. 序时账簿的设置与登记

1) 库存现金日记账的设置与登记

库存现金日记账(cash journal)是由出纳人员根据审核无误的现金收款凭证和付款凭证,按照交易或事项发生的先后顺序逐日逐笔连续登记的特种日记账。库存现金日记账反映单位每日库存现金的收入、支出和结存情况。库存现金日记账必须采用订本式,账页格式一般采用三栏式。

库存现金日记账借方栏根据现金收款凭证登记,贷方栏根据现金付款凭证登记。对于从银行提取现金的经济业务,一般只填制银行存款付款凭证,并据以登记库存现金日记账的收入数。每日终了,应结出单位当日库存现金的收入、支出和结余,并与库存现金实有数额进行核对,做到账实相符。三栏式库存现金日记账的格式见表6-1。

表6-1 三栏式库存现金日记账

年		凭证		摘要	对方科目	收入	支出	余额
月	日	字	号					

2) 银行存款日记账的设置与登记

银行存款日记账(deposit journal)是由出纳人员根据审核无误的银行存款收款凭证和付款凭证,按照交易或事项发生的先后顺序逐日逐笔连续登记的特种日记账。银行存款日记账除应提供反映单位银行存款增减变动及其余额的信息外,还应根据国家《支付结算办法》设置"结算凭证种类、编号"栏和"对方科目"栏。

对于将库存现金存入银行的业务,只填制库存现金付款凭证,并据以登记银行存款的收入数。银行存款日记账必须每日结出账面余额,定期和银行对账单进行逐笔核对。银行存款日记账必须采用订本式账簿,账页格式一般采用三栏式,其登记方法与库存现金日记账基本相同。三栏式银行存款日记账的格式见表 6-2。

表 6-2 三栏式银行存款日记账

年		凭证		摘要	对方科目	收入	支出	余额
月	日	字	号					

由于不相容职务相分离的原则,出纳人员不得登记除库存现金日记账和银行存款日记账以外的任何账簿。出纳人员登记现金日记账和银行存款日记账后,应将收付款凭证交由会计人员据以登记分类账。

2. 分类账簿的设置与登记

按照反映经济业务的详细程度不同,分类账簿可分为总分类账(general ledger)和明细分类账(subsidiary ledger)。由于两类账簿的作用不同,因而账页格式和登记方法也各有特点。

1)总分类账的设置和登记

总分类账简称总账,是根据总分类账户设置,用以分类登记全部交易或事项的账簿。总分类账在会计账簿体系中居于核心地位,对所属明细分类账起到控制和统驭作用。总分类账必须采用订本式,账页格式多采用三栏式。总分类账由会计人员进行登记,登记依据和方式取决于单位所采用的账务处理程序。三栏式总分类账的登记主要采用逐日逐笔登记和定期汇总登记两种方式,具体格式见表 6-3。

表 6-3 三栏式总分类账

年		凭证		摘要	借方	贷方	借或贷	余额
月	日	字	号					
				期初余额				
				本月合计				

2)明细分类账的设置和登记

明细分类账是指按照明细分类账户进行分类登记的账簿,是根据单位开展经济管理的需要,对经济业务的详细内容进行的核算,是对总分类账进行的补充反映。明细分类账一般外表采用活页式账簿,也可采用卡片式账簿,账页格式可采用三栏式、多栏式或数量金额式。

(1)三栏式明细分类账。三栏式明细分类账是设有借方、贷方和余额三个栏目,用以分类核算各项经济业务,提供详细核算资料的账簿,其格式与三栏式总账相同,见表 6-4。三栏式明细账适用于只进行金额核算的资本、债权、债务类账户,如应收账款、应付账款、应交税费等账户。

表 6-4 三栏式明细分类账

年		凭证		摘要	借方	贷方	借或贷	余额
月	日	字	号					
				期初余额				
				本月合计				

（2）多栏式明细分类账。多栏式明细分类账是在账页中的借方、贷方或借贷双方设置若干个专栏，用以反映某一总分类账户或明细分类账户全部明细项目的账簿。根据交易或事项的特点，多栏式明细分类账又可分为借方多栏式、贷方多栏式和借贷多栏式三种格式。

借方多栏式明细分类账是在账页中开设借方、贷方和余额三个金额栏，并在借方栏按照明细科目分设若干专栏的明细分类账。生产成本、管理费用、制造费用等明细分类账一般多采用借方多栏式明细分类账。

贷方多栏式明细分类账是在账页中开设借方、贷方和余额三个金额栏，并在贷方栏按照明细科目分设若干专栏的明细分类账。主营业务收入、其他业务收入、营业外收入等明细分类账一般多采用贷方多栏式明细分类账。

借贷多栏式明细分类账是在账页中开设借方、贷方和余额三个金额栏，并同时在借方和贷方栏按照明细科目分设若干专栏的明细分类账。应交税费、原材料、在途物资等明细分类账一般多采用贷方多栏式明细分类账。多栏式明细分类账格式见表 6-5。

表 6-5 多栏式明细分类账

年		凭证编号		摘要	借方			贷方	借或贷	余额
月	日	字	号		（科目名）	（科目名）	（科目名）			

（3）数量金额式明细分类账。数量金额式明细分类账是在账页中开设借方、贷方和余额三个栏次，并同时在每一栏分设数量、单价和金额三个小栏的明细分类账，见表 6-6。数量金额式明细分类账主要适用于既要进行金额核算又要进行数量核算的物资类账户，如原材料、库存商品等账户的明细分类核算。

表 6-6 数量金额式明细分类账

月	日	凭证编号	摘要	期初余额	借方			贷方			余额		
					数量	单价	金额	数量	单价	金额	数量	单价	金额
			本月合计										

3) 总分类账和明细分类账的平行登记

总分类账由会计人员根据记账凭证逐笔登记,也可以定期对经济业务进行汇总,然后根据科目汇总表或汇总记账凭证等汇总登记。明细分类账可根据管理需要逐日逐笔或定期汇总登记。固定资产、债权、债务等明细账应逐日逐笔登记;库存商品、原材料、产成品收发明细账以及收入、费用明细账可以逐笔登记,也可定期汇总登记。

为了使总分类账与其所属的明细分类账之间能起到统驭与补充的作用,便于账户记录的核对,并确保核算资料的正确、完整,总分类账和明细分类账必须采用平行登记(parallel recording)的方法。平行登记是指对所发生的每项经济业务都要以会计凭证为依据,一方面记入有关总分类账,另一方面记入所属明细分类账的方法。

总分类账户与明细分类账户平行登记的要点如下:

(1) 方向相同。在总分类账及其所辖的明细分类账中登记同一项经济业务时,方向相同。在总分类账中记入借方,在其所属的明细分类账中也应记入借方;在总分类账中记入贷方,在其所属的明细分类账中也应记入贷方。

(2) 期间一致。发生的经济业务,记入总分类账户和所辖明细分类账户的具体时间可以有先后,但应在同一个会计期间记入总分类账和所属的明细分类账。

(3) 金额相等。记入总分类账户的金额必须与记入其所属的明细分类账的金额合计数相等。

6.3 会计账簿的启用与登记规则

会计账簿是储存会计资料的重要会计档案。为了确保会计信息质量,会计账簿的启用和登记需要严格遵循一定的技术规范要求。

1. 会计账簿的启用规则

为了确保会计账簿的合法性和账簿资料的完整性,在启用新账簿前,应当在账簿封面上填写单位名称和账簿名称;在账簿扉页上填写账簿启用表,注明启用日期、账簿页数、记账人员和会计机构负责人或会计主管人员姓名,并加盖人员名章和单位公章。具体格式见表 6-7。

2. 会计账簿的登记规则

1) 基本规则

会计人员应根据审核无误的会计凭证及时地登记会计账簿;按各单位所选用的会计核算形式来确定登记总账的依据和具体时间;对于各种明细账,可逐笔逐日进行登记,也可定期登记;对于债权债务类和财产物资类明细账应当每天进行登记;对于现金和银行存款日记账,应当根据办理完毕的收付款凭证,随时逐笔顺序进行登记。

2) 技术要求

(1) 内容准确,登记及时。登记会计账簿时,应当将会计凭证日期、编号、业务内容摘要、金额和其他有关资料逐项记入账内,做到数字准确、摘要清楚、登记及时、字迹工整。将

表 6-7　会计账簿启用表

账簿启用表									
单位名称									单位盖章
账簿名称									
账簿编号		年　　　总　　　册　　　第　　　册							
账簿页数									
启用日期									
经管人员	负　责　人			主　办　会　计			记　　账			印花税票粘贴处
	职别	姓名	盖章	职别	姓名	盖章	职别	姓名	盖章	
交接记录	职　别	姓　名		接　管			移　交			
				年	月	日	盖章	年	月	日	盖章

每一记账凭证登记入账后,应在记账凭证上签名或者盖章(一般是在记账凭证的"记账"栏中打√),表示已经记账,防止重复记录或漏记。

(2) 连续登记,书写留空。各种账簿应按页次顺序连续登记,不得跳行、隔页。如果发生跳行、隔页,应当将空行、空页画线注销,或者注明"此行空白""此页空白"字样,并由记账人员签名或者盖章。账簿中书写的文字和数字上面要留有适当空格,不要写满格,一般应占格距的 1/2。这样在发生登记错误时方便进行更正,同时也便于查账工作。

(3) 正常蓝黑,特殊红墨。登记账簿要用蓝黑墨水或者碳素墨水书写,不得使用圆珠笔或者铅笔。下列情况可以用红色墨水记账:按照红字冲账的记账凭证,冲销错误记录;在不设借贷等栏的多栏式账页中,登记减少数;三栏式账簿的余额栏未印明余额方向的,在余额栏内登记负数余额。

(4) 过次承前,结出余额。每一账页登记完毕结转下页时,应当结出本页合计数及余额,写在本页最后一行和下页第一行有关栏内,并在摘要栏内注明"过次页"和"承前页"字样。"过次页"和"承前页"的方法有两种:一是在本页最后一行内结出发生额合计数及余额,然后过次页并在次页第一行承前页;二是只在次页第一行承前页写出发生额合计数及余额,不在上页最后一行结出发生额合计数及余额后过次页。

凡需要结出余额的账户,结出余额后,应当在"借或贷"栏内写明"借"或者"贷"等字样。没有余额的账户,应当在"借或贷"栏内写"平"字,并在余额栏内用"0"表示。现金日记账和银行存款日记账必须逐日结出余额。一般来说,对于没有余额的账户,在余额栏内标注的"0"应当放在"元"位。

6.4 对账与结账

1. 对账的内容和方法

对账（account checking）是对会计账簿中所做的记录进行全面核对。为了保证各种会计账簿记录的真实性与准确性，为会计报表的编制提供真实可靠的数据资料，需要在结账之前对各种账簿记录进行核对，做到账证相符、账账相符和账实相符。

1）对账的主要内容

（1）账证核对。账证核对是指核对会计账簿记录与原始凭证、记账凭证的时间、凭证字号、内容、金额是否一致，记账方向是否相符。一般而言，账证核对包括以下内容：日记账与收付款凭证相核对；总分类账与记账凭证相核对；明细分类账与记账凭证核对。账证核对的目的是检查登账中有无错误，以保证账证相符。

（2）账账核对。账账核对是在账证核对的基础上，对各种账簿的记录进行核对，主要包括以下几种。

总分类账簿有关账户的余额核对，即全部总分类账的期末借方余额合计与全部总分类账的期末贷方余额合计相符。这种核对可以通过编制总分类账户试算平衡表进行。

总分类账簿与序时账簿核对，即库存现金总账、银行存款总账期末余额应分别与库存现金日记账、银行存款日记账余额相符。

总分类账簿与所属明细分类账簿核对，即总分类账户的期末余额应与所属明细分类账户期末余额之和相符。

明细分类账簿之间的核对，即会计部门各种财产物资明细分类账的期末余额应与财产物资保管或使用部门有关明细分类账的期末余额相符。

（3）账实核对。账实核对也称财产清查，是为确保会计信息的真实可靠，在账证核对、账账核对的基础上，对各项财产物资、债权债务等账面余额与实有数额之间的核对，确保账实相符。其主要包括：每日核对库存现金日记账账面余额与库存现金数额是否相符；每月核对银行存款日记账账面余额与银行对账单余额是否相符；定期核对财产物资明细分类账账面余额与财产物资实有数额是否相符；定期核对债权债务明细分类账账面余额与对方单位的账面记录是否相符。

2）对账的主要方法

（1）账证核对的方法。从账证核对范围上看，账证核对既可以采用全面检查的方法，即对每项经济业务的账簿记录进行检查；也可以采用抽查的方法，即随机选取部分经济业务的账簿记录进行检查。从账证核对顺序上看，既可以采用顺查法，即根据记账凭证检查账簿记录；也可以采用逆查法，即根据账簿记录检查记账凭证。

（2）账账核对的方法。作为核心账簿，总分类账能够全面反映各项经济业务的增减变化及其结果。根据复式记账法的平衡原理，结账前需要编制总分类账户本期发生额和余额试算平衡表进行账簿核对。这种方法根据试算平衡表的借方和贷方的差额特征，找出错账类型的线索，进而找出错误所在，主要适用于过账错误造成的差错，一般包括下列三种方法。

差额法。差额法是根据试算平衡表中借方发生额和贷方发生额的差额数,查找漏记金额错账的方法。

除2法。除2法是根据试算平衡表中借方发生额和贷方发生额的差额数除以2,查找借方或贷方金额错记到另一方的错账方法。

除9法。如果试算平衡表中借方发生额和贷方发生额的差额数能够被9整除,商数就是要查找的差错数,这种方法主要用于查找属于数字错位或数字颠倒而造成的记账错误。

如果上述三种方法找不出错误,说明是由于非过账错误造成的错误,则需要进一步采用顺查法(记账凭证—会计账簿—试算平衡表)和逆查法(试算平衡表—会计账簿—记账凭证)进行查找。

(3) 账实核对的方法。账实核对通常结合单位的财产清查工作进行,其技术方法主要包括以下几种。

实地盘点法。实地盘点法是在财产物资现场通过逐一清点数量或用仪器确定数量的一种方法,它主要适用于容易清点的财产物资和现金等货币资金的清查,其优点是精确可靠,缺点则是工作量较大。

技术推算法。技术推算法是利用一定的技术,按照一定标准推算某一类财产物资实有数的方法。它是实地盘点法的补充,适用于大量堆放、单位价值较低且不便一一清点的实物清查。

调整核对法。调整核对法是对某些应记账因为凭证传递原因暂未记账的事项进行调整,确定财产物资实有数的方法,一般适用于银行存款的核对。

2. 结账的内容和方法

结账(closing the book)是在会计期末(月末、季末、半年末、年末)将一定期间发生的经济业务全部登记入账的基础上,结算出各个账户的本期发生额和期末余额并画出结账标志的程序与方法。通过结账可以全面、系统地反映单位一定时期内发生的全部经济活动的变化情况及其结果,为总括反映财务状况、考核财务成果和编制会计报表提供所需资料。

1) 结账的主要内容

(1) 检查本期内发生的所有经济业务是否已经填制会计凭证,并已记入有关账簿。如发现漏账,应及时补记。不得把将要发生的经济业务提前入账,也不得把已经在本期发生的经济业务延期入账。

(2) 检查是否按照权责发生制的要求,将本期内所有的转账业务,编制记账凭证进行账项调整,并据以记入有关账簿。

(3) 对于各种成本、收入账户的余额,应在有关账户之间进行结转,并据以计算确定本期的成本利润或亏损,反映经营成果。

(4) 在本期全部经济业务都已入账的基础上,分别计算出日记账、明细分类账和总分类账的本期发生额和期末余额。

(5) 根据各明细分类账的记录分别编制明细分类账户本期发生额及余额表,根据总分类账的记录编制总分类账户本期发生额及余额表,进行试算平衡。

2) 结账的主要方法

结账工作应在会计期末进行。根据结账的时间不同,结账可分为月结、季结、半年结和年结。年度结账日为公历年度的 12 月 31 日,半年度、季度、月度结账日分别为公历年度每半年、每季、每月的最后一天。结账的标志是画线。画线的目的是突出有关数字,表示本期的会计记录已经截止或结束,并将本期与下期的记录明显分开。一般月结、季结画单红线,年结画双红线,画线应画通栏线。

(1) 月结。月结时,应在各账户本月最后一笔金额下画一条通栏单红线,并在红线下的"摘要"栏中注明"本月发生额及余额"或"本月合计"字样,同时结算出本月借方和贷方发生额及期末余额,并标明余额方向,然后在本行下面再画一条通栏单红线,表示月结工作完毕。对于不需要按月结计发生额的账户,每次记账后都要随时结出余额,每月最后一笔余额即为月末余额,月末结账时,在最后一笔经济业务记录下画一条通栏单红线即可。对需要结出本年累计发生额的某些明细账户,每月结账时,应在"本月合计"行下结出自年初起至本月止的累计发生额,并在摘要栏内注明"本年累计"字样,在本行下再画一条通栏单红线。

(2) 季结。季度结账时,应在本季度末最后一个月进行月结后,在季终月的"月结"行下的"摘要"栏内注明"本季发生额及季末余额""本季合计"或"季结"字样,并在季结行下再画一条通栏单红线。半年度结账方法可比照季结。

(3) 年结。年度终了时,所有总账账户都应结出全年发生额及年末余额。具体做法是在第四季度季结的红线下面一行,结算出全年四个季度的借贷方发生额和年末余额,并标明余额方向。在摘要栏内注明"本年发生额及余额""本年合计"或"年结"字样,并在下面画通栏双红线,表示封账。对于有余额的账户,要将其余额结转下年,并在摘要栏注明"结转下年"字样;在下一会计年度新建有关账户的第一行余额栏内填写上年结转的余额,并在摘要栏注明"上年结转"字样。

3. 会计账簿的更换和保管

年度结账后,单位需要在下一个会计年度开始的时候更换使用新的会计账簿,并对旧的会计账簿进行妥善保管。一般来说,总分类账、大部分明细分类账和日记账每年都应更换一次。部分财产物资明细分类账和债权债务明细分类账,如固定资产明细分类账、应收账款明细分类账等,可以跨年度继续使用。各种备查账簿也可以跨年度连续使用,不必每年更换新账。更换新账时,应将各账户的年末余额过入下一年度新账簿。在新账簿有关账户新账页的第一行"余额"栏内,填上该账户上年的余额,同时在"摘要"栏内加盖"上年结转"戳记。

会计账簿与会计凭证、会计报表都是会计核算的重要档案资料,也是单位重要的经济档案,必须按照国家《会计档案管理办法》的规定妥善保管,不得丢失和任意销毁。会计账簿暂由单位财务会计部门保管 1 年,期满之后编造清册移交本单位的档案部门保管。会计档案的保管期限分为永久、定期两类。定期保管期限一般分为 10 年和 30 年。会计档案保管期限见表6-8。

表6-8 单位和其他组织会计档案保管期限表

序号	档案名称	保管期限	备注
一	会计凭证		
1	原始凭证	30年	
2	记账凭证	30年	
二	会计账簿		
3	总分类账	30年	
4	明细分类账	30年	
5	日记账	30年	
6	固定资产卡片		固定资产报废清理后保管5年
7	其他辅助性账簿	30年	
三	财务会计报告		
8	月度、季度、半年度财务会计报告	10年	
9	年度财务会计报告	永久	
四	其他会计资料		
10	银行存款余额调节表	10年	
11	银行对账单	10年	
12	纳税申报表	10年	
13	会计档案移交清册	30年	
14	会计档案保管清册	永久	
15	会计档案销毁清册	永久	
16	会计档案鉴定意见书	永久	

6.5 错账的更正方法

1. 错账的基本类型

1) 记账凭证正确，登记账簿时发生错误

记账凭证所记载的会计分录正确，对应过入的会计账户名称和方向也正确，即纯属记账时发生的文字或数字的笔误。

2) 记账凭证错误，导致账簿登记错误

记账凭证所记载的会计分录与实际发生的交易或事项不符，造成根据错误的记账凭证已登记入账。具体包括如下三种情况：记账凭证用错会计科目导致登账错误；记账凭证所使用的科目和方向正确，所记金额大于应记金额；记账凭证所使用的科目和方向正确，所记金额小于应记金额。

2. 错账的更正方法

如果发现账簿记录有错误，不准涂改、挖补、刮擦或重新抄写，必须按照规定的方法进行更正。由于错账的性质和发现时间点不同，更正方法也不相同，可分别采用划线更正法

(correction by drawing a straight ling)、红字更正法(correction by using red ink)和补充登记法(correction by extra recording)予以更正。

1) 划线更正法

每月结账以前,如果发现账簿记录有错误,而其所依据的记账凭证没有错误,即纯属记账时文字或数字的笔误,应采用划线更正法进行更正。首先用一条红线划去错误的文字或数字,同时保证原有文字或数字清晰可辨,然后在画线的上方用蓝字填写正确的文字或者数字,并由记账人员在更正处盖章,以明确责任。

2) 红字更正法

用红字冲销原有记录后再予以更正的方法即红字更正法,主要适用于以下两种情况。

(1) 根据记账凭证登记账簿后,发现记账凭证中的应借、应贷账户名称或记账方向出现错误,而账簿记录与记账凭证是相吻合的。更正的方法是:首先用红字金额填制一张与原错误记账凭证内容完全一致的记账凭证,并据以用红字登记入账,以冲销原错误记录;然后,再用蓝字填制一张正确的记账凭证,并据以用蓝字登记入账。

(2) 根据记账凭证登记账簿后,发现记账凭证中应借、应贷账户名称和记账方向都正确,只是所记金额大于应记金额并已据以登记账簿。其更正的方法是:将多记的金额用红字填制一张与原错误记账凭证的账户名称、记账方向相同的记账凭证,并据以用红字登记入账,以冲销多记金额,求得正确的金额。采用红字更正法,更正金额多记错误记录时应注意:不得以蓝字金额填制与原错误记账凭证方向相反的记账凭证去冲销原错误记录或错误金额,因为蓝字记账凭证反方向记录的会计分录反映某类经济业务,而不能反映更正错账的内容。

3) 补充登记法

根据记账凭证登记账簿以后,发现记账凭证中应借、应贷账户名称和记账方向都正确,只是所记金额小于应记金额并已据以记账。出现以上错误情况时应采用补充登记法予以更正。更正方法:将少记金额用蓝字填制一张与原错误记账凭证科目名称和方向一致的记账凭证,并用蓝字据以登记入账,以补足少记的金额。

【本章小结】

(1) 会计账簿是以会计凭证为依据,全面、连续、系统地记载各种经济业务的经济档案。设置和登记账簿是会计核算的专门方法之一,是连接会计凭证和会计报表的中间环节。通过设置和登记账簿,将会计凭证中记录的各项经济业务进行序时核算和分类核算,为单位定期编制会计报表提供相关、可靠的依据;通过设置和登记账簿,可以连续反映各项经济活动的增减变动及其结果,反映单位的经营过程和结果,有利于开展会计检查和会计分析、加强会计监督、保护单位财产的安全和完整。会计账簿按用途可分为序时账簿、分类账簿和备查账簿。会计账簿按账页格式不同,分为三栏式账簿、多栏式账簿、数量金额式账簿。会计账簿按外形特征可分为订本账、活页账和卡片账。

(2) 不同类别会计账簿的启用和登记有专门的技术规范。序时账是由出纳人员根据审核无误后的现金和银行存款收款、付款凭证,按照会计交易或事项发生的先后顺序逐日逐笔连续登记的特种日记账。序时账必须采用订本式,账页格式一般也用三栏式。总分类账是根据总分类账户设置的、用以分类登记全部会计交易或事项的账簿。总分类账必须采用订本式,账页格式多采用三栏式,登记依据和方式取决于单位所采用的账务处理程序。明细分类账是根据某一总分类账户所属的各个明细科目设置的,用以记录其详细指标的账簿。明细分类账一般采用活页式账簿,按照交易或事项发生的时间逐日逐笔进行登记。根据单位经营管理的需求,明细分类账可以采用三栏式、多栏式、数量金额式等账页格式。交易或事项发生后,应根据会计凭证,一方面登记相关的总分类账,另一方面登记该总分类账所属的明细分类账,做到同时登记、登记方向相同、登记金额相等,即平行登记。

（3）会计人员应根据审核无误的会计凭证登记会计账簿。总分类账需按照各单位所选用的会计账务处理程序来确定登记的依据和时间。对于各种明细分类账,一般根据审核无误的会计凭证逐笔逐日进行登记,特别是对于债权债务类和财产物资类明细分类账应当每天进行登记。对于库存现金日记账和银行存款日记账,应当根据办理完毕的收付款凭证,逐笔逐日进行登记并结出余额。登记账簿在技术环节上需要做到：内容准确,登记及时；连续登记,书写留空；正常蓝黑,特殊红墨；过次承前,结出余额。

（4）为了保证各种会计账簿记录的真实性与准确性,为会计报表的编制提供真实可靠的数据资料,需要在结账之前对各种账簿记录进行核对,做到账证相符、账账相符和账实相符。账证核对可以采用全面检查、抽查、顺查和逆查法；账账核对的方法包括差额法、除2法和除9法；账实核对包括实地盘点法、技术推算法、调整核对法。结账是在会计期末（月末、季末、半年末、年末）将一定期间发生的经济业务全部登记入账的基础上,结算出各个账户的本期发生额和期末余额并画出结账标志的程序与方法。年度结账后,单位需要在下一个会计年度开始的时候更换使用新的会计账簿,并对旧的会计账簿进行妥善保管。

（5）账簿记录误差由记账凭证的非如实反映导致和登账错误导致,不同误差需视具体情况分别选择划线更正法、红字更正法和补充登记法予以更正。

【主要专业词汇中英文对照】

中文	英文	中文	英文
日记账	day book	特种日记账	special journals
普通日记账总账	general journals	总账	general ledger
明细账	subsidiary ledgers		

【思考题】

1. 什么是会计账簿？会计账簿有哪几种分类？
2. 账簿设置的一般原则和具体规则分别是什么？
3. 简述明细分类账账页格式的种类和适用范围。
4. 简述错账的更正方法和适用范围。

5. 简述对账和结账的主要内容。

【业务题】

1. A 公司 2020 年 9 月 1 日银行存款日记账余额 250 000 元,库存现金日记账余额为 3 000 元,9 月发生如下涉及现金和银行存款的经济业务:

(1) 3 日,投资者投入资金 25 000 元,存入银行。

(2) 4 日,以银行存款 20 000 元偿还应付账款。

(3) 5 日,将现金 1 000 元存入银行。

(4) 6 日,从银行提取现金 18 000 元,准备发放工资。

(5) 6 日,用现金 18 000 元发放工资。

(6) 7 日,用现金预付职工差旅费 800 元。

(7) 8 日,用银行存款支付广告费 1 000 元。

(8) 9 日,收到应收账款 50 000 元存入银行。

(9) 13 日,以银行存款 40 000 元购入原材料。

(10) 22 日,用银行存款支付本月生产车间的水电费 1 800 元。

(11) 25 日,用银行存款上交税金 3 000 元。

要求:根据上述业务分别登记 A 公司库存现金日记账和银行存款日记账。

2. 2020 年 6 月 1 日,A 公司"库存现金"账户借方余额 3 200 元,"银行存款"账户借方余额 45 000 元。6 月发生以下经济业务:

(1) 2 日,向银行借入为期 6 个月的短期借款 100 000 元,存入银行。

(2) 3 日,向红光公司购进甲材料 60 吨,单价 400 元,货款 24 000 元,货款已用支票支付,材料已验收入库。

(3) 4 日,以银行存款 14 600 元偿还前欠红星公司货款。

(4) 5 日,用现金支付 3 日所购材料的运杂费 400 元。

(5) 6 日,职工王放出差借差旅费 2 000 元,经审核开出现金支票。

(6) 8 日,从银行提取现金 15 000 元,以备发放职工工资。

(7) 10 日,以现金 15 000 元发放职工工资。

(8) 12 日,以现金 500 元支付职工困难补助。

(9) 15 日,销售商品 40 吨,单价 800 元,货款已收到。

(10) 18 日,用银行存款支付销售商品所发生的费用 600 元。

(11) 25 日,收到华夏公司前欠货款 18 000 元,存入银行。

(12) 26 日,职工王放出差回来报销差旅费 1 900 元,余额退回。

(13) 30 日,用银行存款 28 000 元交纳税金。

要求:根据资料编制会计分录,设置"库存现金日记账"和"银行存款日记账",登记并结出发生额和余额(假定不考虑增值税)。

3. B 公司在月末进行账证核对的过程中发现下列错误:

(1) 从银行提取现金 16 000 元,备发工资。所编记账凭证为(以会计分录代替,下同):借:库存现金 16 000,贷:银行存款 16 000,账簿误记录为 1 600 元。

(2) 预付红光公司购货款 25 000 元。所编记账凭证为：借：预收账款 25 000，贷：银行存款 25 000。

(3) 以银行存款支付公司行政部门用房的租金 2 300 元。所编记账凭证为：借：管理费用 3 200，贷：银行存款 3 200。

(4) 开出现金支票支付公司购货运杂费 540 元。所编记账凭证为：借：原材料 450，贷：银行存款 450。

要求：请结合所学知识将 B 公司的上述错账进行更正。

4. C 公司 2020 年 12 月"原材料"和"应付账款"账户及所属明细分类账户的期初余额如下："原材料"总分类账余额 30 000 元，其中：甲材料数量 5 000 千克，单价 4 元，计 20 000 元；乙材料数量 2 000 千克，单价 5 元，计 10 000 元。"应付账款"总分类账余额 50 000 元，其中：兴隆公司 30 000 元，昌和公司 20 000 元。C 公司 12 月发生下列经济业务：

(1) 以银行存款 20 000 元归还前欠兴隆公司货款 10 000 元，归还昌和公司货款 10 000 元。

(2) 从兴隆公司购买甲材料 2 000 千克，单价 4 元，计 8 000 元，材料已验收入库，货款尚未支付。

(3) 从昌和公司购买甲材料 4 000 千克，单价 4 元，计 16 000 元，同时购买乙材料 6 000 千克，单价 5 元，计 30 000 元，货款尚未支付。

(4) 生产产品领用一批材料，其领用数量如下：甲材料 8 000 千克，单价 4 元，计 32 000 元，乙材料 5 000 千克，单价 5 元，计 25 000 元。

(5) 以存款 30 000 元分别支付给兴隆公司、昌和公司货款各 15 000 元。

要求：平行登记"原材料"总分类账户和明细分类账户，并且结算出本期发生额及期末余额(假定该单位材料发出采用先进先出法)。

5. D 公司 2020 年 9 月在结账前发现如下错账：

(1) 接银行存款利息收入通知，存款利息 7 000 元。所编记账凭证为(以会计分录代替，下同)：借：银行存款 700，贷：财务费用 700。根据记账凭证已过入"银行存款"总分类账借方和"财务费用"贷方 700 元。

(2) 以银行存款支付本月厂部办公楼修理费 1 276 元。所编记账凭证为：借：管理费用 1 267，贷：银行存款 1 267。根据记账凭证已过入"管理费用"总分类账借方和"银行存款"贷方 1 267 元。

(3) 开出转账支票支付前欠月亮塑料公司货款 18 600 元。所编记账凭证为：借：应付账款 18 600，贷：银行存款 18 600。根据记账凭证已过入"应收账款"总分类账借方和"银行存款"贷方 18 600 元。

(4) 开出转账支票支付本月车间房屋修理费 15 000 元。所编记账凭证为：借：制造费用 15 000，贷：银行存款 15 000。根据记账凭证已过入"制造费用"总分类账借方和"银行存款"贷方 15 000 元。

(5) 银行存款转来托收凭证，上月托收的应收票据 35 100 元已入账。所编记账凭证为：借：银行存款 53 100，贷：应收票据 53 100。根据记账凭证已过入"应收账款"总分类账借方和"应收票据"总分类账贷方 53 100 元。

要求：根据以上记录判断错账性质，指出应采用的错账更正方法并说明错账的更正过程。

案例分析

朝阳公司会计人员在 2021 年 6 月的对账过程中发现以下记账错误：

(1) 8 日，为生产乙产品耗用 B 材料 238 635 元，对此编制如下会计分录为并据以登账：

　　借：生产成本——乙产品　　　　　　　　　　　238 365
　　　　贷：原材料——B 材料　　　　　　　　　　　　238 365

(2) 15 日，以银行存款支付产品展览费 37 000 元，对此编制如下会计分录为并据以登账：

　　借：管理费用　　　　　　　　　　　　　　　　37 000
　　　　贷：银行存款　　　　　　　　　　　　　　　　37 000

(3) 19 日，向春风公司预付原材料购货款 50 000 元，对此编制如下会计分录为并据以登账：

　　借：预付账款——春风公司　　　　　　　　　　500 000
　　　　贷：银行存款　　　　　　　　　　　　　　　　500 000

(4) 27 日，以 986 560 元向光华公司赊销商品一批，据此在记账凭证中编制的会计分录准确，但在登记"主营业务收入"账户时，将金额写为 986 56 元。

讨论题

上述业务中的账务处理有哪些错误？

【即测即练】

第 7 章

财产清查

【本章学习目标】

1. 了解财产清查的意义与种类；
2. 理解财产清查的程序和方法；
3. 掌握库存现金、存货、固定资产、往来款项等财产清查结果的账务处理方法。

引导案例

星海公司出纳员小王由于刚参加工作不久，对于货币资金管理和核算的相关规定不甚了解，所以出现一些不应有的错误，有两件事情让他印象深刻，至今记忆犹新。

第一件事是在 2020 年 6 月 8 日和 10 日两天的现金业务结束后例行的现金清查中，分别发现现金短缺 50 元和现金溢余 20 元的情况。对此，他经过反复思考也弄不明白原因。为了保全自己的面子和息事宁人，同时又考虑到两次账实不符的金额很小，他决定采取下列办法处理：现金短缺 50 元，自掏腰包补齐；现金溢余 20 元，暂时收入囊中。

第二件事是星海公司经常对其银行存款的实有额心中无数，甚至有时会影响到公司日常业务的结算。公司经理因此指派有关人员检查小王的工作。结果发现，他每次编制银行存款余额调节表时，只根据公司银行存款日记账的余额加减银行对账单中企业未入账款项，来确定公司银行存款的实有数。而且每次做完此项工作以后，小王就立即将这些未入账的款项登记入账。

思考题：

(1) 小王对上述两项业务的处理是否正确？为什么？
(2) 你能给出正确的操作方法吗？

7.1 财产清查概述

1. 财产清查的概念

财产清查(physical inventory)是指通过对货币资金、实物资产和往来款项的盘点或核对，确定其实存数，查明账存数与实存数是否相符的一种专门方法。

在会计核算工作中，企业发生的所有经济业务都要采用专门的方法记录到有关的账簿中。特别是对于企业发生的货币资金、材料和设备等实物资产以及债权债务等重要的会计事项,更应当采用严密的会计处理方法,以确保账簿记录的真实与完整。从理论上讲,账簿上的结存数与实际结存数应当一致。但在实际工作中,由于人为的和自然的因素,其账面结存数与实际结存数往往会发生不一致的情况。造成账实不符的原因主要有以下方面。

(1) 在收发各项财产物资时,由于计量不准确,导致其数量或质量出现差错。
(2) 在财产物资的保管过程中,发生了自然损耗。
(3) 在管理和核算方面,由于手续不健全或制度不严密,发生了计算或登记错误。
(4) 由于管理不善或工作人员失职而造成了财产物资的毁损和短缺。
(5) 由于发生贪污盗窃等行为导致了财产物资的损失。
(6) 在结算过程中,由于未达账项等原因而造成的企业之间的账目不符。

为了查明上述账实不符的现象,确保会计账簿记录的真实、完整、准确,企业在编制会计报表之前,必须对各项财产物资进行清查,以做到账实相符。

2. 财产清查的意义

企业在财产清查过程中,如发现账实不符,除查明原因外,还应进一步采取措施,改进和加强财产管理。因此,财产清查作为会计核算的一种专门方法,在会计核算过程中具有十分重要的意义。

1) 保证企业财产的安全与完整

通过财产清查,可以查明企业的财产、商品、物资是否完整,有无缺损、霉变现象,以便堵塞漏洞,改进工作,建立和健全各种责任制,切实保证财产的安全与完整。

2) 保证会计核算资料的真实性

通过财产清查,可以查明各项财产物资的实有数,确定实有数额和账面数额的差异,以便分析原因,采取措施,改进工作,进一步加强财产物资的管理,确保会计核算资料的真实可靠。

3) 挖掘财产物资潜力,提高物资使用效率

通过财产清查,可以查明各项财产物资的储备和利用情况,针对不同情况,采取不同措施,积极利用和处理,提高物资使用效率。对储备不足的,应及时予以补充,确保生产需要,对超储、积压的财产物资,应及时处理,防止盲目采购和不合理的积压,充分挖掘物资潜力,加速资金周转,提高资金使用效率,进而提高经济效益。

4) 保证财经纪律和结算制度的执行

通过对财产物资、货币资金及往来款项的清查,可以查明企业有关业务人员是否遵守财经纪律和结算制度,有无贪污盗窃、挪用公款的情况;查明各项资金使用是否合理,是否符合党和国家的方针政策和法规,从而使工作人员更加自觉地遵纪守法,自觉维护和遵守财经纪律。

3. 财产清查的种类

1) 按财产清查的对象和范围分类

按财产清查的对象和范围,财产清查可分为全面清查和局部清查。

全面清查是指对全部财产物资和往来款项等进行全面的盘点和查询。原则上讲,全面清查的范围应包括资产、负债和所有者权益的所有有关项目。以制造企业为例,全面清查的内容应包括以下各项:库存现金、银行存款、其他货币资金和银行借款;各种机器设备、房屋、建筑物等固定资产;各种原材料、半成品、产成品等流动资产;各项在途材料、在途商品等在途物资;各种应收、应付、预收、预付款等往来款项;接受或委托其他单位加工保管的材料和物资;各种实收资本、资本公积、盈余公积等有关所有者权益项目。全面清查的内容多、范围广、投入的人力多,不可能经常进行,一般只用于年终结算前的清查。当然,在某些特殊情况下,如企业破产、合并、改变隶属关系、清产核资或单位主要负责人调离工作岗位等,为了明确经济责任或核定资金,也要进行全面清查。

局部清查是指根据需要对部分财产物资和往来款项等进行的盘点与清查。其清查的主要对象是流动性较大的财产,如库存现金、原材料、在产品和库存商品等。局部清查范围小、内容少,涉及的人员较少,但专业性较强。其主要包括以下各项:对于库存现金,应由出纳员在每日业务终了时清点,做到日清月结;对于银行存款和银行借款,应由出纳员每月同银行核对一次;对于原材料、在产品和库存商品除年度清查外,每月应有计划地重点抽查,对于贵重的财产物资,应每月清查盘点一次;对于债权、债务,应在年度内核对一两次甚至更多,如有问题应及时核对、及时解决。

2)按财产清查的时间分类

按财产清查的时间,财产清查可分为定期清查和不定期清查。

定期清查是按预先确定的时间对财产物资所进行的清查。定期清查的对象和范围不定,可以是全面清查,也可以是局部清查,清查的目的是及时发现账实不符现象,以便调整错误、核实损益,保证会计报表的真实与完整。定期清查通常在年末、半年末、季末、月末结账时进行。

不定期清查是指事先没有规定清查时间,根据特殊需要而进行的临时性清查。不定期清查主要在以下几种情况下进行:为了明确经济责任,在财产物资的保管人员发生变动时,对其经管的财产进行清查;上级或国家有关部门决定对本单位会计或业务进行审查时,根据审查的要求和范围对财产物资进行的清查,其目的往往是验证该单位会计资料的可靠性;企业进行兼并、破产或转移所有权时,对企业的财产进行清查,目的是摸清企业的家底;发生自然灾害或贪污盗窃时,对受损的财产物资进行清查,目的是查清损失情况。

上述定期清查、不定期清查可以是全面清查,也可以是局部清查,应根据实际需要来确定。

3)按财产清查的组织形式分类

按财产清查的组织形式,财产清查可分为单位自查和外单位清查。

单位自查是指单位自身根据工作需要,组织有关部门和人员对其财产所实施的清查。

外单位清查是指由单位外部的主管部门,财政、税务、银行等部门,根据有关规定和实际工作的需要对本单位所实施的清查。

4. 财产物资的盘存制度

财产清查的一个重要环节是盘点财产物资的实存数量,以解决账实是否相符的问题。

为此,首先需要确定财产物资的账存数量。财产物资的盘存制度有两种,即永续盘存制(perpetual inventory system)和实地盘存制(periodic inventory system)。

1) 永续盘存制

永续盘存制是指企业对各项财产物资的收入和发出的数量及金额,都必须根据原始凭证和记账凭证在有关的账簿中进行连续登记,并随时结出账面余额的一种盘存制度。其计算公式为

期末账面余额＝期初账面余额＋本期增加额－本期减少额

采用永续盘存制具有以下两个优点:①可以在存货明细账上随时反映存货的收、发、存的动态情况,并从数量和金额两个方面进行管理控制;②可以将账存数与实存数相核对,以查明账实是否相符,以及账实不符的原因,是控制差错和制止非法行为的有效方法。因此,永续盘存制在企业实际工作中的应用较为普遍。其缺点是,存货明细分类核算的工作量较大。

值得注意的是,在永续盘存制下,得到的财产物资的结存数指标,是其账面结存数。而实际结存数为多少,有待于清查盘点来确定。因此,永续盘存制下也要进行实地清查盘点,其目的在于检查账实是否相符。

2) 实地盘存制

实地盘存制又称"定期盘存制",是指企业对各项财产物资,只在账簿中登记其收入数,不登记其发出数,期末通过对实物的盘点来确定财产物资结余数,然后倒挤出本期发出数的一种盘存制度。其计算公式为

本期减少数＝期初账面余额＋本期增加数－期末实际结存数

采用实地盘存制,平时只记录增加数,不记录减少数。因此,实地盘存制的优点主要是简化了财产物资的日常登记工作,工作量少,工作简单。但其缺点也是明显的,主要表现在:一是不能随时反映存货收入、发出和结存动态,不便于管理人员掌握情况;二是将非正常的人为损耗、贪污盗窃等倒挤入发货成本,不利于保护企业财产物资的安全与完整;三是只能到期末盘点时结转耗用或销货成本,而不能随时结转成本。所以实地盘存制的实用性较差,较适用于那些自然损耗大、数量不稳定的鲜活商品。

7.2 财产清查的方法

由于财产物资种类繁多,存放地点、存放方式不同,具体的清查方法也有所不同。对货币资金、实物资产、往来款项等应采取不同的方式进行清查。

1. 货币资金的清查

货币资金包括库存现金、银行存款和其他货币资金。对货币资金的清查主要是库存现金的清查和银行存款的清查。

1) 库存现金的清查

库存现金的清查方法是实地盘点法,也即对库存现金的盘点与核对,包括出纳人员每日终了前进行的现金账款核对和清查小组进行的定期或不定期的现金盘点核对。采用实

地盘点法来确定库存现金的实存数,然后再与现金日记账的账面余额核对,以查明账实是否相符。

为了加强现金管理,平时出纳人员应将现金的收、支、结存情况及时登记现金日记账,经常进行现金盘点,与账存数相核对,做到日清月结。清查小组清查前,出纳人员应将现金收、付款凭证全部登记入账,并结出账存数。在进行库存现金清查时,为了明确责任,出纳人员必须在场,并配合清查人员逐一清点现金实存数。清查时应注意有无白条顶库(即不能用不具有法律效力的借条、收据等抵充库存现金)、挪用现金和超限额库存现金等违纪情况。盘点结束后,应填制"库存现金盘点报告表",由盘点人员、出纳人员及有关负责人签字盖章。此表既是证明现金实有数额的原始凭证,也是查明账实不符原因和据以调整账簿记录的重要依据。其格式见表7-1。

表7-1 库存现金盘点报告表

单位名称:　　　　　　　　　20××年×月×日　　　　　　　　　单位:元

实存金额	账存金额	对比结果		备注
		盘盈	盘亏	

负责人:　　　　　盘点人:　　　　　出纳人员:

2)银行存款的清查

银行存款的清查方法与库存现金、实物资产的清查方法不同,它是采取与开户银行核对账目的方法进行的。其具体步骤是:首先检查本单位银行存款日记账的正确性与完整性,然后将银行对账单与本单位登记的"银行存款日记账"逐笔核对。通过核对,往往发现双方账目不一致。其主要原因:一是一方或双方存在记账错误,如漏记、重记、错记等情况。二是正常的"未达账项",即指单位和银行之间,由于结算凭证在传递和办理转账手续时间上的不一致而造成的一方已经入账,而另一方尚未入账的款项。未达账项具体有以下四种:单位已记银行存款增加,而开户银行尚未记账;单位已记银行存款减少,而开户银行尚未记账;开户银行已记单位存款增加,而单位尚未记账;开户银行已记单位存款减少,而单位尚未记账。

如果发现错账、漏账等情况,应及时查明原因,加以更正。对于未达账项,则应于查明后编制"银行存款余额调节表"以检查双方的账目是否相符。

"银行存款余额调节表"的编制方法,一般是在单位银行存款日记账账面余额和银行对账单余额的基础上,分别补记对方已记账而本方尚未记账的未达账项金额,然后验证经调节后双方的余额是否相等。如果相等,表明双方记账都是正确的,双方的余额不符,完全是由于存在未达账项造成的;如果调节后双方的余额仍不相等,就表明还存在记账错误,应进一步查明原因,予以更正。下面举例说明"银行存款余额调节表"的编制方法。

【例7-1】 假设长盛公司2021年5月31日的银行存款日记账余额为120 000元,银行对账单余额为124 000元,经逐笔核对,发现未达账项有:

(1)企业于月末将从某单位收到的一张转账支票2 000元存入银行,企业已入账,但银行尚未办理有关手续而未入账。

(2) 企业于月末开出转账支票一张 1 000 元,持票人尚未向银行办理转账手续,企业已入账,但银行尚未收到支票而未入账。

(3) 企业委托银行代收销货款 8 000 元,银行已收入账,但企业尚未接到银行的收款通知。

(4) 企业委托银行代付水电费 3 000 元,银行已付入账,但企业尚未接到银行的付款通知。

根据以上资料,编制"银行存款余额调节表",见表 7-2。

表 7-2 银行存款余额调节表

2021 年 5 月 31 日　　　　　　　　　　　　　　　　　　　　　　　　单位:元

项　目	金　额	项　目	金　额
企业银行存款日记账余额	120 000	银行对账单余额	124 000
加:银行已收入账	8 000	加:企业已收入账	2 000
企业尚未入账		银行尚未入账	
减:银行已付入账	3 000	减:企业已付入账	1 000
企业尚未入账		银行尚未入账	
调节后余额	125 000	调节后余额	125 000

调节后的银行存款余额,是月末企业银行存款的真正实有数额,即企业实际可动用的存款数额。需要注意的是:未达账项不是错账、漏账,只应在银行存款余额调节表中进行调节,而不能据以进行任何的账务处理,待收到有关结算凭证之后,再与正常的银行存款收付业务一样进行账务处理。在清查过程中,对长期存在的未达账项,应查明原因及时处理。

2. 实物资产的清查

实物资产清查包括对原材料、在产品、库存商品及固定资产等财产物资的清查。对这些物资的清查,不仅要从数量上核对账面数与实物数是否相符,而且要查明是否有损坏、变质等情况。由于各种实物的形态、体积、重量和存放方式不同,而所采用的清查方法也不尽相同,一般常用的有以下两种方法。

1) 实地盘点法

对于实物资产的清查,应从数量和质量两个方面进行。检查实物资产的数量,则主要通过逐一清点、过秤和度量等方式来确定。其适用范围较大,大多数财产物资的清查都可以采用这种方法。

2) 技术推算法

采用这种方法,对于财产物资不是逐一清点计数,而是通过量方、计尺等技术来推算财产物资的实存数量。这种方法一般适用于大量成堆、无法逐一清点的财产物资的清查,如煤炭、沙石等。另外,对实物资产的数量进行核实的同时,还要对实物的质量进行鉴定,可根据不同的情况采用不同的质量鉴定方法,如直接观察法、物理法、化学法等。

为了明确经济责任和便于查询,进行财产物资的盘点时,有关实物保管人员与盘点人员必须同时在场清查。清查盘点的结果,应及时登记在"盘存单"上,由盘点人和实物保管人同时签章。盘存单的格式见表 7-3。

表 7-3　盘存单

单位名称：　　　　　　　　　　　　　　　　　　　　　　　　　　　编　号：
财产类别：　　　　　　　盘点时间：　　　　　　　　　　存放地点：

序号	名称	规格	计量单位	数量	单价	金额	备注

盘点人：　　　　　　　　　　　　　　实物保管人：

盘存单既是记录实物盘点结果的书面文件，也是反映资产实有数的原始凭证。为了进一步查明账存实存是否相符，确定盘盈或盘亏情况，还应根据"盘存单"和有关账簿记录，编制"实存账存对比表"（又称"盘盈盘亏报告表"）。该表是一个非常重要的原始凭证，既是经批示后调整账簿记录的依据，也是分析差异原因、明确经济责任的依据。"实存账存对比表"格式见表 7-4。

表 7-4　实存账存对比表

单位名称：　　　　　　　　　　　年　　月　　日　　　　　　　　　　　　编号：

序号	名称	规格	计量单位	单价	实存		账存		盘盈		盘亏		备注
					数量	金额	数量	金额	数量	金额	数量	金额	

主管人员：　　　　　　　　　　会计：　　　　　　　　制表：

3. 往来款项的清查

往来款项主要包括应收款、应付款和暂收、暂付款等。各种结算往来款项一般采取"询证核对法"进行清查，即采取同对方单位核对账目的方法。首先，应对本单位往来款项核对清楚，确认准确无误后，再向对方填发"往来款项对账单"。对账单应按明细账逐笔抄列一式两联，其中一联作为回单，对方单位如核对相符，应在回单上盖章后退回；如发现数字不符，应将不符情况在回单上注明或另抄对账单退回，作为进一步核对的依据。

"往来款项对账单"的格式和内容见图 7-1。

往来款项对账单

××单位：

　　你单位于20××年×月×日购入我单位甲产品1 000件，已付货款4 000元，尚有4 000元货款未付，请核对后将回联单寄回。

××单位：（盖章）
20××年×月×日

沿此虚线裁开，将以下回单联寄回！

往来款项对账单（回联）

××清查单位：

　　你单位寄来的"往来款项对账单"已经收到，经核对相符无误（或不符，应注明具体内容）。

××单位：（盖章）
20××年×月×日

图 7-1　往来款项对账单

对债权债务的清查，除了查对账实是否相符外，还应注意债权债务的账龄，从而掌握逾期债权债务情况，以便重点管理，减少呆账、坏账。

7.3 财产清查结果的处理

1. 财产清查结果处理一般要求

财产清查的结果，不外乎三种情况：其一，账存数与实存数相符；其二，账存数大于实存数，财产物资发生盘亏；其三，账存数小于实存数，财产物资发生盘盈。对财产清查中发现的盘盈、盘亏，应查明原因，按照一定的程序，严肃认真地予以处理。

财产清查结果处理一般要求包括：分析产生差异的原因和性质，提出处理建议；积极处理多余积压财产，清理往来款项；总结经验教训，建立健全各项管理制度；及时调整账簿记录，保证账实相符。

为了反映和监督财产清查过程中已查明的各种财产盘盈、盘亏和毁损及其报请批准后的转销数额，需设置"待处理财产损溢"账户。该账户下设"待处理流动资产损溢"和"待处理固定资产损溢"两个明细分类账户，分别对流动资产和固定资产进行核算。"待处理财产损溢"账户是用来核算企业在财产清查过程中查明的各种财产盘盈、盘亏和毁损价值的账户。该账户的借方登记各种财产盘亏、毁损数及按规定程序批准的盘盈转销数；贷方登记各种财产的盘盈数及按规定程序批准的盘亏、毁损转销数；处理前的借方余额，反映企业尚未处理的各种财产的净损失；处理前的贷方余额，反映企业尚未处理的各种财产的净溢余。期末处理后，本账户应无余额。该账户属于双重性质的账户。注意：固定资产盘盈的核算不再通过此账户，而是在报批前先通过"以前年度损益调整"科目核算。财产清查的对象不同，清查结果的账务处理也不相同。

2. 库存现金清查结果的账务处理

库存现金在清查中，如发现账款不符，对有待查明原因的现金短缺或溢余，应通过"待处理财产损溢"账户核算，按短款或长款的金额记入该账户，待查明原因后，再根据不同的情况进行不同的账务处理。

1) 库存现金盘盈的账务处理

发生库存现金溢余时，按实际溢余的金额借记"库存现金"账户，贷记"待处理财产损溢——待处理流动资产损溢"账户。查明原因后，应据不同情况，分别进行处理：属于应支付给有关人员或单位的，转入"其他应付款——应付现金溢余（××个人或单位）"账户；属于无法查明原因的库存现金溢余，报经批准后，转入"营业外收入——现金溢余"账户。

【例7-2】 长盛公司在财产清查中，发现库存现金较账面余额溢余600元。企业应编制会计分录如下：

借：库存现金 600
　　贷：待处理财产损溢——待处理流动资产损溢 600

【例 7-3】 经反复核查,上述现金长款原因不明,经批准转作营业外收入处理,企业应编制会计分录如下:

借:待处理财产损溢——待处理流动资产损溢　　　600
　　贷:营业外收入——现金溢余　　　　　　　　　　　600

2) 库存现金盘亏的账务处理

发生库存现金短缺时,应按实际短缺金额,借记"待处理财产损溢——待处理流动资产损溢"账户,贷记"库存现金"账户。待查明原因后,应据不同情况,分别进行处理:属于记账错误的应按账务处理规定及时予以更正;属于应由责任人赔偿或保险公司赔偿的部分,转入"其他应收款——应收现金短缺(××个人或单位)"或"库存现金"账户;属于无法查明原因的部分,根据管理权限,报经批准后转入"管理费用——现金短缺"账户。

【例 7-4】 长盛公司在财产清查中,发现库存现金较账面余额短缺 800 元。企业应编制会计分录如下:

借:待处理财产损溢——待处理流动资产损溢　　　800
　　贷:库存现金　　　　　　　　　　　　　　　　　　800

【例 7-5】 经查,上述现金短缺,其中 350 元是属于出纳员王某的责任,应由其负责赔偿,另外 450 元无法查明原因,经批准后转作管理费用处理。企业应编制会计分录如下:

借:其他应收款——应收现金短缺(王某)　　　　350
　　管理费用——现金短缺　　　　　　　　　　　　450
　　贷:待处理财产损溢——待处理流动资产损溢　　　　800

3. 存货清查结果的账务处理

造成存货账实不符的原因很多,应根据"实存账存对比表"的记录和实际情况分别进行不同的账务处理。

1) 存货盘盈的账务处理

企业发生存货盘盈时,在报经批准前,应借记"原材料""生产成本""库存商品"等存货账户,贷记"待处理财产损溢——待处理流动资产损溢"账户。在报经批准后,借记"待处理财产损溢——待处理流动资产损溢"账户,贷记"管理费用"等账户。

【例 7-6】 某企业在财产清查中盘盈材料一批,价值 5 000 元,经查明是由于收发计量错误所致。企业应编制会计分录如下:

(1) 批准处理前:

借:原材料　　　　　　　　　　　　　　　　　　5 000
　　贷:待处理财产损溢——待处理流动资产损溢　　　5 000

(2) 批准处理后:

借:待处理财产损溢——待处理流动资产损溢　　　5 000
　　贷:管理费用　　　　　　　　　　　　　　　　　　5 000

2) 存货盘亏的账务处理

企业发生存货盘亏及毁损时,在报经批准前,应借记"待处理财产损溢——待处理流动资产损溢"账户,贷记有关存货账户。在报经批准后,再根据不同的原因,分别不同情况进行账务处理:对于自然损耗产生的定额内损耗,计入管理费用;对于计量收发错误和管理不善等原因造成的存货短缺,应先扣除残料价值、可以收回的保险公司赔款和过失人的赔偿后,将净损失计入管理费用;对于自然灾害或意外事故造成的存货毁损,在扣除残料价值和保险公司赔偿后,计入营业外支出。

【例 7-7】 某企业在财产清查中,盘亏甲材料 2 600 元,经查明,属于定额内损耗。企业应编制会计分录如下:

(1) 批准处理前:
借:待处理财产损溢——待处理流动资产损溢　　2 600
　　贷:原材料——甲材料　　　　　　　　　　　2 600

(2) 批准处理后:
借:管理费用　　　　　　　　　　　　　　　　2 600
　　贷:待处理财产损溢——待处理流动资产损溢　2 600

【例 7-8】 某企业因自然灾害等非常损失造成库存商品毁损,价值 80 000 元,保险公司同意赔偿 70 000 元,残料已办理入库手续,价值 500 元。企业应编制会计分录如下:

(1) 批准处理前:
借:待处理财产损溢——待处理流动资产损溢　　80 000
　　贷:库存商品　　　　　　　　　　　　　　　80 000

(2) 批准处理后:
借:其他应收款——××保险公司　　　　　　　70 000
　　原材料　　　　　　　　　　　　　　　　　500
　　营业外支出——非常损失　　　　　　　　　9 500
　　贷:待处理财产损溢——待处理流动资产损溢　80 000

【例 7-9】 某企业财产清查后发现盘亏甲材料价值 1 000 元,盘亏的原因已查明:因管理员王某过失造成的材料毁损价值为 800 元,残料作价 50 元已入库。企业应编制会计分录如下:

(1) 批准处理前:
借:待处理财产损溢——待处理流动资产损溢　　1 000
　　贷:原材料——甲材料　　　　　　　　　　　1 000

(2) 批准处理后:
借:其他应收款——王某　　　　　　　　　　　800
　　原材料　　　　　　　　　　　　　　　　　50
　　管理费用　　　　　　　　　　　　　　　　150
　　贷:待处理财产损溢——待处理流动资产损溢　1 000

4. 固定资产清查结果的账务处理

为了保证固定资产核算的真实性,充分挖掘企业现有固定资产的潜力,企业应定期对固定资产进行盘点清查。在固定资产清查中,如果发现盘盈、盘亏的固定资产,应填制固定资产盘盈、盘亏报告表,查明原因,并写出书面报告,根据企业的管理权限,报经企业上级或董事会等类似机构批准后,在期末结账前处理完毕。

1) 固定资产盘盈的账务处理

清查中发现固定资产盘盈大都是由于设备虽交付使用但未及时入账造成的。企业对于盘盈的固定资产,在报经批准处理前,按同类或类似固定资产的市场价格,减去按该项资产新旧程度估计的价值损耗后的余额,借记"固定资产"账户,贷记"以前年度损益调整"账户。

【例 7-10】 某企业在财产清查中,发现未入账的设备一台,其同类设备的市场价格为 40 000 元,估计有六成新。在批准处理前,企业应编制会计分录如下:

```
借:固定资产                    24 000
    贷:以前年度损益调整              24 000
```

2) 固定资产盘亏的账务处理

对于盘亏的固定资产,应按盘亏固定资产的账面价值,借记"待处理财产损溢——待处理固定资产损溢"账户,按已提折旧,借记"累计折旧"账户,按固定资产的原价,贷记"固定资产"账户。盘亏或毁损的固定资产,应根据造成盘亏、毁损的原因和情况,分别加以处理。盘亏的固定资产报经批准处理后,按过失人和保险公司赔偿的金额,借记"其他应收款"账户,按盘亏固定资产价值扣除过失人及保险公司赔偿金额后的差额(即净值)借记"营业外支出"账户。同时,按其账面价值,贷记"待处理财产损溢——待处理固定资产损溢"账户。

【例 7-11】 某企业在进行财产清查时,发现盘亏机床一台,其账面原价为 250 000 元,累计折旧为 130 000 元(假定该设备未计提减值准备)。上述盘亏的机床应由保险公司赔偿 100 000 元。

(1) 盘亏固定资产时,企业应编制会计分录为:

```
借:待处理财产损溢——待处理固定资产损溢    120 000
    累计折旧                         130 000
    贷:固定资产                           250 000
```

(2) 盘亏固定资产批准转销时,编制会计分录为:

```
借:其他应收款——××保险公司           100 000
    营业外支出——固定资产盘亏            20 000
    贷:待处理财产损溢——待处理固定资产损溢   120 000
```

5. **往来款项清查结果的账务处理**

企业应当定期或者至少每年年度终了,对应收应付款项进行全面检查,对于长期无法收回和长期无法支付的款项要及时进行处理。在财产清查中查明确实无法收回和无法支付的应付款项,不通过"待处理财产损溢"账户核算,而是在原来账面记录的基础上,按规定程序报经批准后,直接转账冲销。

1) 应收款项清查结果的账务处理

企业因债务人拒付、破产、死亡或债务单位撤销等原因导致应收而无法收回的款项就是坏账。由于发生坏账而造成的损失称为坏账损失。对于坏账损失,根据其确认的时间不同,在会计上一般有两种核算方法:直接转销法和备抵法。

直接转销法是指在实际发生坏账时,确认坏账损失,直接计入当期费用并冲销应收款项的一种核算方法。采用直接转销法核算坏账损失时,将实际损失直接冲减应收款项,应借记"管理费用"账户,贷记"应收账款"账户。

【例7-12】 某企业应收A公司的货款6 000元,因A公司已撤销,确认无法收回,经批准做坏账处理。企业应编制会计分录如下:

借:管理费用　　　　　　　　　　　　　　　　6 000
　　贷:应收账款——A公司　　　　　　　　　　　6 000

直接转销法对可能发生的坏账不做任何账务处理,方法简单,但不符合权责发生制及收入与费用相配比的原则。

备抵法是指企业采用一定的方法按期估计坏账损失,计入当期费用,同时,建立坏账准备金,待实际发生坏账损失时,冲销已计提的坏账准备和相应的应收款项的一种核算方法。我国《企业会计制度》规定:企业只能采用备抵法核算坏账损失。

备抵法弥补了直接转销法的不足,符合权责发生制和收入费用配比的原则,避免企业虚盈实亏。同时在报表上列示应收款项净额,避免了企业虚列资产,有利于加速企业资金周转。

【例7-13】 某企业200×年实际发生坏账损失3 000元,按有关规定确认为坏账损失。

借:坏账准备　　　　　　　　　　　　　　　　3 000
　　贷:应收账款　　　　　　　　　　　　　　　　3 000

2) 应付款项清查结果的账务处理

在财产清查过程中,如发现债权单位撤销或其他原因造成长期应付而无法支付的应付款项,在报经批准后将其转作资本公积处理,借记"应付账款"等账户,贷记"营业外收入"账户。

【例7-14】 企业在财产清查中发现一笔长期无法支付的货款5 000元,据查该债权单位已撤销。企业报经批准后,予以转销。企业编制会计分录如下:

借:应付账款　　　　　　　　　　　　　　　　5 000
　　贷:营业外收入　　　　　　　　　　　　　　　5 000

【本章小结】

(1) 财产清查是指通过对货币资金、实物资产和往来款项的盘点或核对,确定其实存数,查明账存数与实存数是否相符的一种专门方法。财产清查的对象包括货币资金、银行存款、存货、固定资产、往来款项等。财产清查作为会计核算的一种专门方法,有利于保证企业财产的安全与完整,保证会计核算资料的真实性,充分挖掘财产物资潜力,提高物资使用效率,保证财经纪律和结算制度的执行。按财产清查的对象和范围不同,可分为全面清查和局部清查;按财产清查的时间不同,可分为定期清查和不定期清查;按财产清查的组织形式不同,可分为单位自查和外单位清查。财产物资的盘存制度有两种,永续盘存制和实地盘存制。永续盘存制是指企业对各项财产物资的收入和发出的数量及金额,都必须根据原始凭证和记账凭证在有关的账簿中进行连续登记,并随时结出账面余额的一种盘存制度。实地盘存制又称"定期盘存制",是指企业对各项财产物资,只在账簿中登记其收入数,不登记其发出数,期末通过对实物的盘点来确定财产物资结余数,然后倒挤出本期发出数的一种盘存制度。实地盘存制的实用性较差,较适用于那些自然损耗大、数量不稳定的鲜活商品。

(2) 货币资金的清查方法:库存现金的清查采用实地盘点的方法,然后再与现金日记账的账面余额核对;银行存款的清查采用与开户银行转来的对账单进行核对的方法。实物资产的清查方法:实地盘点法、技术推算法。往来款项一般采用发函询证的方法进行核对。

(3) 财产清查的结果,不外乎三种情况:其一,账存数与实存数相符;其二,账存数大于实存数,财产物资发生盘亏;其三,账存数小于实存数,财产物资发生盘盈。对财产清查中发现的盘盈、盘亏,应查明原因,按照一定的程序,严肃认真地予以处理。

(4) 为了反映和监督财产清查过程中已查明的各种财产盘盈、盘亏和毁损及其报请批准后的转销数额,需设置"待处理财产损溢"账户。该账户下设"待处理流动资产损溢"和"待处理固定资产损溢"两个明细分类账户,分别对流动资产和固定资产进行核算。

【主要专业词汇中英文对照】

中　　文	英　　文
财产清查	physical inventory
定期盘存制	periodic inventory system
先进先出法	first in first out inventory cost flow method, FIFO
月末一次加权平均法	weighted average method
未达账项	account in transit; timing differences
银行存款余额调节表	bank reconciliation statement
个别计价法	specific identification inventory cost flow method
永续盘存制	perpetual inventory system
后进先出法	last in first out inventory cost flow method, LIFO
移动加权平均法	moving average cost method
银行对账单	bank statements

【思考题】

1. 什么是财产清查?为什么要进行财产清查?
2. 确定企业实物资产账面数的方法有哪几种?每种方法有哪些优势与劣势?
3. 财产清查的结果通过哪个账户进行处理?这个账户的结构如何?当财产发生盘盈和盘亏时,如何在这个账户中进行处理?
4. 什么是未达账项?未达账项有几种?如何调整未达账项?
5. 试述财产物资清查结果的处理程序。

【业务题】

1. 某企业200×年7月31日的银行存款日记账账面余额为691 600元,而银行对账单上企业存款余额为681 600元,经逐笔核对,发现有以下未达账项:

(1) 7月26日,企业开出转账支票3 000元,持票人尚未到银行办理转账,银行尚未登账。

(2) 7月28日,企业委托银行代收款项4 000元,银行已收款入账,但企业未接到银行的收款通知,因而未登记入账。

(3) 7月29日,企业送存购货单位签发的转账支票15 000元,企业已登账,银行尚未登记入账。

(4) 7月30日,银行代企业支付水电费2 000元,企业尚未接到银行的付款通知,故未登记入账。

要求:根据以上有关内容,编制"银行存款余额调节表",并分析调节后是否需要编制有关会计分录。

2. X企业200×年经财产清查,发现盘盈A材料3 200吨。经查明是由于计量上的错误所造成的,按计划成本每吨2元入账。

要求:对X企业盘盈的A材料作出批准前和批准后的账务处理。

3. Y企业200×年经财产清查,发现盘亏B材料100吨,每吨单价200元。经查明,属于定额内合理的损耗共计1 000元;属于由过失责任人赔偿的共计8 000元;其余的属于自然灾害造成的损失,但由保险公司赔偿6 000元。

要求:对Y企业B材料的盘亏进行批准前和批准后的账务处理。

4. W企业200×年在财产清查中,发现盘亏机器设备一台,账面原值为280 000元,已提折旧额为100 000元。盘亏机器设备已批准转销(无可获得的赔偿)。

要求:对W企业盘亏的固定资产进行批准前和批准后的账务处理。

案例分析

【案例7-1】 甲公司于2021年年终进行财产清查时发现:第一,在现金清查中,发现库存现金较账面余额多出100元。经反复核查,确实无法查明该现金长款的原因。第二,盘亏面粉1 000千克,价值4 000元。经查明,3 000元属于非常损失,200元属于自然损耗,800元属于保管员赔偿。第三,盘亏一台小型面包车,账面原价值50 000元,已提折旧30 000元。第四,发现往来款中,应付黎塘面粉厂1 000元,长期未结算。经查明,黎塘面粉厂已破产清算。

讨论题

按照财产清查账务处理要求分析该公司的入账科目。

【案例7-2】 乙公司于202×年年终进行财产清查时发现:第一,在现金清查中,发现库存现金较账面余额少1 000元。经查明,其中300元属于出纳张三的责任,700元属于公司管理不善等原因造成。第二,盘盈面粉20千克,价值160元。第三,盘盈面粉搅拌机一台,估价 50 000 元,七成新,经查明,确实属于企业所有。

讨论题

1. 按照财产清查账务处理要求分析该公司的入账科目。

2. 从保护投资人、纳税人和股东财产的角度,谈谈你对"合法财产不容侵犯""取之于民用之于民"的职业责任感的认识,体会财产清查工作的严肃性和重要意义。

【即测即练】

第 8 章

会计报表

【本章学习目标】

1. 了解现金流量表和所有者权益变动表的意义、结构、作用；
2. 了解内部报表的意义；
3. 掌握会计报表的意义、资产负债表的编制、利润表的编制；
4. 理解财务报表的分析；
5. 了解国际会计准则的财务报告。

引导案例

公司真实、准确、完整、及时地披露信息是证券市场健康有序运行的重要基础。财务造假严重挑战信息披露制度的严肃性，严重毁坏市场诚信基础，严重破坏市场信心，严重损害投资者利益，是证券市场"毒瘤"，必须坚决从严从重打击。2019年以来，证监会立足于提升上市公司质量的总体目标和服务实体经济的工作要求，强化协同，严格标准，优化机制，严厉打击上市公司财务造假，已累计对22家上市公司财务造假行为立案调查，对18起典型案件作出行政处罚，向公安机关移送财务造假涉嫌犯罪案件6起。这些案件呈现以下特点：一是造假周期长，涉案金额大。经查，某公司2016年至2018年连续三年虚构海外业务、伪造回款单据，虚增巨额利润。二是手段隐蔽、复杂。经查，某公司2017年7月至2018年串通上百家客户，利用大宗商品贸易的特殊性实施造假。三是系统性造假突出。经查，某公司2015年至2017年上半年为虚增公司利润，定期通过删改财务核算账套实施造假。四是主观恶性明显。经查，某公司2016年年至2018年上半年以全资孙公司为平台，虚构翡翠原石购销业务，通过造假方式实现业绩目标。此外，上市公司财务造假往往伴生未按规定披露重大信息、大股东非法占用上市公司资金等严重损害投资者利益的其他违法犯罪行为，审计、评估等中介机构未能勤勉尽责执业，"看门人"作用缺失的问题依然突出。

资料来源：中国证监会官网。http://www.csrc.gov.cn/csrc/c100028/c1000794/content.shtml。

思考题：

财务报告应该公布哪些信息？应该遵守哪些规范呢？怎样编制财务报表呢？

8.1 会计报表的意义和种类

1. 会计报表的意义

企业、事业等单位对经济业务的日常核算,是通过账簿进行连续、系统的登记和计算。这些账簿记录可以提供丰富的会计信息,对于反映经济活动情况和实行会计监督是有积极作用的。但是账簿反映的经济活动是具体的,比较分散,不便总括地反映经济活动的状况;会计部门的账簿资料也不便为其他职能部门使用,更不便为企业外部的有关部门和有关人员使用。因此,为了充分利用会计信息,需要根据账簿资料定期编制会计报表(financial statement)。

会计报表是指企业对外提供的企业某一特定日期财务状况和某一会计期间经营成果以及现金流量的文件。编制会计报表是为了满足各利益相关者对财务信息的要求,为其进行经济决策提供依据。我国企业会计准则规定企业必须编制并报送的会计报表包括资产负债表、利润表、现金流量表、所有者权益变动表。企业编制会计报表的作用主要表现在以下方面。

(1) 反映财务情况。会计报表提供的信息很丰富,通过这些信息可全面地反映企业的财务情况。例如,通过资产负债表可以了解一定时间企业资产配置、债务结构和权益类别等情况;通过利润表可以了解一定时期企业收入的实现、成本消耗及利润的形成与分配;通过现金流量表可以了解企业在一定期间现金收入和现金支出情况。会计报表对企业财务情况的反映,不同于会计凭证和会计账簿,其特点是全面、系统和集中,通过几张会计报表就能全面、系统地反映企业的财务情况。因此,根据会计报表提供的会计信息可以总结过去,找出差距,向先进学习;可以加强会计监督,促进经营管理;可以作出决策,编制未来的财务计划。

(2) 加强会计监督。根据企业会计报表提供的会计信息,对企业经营活动、理财活动、获利能力等多方面进行监督,以求满足各方面会计报表使用者的需要。

企业的管理者可根据会计报表反映的信息,总结经营管理的经验,检查各项经济指标是否完成了计划、达到了预期的目标;找出经营中存在的问题,及时采取相应措施加以解决,以便进一步加强管理。

企业的投资者通过会计报表提供的会计信息,监督其投资的使用情况,了解企业的经营成果、获利能力,分析企业的财务状况和投资额的风险程度;通过对其监督保护投资者在企业应享有权益的完整性,保证其投资额获利的增加。

企业的债权人通过会计报表提供的信息,监督企业的资金周转与营运情况,分析企业的偿债能力和到期支付利息的保证程度,通过监督达到保护债权人在企业的利益不受侵犯的目标。

财政部门根据企业会计报表提供的信息,加强对企业的财务监督,检查企业是否遵守各项财政、财务制度,有无违纪行为;税务部门根据企业的会计报表提供的信息,监督企业是否按税法规定及时、足额地缴纳税款,有无偷税漏税的现象,有无拖欠税款的现象;

企业的主管部门通过会计报表提供的信息，监督企业的经营活动是否正常进行，报表中的资料是否与实际情况相符，有无弄虚作假的现象，等等。

（3）有利于进行决策。会计报表提供的信息，为各方面的报表使用者进行经济决策提供了方便。第一，会计报表为投资者、潜在投资者选择正确的投资方向提供信息。投资者可根据企业的财务状况和未来的发展趋势进行投资决策，促进全社会资源的合理组合与配置。第二，会计报表提供的信息，为债权人合理地贷放资金给出正确导向。债权人可根据企业信用条件的优劣，合理调整贷款投向，保证资金回收。第三，政府的财政、税收和综合计划部门，可根据报表信息进行宏观的综合分析和决策，以调整国民经济的发展。第四，会计报表提供的信息，还能为与企业有业务往来的单位如供货商、销货客户提供有关商品交易的信息，为这些供销商制定未来的经营规划提供决策依据。第五，会计报表提供的信息，还是本企业管理人员规划企业未来的经营方向和制定预算的重要依据。企业管理人员可根据会计报表反映的内容，总结以往的工作，评价企业的经营政策和财务状况，分析存在的问题，根据已有的经验和未来的客观条件，正确地预计未来期间应达到的经营目标，确定出较为准确的各项指标数字。

2. 会计报表的基本内容

会计报表的主要目的是向企业的有关各方反映企业的财务状况和经营成果。为了全面反映企业情况，会计报表的基本内容由表头、表身和表外三部分组成。

表头内容包括报表名称、报表编制单位名称、时间（或会计期间）、报表编号和计量单位五部分。其中有的项目比较稳定，可事先印制在报表上，如报表名称、编号、计量单位等，未印制的项目需在报表编制时填写。表身是报表最重要的部分，它由一系列相互联系的经济指标组成。表外是对表身未反映的事项进行补充或对表身未能详细反映的内容做必要的解释。

3. 会计报表的种类

会计报表的种类很多，可以按其不同标准进行分类。

（1）按经济内容分类。按会计报表所反映的经济内容的不同，会计报表可分为财务状况报表和经营成果报表。财务状况报表是反映企业单位在一定时间财务状况的报表，主要有企业的资产负债表和现金流量表。通过反映企业的资产、负债、所有者权益和经营资金来源与运用的情况，明确企业的财务状况，以供有关部门和人员进行分析和决策。经营成果报表是反映企业单位在某一期间内收入实现、成本消耗和利润形成及分配情况的报表，主要有企业的利润表，通过该表可分析企业的获利能力，评价企业管理部门的经营业绩。

（2）按资金运动的状态分类。按会计报表反映的企业资金运动的状态不同，会计报表可分为静态报表和动态报表。静态报表是综合反映企业单位一定时点资金的存在即资产情况、资金的取得形成即负债和所有者权益情况的报表，如企业的资产负债表。这类报表的特点是反映某一特定时间的情况，一般是根据账簿余额填列的。动态报表是综合反映企业单位一定时期内资金的循环与周转情况的报表，例如企业的利润表、现金流量表等。这类报表的特点是反映某一段期间内的资金变动情况，一般是根据账簿的发生额填列。

(3) 按编表时间分类。按会计报表编表的时期不同,会计报表可分为月报表、季报表、半年报表和年报表。月报表是按月份编制的报表,企业每月底编制一次,反映本月份的经营活动情况,如企业编制的资产负债表、利润表等。季报表是按季度编制的报表,企业每个季度编制一次,反映一个季度的财务状况和经营成果。季报表通常是将月报的内容累计,综合反映一个季度的情况。半年报表是每年年中编制的中期会计报告,内容包括资产负债表、利润表和现金流量表及其相关附表。企业会计准则要求企业编制中期财务报告,广义的中期财务报告包括月报、季报和半年报,狭义的中期财务报告仅指半年报。年报亦称年度决算报表,是按年度编制的报表,企业每年编制一次,反映全年的综合情况。

(4) 按报送对象分类。按会计报表报送对象不同,报表可分为外送报表和内部报表。外送报表是为满足企业外部的投资者、债权人、政府管理部门及其他关心企业的有关各方的需要,根据财务通则和会计准则的要求,按照财政部统一会计制度编制的报表。其特点是内容和形式通过会计制度进行规范。内部报表是企业为了加强会计核算和管理,为满足企业管理部门对企业内部管理的需要而编制的报表。内部报表由企业会计部门会同企业内部的其他部门自行制定,其特点是与企业的内部管理相适应,内容和形式比较灵活、不规范。

4. 会计报表间的相互关系

不同种类的会计报表反映的是同一会计主体的资金运动情况,只是反映的侧重点不同,这就决定了反映各个方面情况的会计指标之间,以及每种会计报表的指标之间必然存在内在联系。

会计报表之间或会计报表内部存在的这种指标的相互联系,叫作会计报表的相互关系或会计报表的钩稽关系。认识和掌握报表指标间的钩稽关系,对于编制、审核和分析会计报表,提高会计报表的质量都有重要意义。会计报表的相互关系具体表现为两方面。

(1) 各种会计报表之间的相互关系。它表现为同一指标在不同报表中的运用和计算口径是一致的。例如,所有者权益变动表中反映的未分配利润数,应该与资产负债表上的未分配利润数相吻合,正是由于这一原因,人们认为所有者权益变动表是联结利润表和资产负债表的纽带。

(2) 表内各指标间的相互关系。在一张报表内,会计指标之间存在着相互关系,这种相互关系表现为指标之间的计算关系或对应关系。例如,在资产负债表中,全部资产类指标相加之和应等于全部负债类指标及权益类指标的相加之和,资产合计是流动资产和非流动资产合计的结果;在利润表中,营业利润加营业外收入减营业外支出后应等于利润总额。

5. 编制会计报表的要求

1) 依据各项会计准则确认和计量的结果编制财务报表

企业应当根据实际发生的交易和事项,遵循《企业会计准则——基本准则》和各项具体会计准则的规定进行确认和计量,并在此基础上编制财务报表。企业应当在附注中对这一情况作出声明,只有遵循了企业会计准则的所有规定,财务报表才应当被称为"遵循了企业会计准则"。

2) 列报基础

持续经营是会计的基本前提，也是会计确认、计量及编制财务报表的基础。

非持续经营是企业在极端情况下呈现的一种状态。企业存在以下情况之一的，通常表明企业处于非持续经营状态：①企业已在当期进行清算或停止营业；②企业已经正式决定在下一个会计期间进行清算或停止营业；③企业已确定在当期或下一个会计期间没有其他可供选择的方案而将被迫进行清算或停止营业。以持续经营为基础编制财务报表不再合理的，企业应当采用其他基础编制财务报表，并在附注中披露这一事实。

3) 权责发生制

除现金流量表按照收付实现制编制外，企业应当按照权责发生制编制其他财务报表。

4) 列报的一致性

财务报表项目的列报应当在各个会计期间保持一致，不得随意变更。但下列情况除外：

（1）会计准则要求改变财务报表项目的列报。

（2）企业经营业务的性质发生重大变化后，变更财务报表项目的列报能够提供更可靠、更相关的会计信息。

5) 重要性

重要性，是指财务报表某项目的省略或错报会影响使用者据此作出经济决策的，该项目具有重要性，重要性应当根据企业所处环境，从项目的性质和金额大小两方面予以判断。

性质或功能不同的项目，应当在财务报表中单独列报，但不具有重要性的项目除外。

性质或功能类似的项目，其所属类似具有重要性的，应当按其类别在财务报表中单独列示。

6) 财务报表项目金额间的相互抵销

财务报表中的资产项目和负债项目的金额、收入项目和费用项目的金额、直接计入当期利润的利得和损失项目的金额不能相互抵销，但其他会计准则另有规定的除外。需要注意的是，一组类似交易形成的利得和损失以净额列示的，不属于抵销；资产项目按照扣除减值准备后的净额列示，不属于抵销。非日常活动产生的损益，以同一交易形成的收益扣减相关费用后的净额列示更能反映交易实质的，不属于抵销。

7) 可比性

当期财务报表的列报，至少应当提供所有列报项目上一可比会计期间的比较数据，以及与理解当期财务报表相关的说明，但其他会计准则另有规定的除外。

根据会计准则的规定，财务报表项目的列报发生变更的，应当对上期比较数据按照当期的列报要求进行调整，并在附注中披露调整的原因和性质，以及调整的各项目金额，对上期比较数据进行调整不切实可行的，应当在附注中披露不能调整的原因。

不切实可行，是指企业作出所有合理努力后仍然无法采用某项规定。

8) 财务报表表首的列报要求

财务报表通常与其他信息一起公布，企业应当将按照企业会计准则编制的财务报告与一起公布的同一文件中的其他信息区分。

财务报表一般分为表首、正表两部分。其中表首应该概括下列基本信息：编报企业的名称；对资产负债表而言，须披露资产负债表日，对于利润表、现金流量表及所有者权益变动表须披露报表涵盖的期间；货币名称和单位；财务报表是合并报表的，应当说明。

9）报告期间

企业至少应当编制年度财务报表。会计年度自公历1月1日至12月31日，如果存在年度报表短于一年的情况，应说明其实际涵盖时间及短于一年的原因。

6. 编制会计报表的程序

为了正确、完整、及时地编制会计报表，应按下列程序进行。

1）清查财产

在编制会计报表之前，按会计制度的规定，对单位的财产，如现金、材料、在产品、产成品或商品等进行清查盘点，月份做重点抽查盘点，年度做全面盘点。通过财产清查，编制盘存表，与账簿记录核对，做到账实相符，为编制会计报表提供正确资料。

2）核对账目

核对账目包括外部核对和内部核对。外部核对主要是核对本单位与其他单位的往来账项，如与财政、税务部门和上级主管部门的上缴下拨款项的核对，银行存款与银行对账单的核对，各种应收款和应付款的核对。内部核对主要是各种账簿的核对，如总分类账的核对，总分类账与日记账和明细账的核对。

3）整理记录

结账前，除全面检查日常会计记录有无遗漏或错误外，要对生产经营过程资金的耗费和收回及其财务成果进行综合核算并转账。制造业的整理记录一般包括账项的调整和结转。

（1）生产费用的汇集、分配及产品成本的计算与结转。具体内容包括：材料消耗的汇总与结转；工资和职工福利费的分配与结转；累计折旧的计提并结转；费用的汇总、分配和结转；完工产品成本的计算并结转。

（2）在建工程支出的计算和结转。如自制固定资产成本的计算和结转。

（3）应收、应付款的清算。如备用金的结算；出差借款的清理；应交税金的清缴；应付费用的支付等。

（4）利润的计算与结转。

（5）其他调整事项。

4）结账

全部会计事项（包括日常会计事项和整理记录）已编制记账凭证并已全部登记入账，然后进行结账，计算各种账户的本期发生额和余额。结账后要再次核对账簿，做到账账相符，不能因为赶制报表而提前结账。

5）编表

根据账簿资料、前期会计报表资料和有关统计资料编制会计报表。要按制度规定的报表种类、格式和内容，严格、认真地填写。报表中的项目，必须按规定填写齐全，不得漏填。不填数字应填"×"号，没有数字的应填"—"号。会计报表的填报以人民币"元"为金额单位，元以下填至"分"。报表编制完毕，还要检查有关指标与账簿资料、财产实有数额是否一致,指标的计算是否正确,报表之间有关指标是否相符,以保证会计报表的正确性。

8.2 资产负债表的编制

1. 资产负债表的意义

资产负债表(balance sheet,or the statement of financial position)是反映企业在某一特定日期财务状况的报表。资产负债表可以全面反映企业的资产、负债的结构情况,企业投资者和债权人以及其他相关人员可以通过资产负债表分析企业的偿债能力和经营状况,了解企业的生产规模,作为投资决策的依据。资产负债表从其内容看是财务状况报表,从其反映资金状况看是静态报表,从其报送单位看是外送报表,从其报送时间看既是月报也是年报。

资产负债表是企业报表体系中的一种重要报表,其作用主要是向报表的使用者提供以下会计信息。

(1) 企业掌握的经济资源及这些资源的分布结构。资产负债表按一定的顺序(资产的流动性)反映企业所拥有的各项财产及其数额,报表的使用者可以据此了解企业的资产构成情况,并由此进一步分析企业的生产经营状况。如通过固定资产可了解企业的生产规模;通过流动资产的构成可以分析企业生产管理及财产流转情况;通过生产资金占全部资金的比例,可以分析企业资金的利用效率。

(2) 企业资金来源的构成,包括企业所承担的债务,以及所有者在企业所拥有的权益。资产负债表综合反映企业目前所承担的各项负债、投资者投资及留存收益等情况,报表使用者可据此了解企业的筹资方式及其投资各方权益情况。

(3) 企业的偿债能力。通过资产负债表中资产、负债的结构情况及其对比分析,报表使用者可据此分析企业的财务实力,了解企业的偿债能力以及近期和远期债务对企业的影响,掌握对企业投资的风险程度及获利水平,以便于投资者和债权人进行投资决策。同企业有业务关系的单位或个人可通过资产负债表了解企业的实际支付能力,选择合理的业务方式。

(4) 企业财务状况变动情况。通过将不同时期的资产负债表进行比较分析,可以了解企业的资产、负债、所有者权益的变动情况,分析企业的发展变化趋势,了解企业的经营业绩,以便于对企业的未来情况进行预测分析。

2. 资产负债表的结构

资产负债表的结构即资产负债表的项目及其相互结合的方式。资产负债表的建立依据是会计等式"资产=负债+所有者权益",所以资产负债表的项目主要包括资产、负债、所有者权益三方面。

(1) 资产。在资产负债表中,按资产的流动性分为流动资产和非流动资产两大类。流动资产包括库存现金、银行存款、应收账款、其他应收款、应收票据、存货等项目,这些资产在生产经营过程中流转速度较快,通常在年内(或超过 1 年的一个生产经营周期内)转化为其他形式的资产,并最终转化为货币形式的资金。非流动资产包括长期投资、固定资产、无形资产及其他资产、待处理财产损失等项目,这些资产通常在生产经营过程中保持其形态相对稳定不变,其流动性或其转化为货币资金的能力(简称变现能力)较差。

(2) 负债。在资产负债表中,负债按需要偿付时间的急缓程度不同分为流动负债和长期负债两大类。流动负债是在一年或超过一年的一个生产经营周期内需要偿付的负债,包括短期借款、应付账款、应付票据、其他应付款、应付职工薪酬、应交税费及一年内到期的长期负债等项目。非流动负债是偿付期在一年以上的负债,主要包括长期借款、应付债券、长期应付款等项目。将负债划分为流动负债和非流动负债,便于向报表的使用者详细反映负债对企业经营活动的近期和远期的影响情况。

(3) 所有者权益。在资产负债表中,所有者权益在数量上等于资产总额减去负债总额,是企业的所有者对企业所有权的数量或价值的表现,所有者权益有时也可简称狭义的权益。企业的所有者权益由投资者投入资金和企业历年累计的留存收益两部分构成,具体项目主要有实收资本、资本公积、其他综合收益、盈余公积、未分配利润等。

资产负债表由于所依据会计等式的具体形式不同,其格式也有所不同,常见的有账户式和报告式两种。

账户式资产负债表直接依据的公式是会计等式"资产=负债+所有者权益"。将报表分为左右两方,左方依资产的流动性(或变现能力)依次列示企业的各种资产,右方列示各种负债和所有者权益,左右两方分别相加,合计额相等。账户式资产负债表便于左右双方的资产和负债相互比较,有利于对企业偿债能力的分析。目前我国会计准则规定的资产负债表采用账户式。

报告式资产负债表是依据会计等式的另一种表达形式"资产−负债=所有者权益"建立的报表。其经济指标排列一般采用垂直方式,依次列示资产、负债和所有者权益项目。三类指标分别计算合计数,并且全部资产项目的合计数减去全部负债项目的合计数与所有者权益的合计数相等。报告式资产负债表便于列示不同时期的经济指标,以便对企业不同时期的财务状况进行比较分析。其简易格式见表8-1。

表 8-1 苹果公司资产负债表

	September 26,2020	September 28,2019
	$ 000,000	$ 000,000
ASSETS		
Current assets		
Cash and cash equivalents	38 016	48 844
Marketable securities	52 927	51 713
inventories	16 120	22 926
Vendor not-trade receivables	4 061	4 106
Other current assets	21 325	22 878
Total current assets	11 264	12 352
	143 713	162 819

续表

Non-current assets		
Marketable securities	100 887	105 341
Property, plant and equipment, net	36 766	37 378
Other non-current assets	42 522	32 978
Total non-current assets	180 175	175 697
Total assts	323 888	338 516
LIABILITIES AND SHAREHOLDERS' EQUITY		
Current liabilities		
Accounts payable	42 296	46 236
Other current liabilities	42 684	37 720
Deferred revenue	6 643	5 522
Commercial paper	4 996	5 980
Term debt	8 773	10 260
Total current liabilities	105,392	105,718
Non-current liabilities		
Term debt	98 667	91 807
Other non-current liabilities	54 490	50 503
Total non-current liabilities	153 157	142 310
Total liabilities	258 549	248 028
Commitments and contingencies		
Shareholders' equity		
Common stock and additional paid-in capital, $0.00001 par value; 50400000 shares authorized; 16976763 and 17772945 shares issued and outstanding, respectively	50 779	45 174
Retained earnings	14 966	45 898
Accumulated other comprehensive income (loss)	(406)	(584)
Total shareholders' equity	65 339	90 488
Total liabilities and shareholders' equity	323 888	338 516

资料来源：摘自苹果公司2020年年报。

3．资产负债表的编制方法

编制资产负债表要依次填写资产负债表的表头、表身和附注。

1）年初余额栏的编制方法

表中的"年初余额"栏通常根据上年末有关项目的期末余额填列，且与上年末资产负债表"期末余额"栏相一致。企业在首次执行新准则时对当年的"年初余额"栏及相关项目进行调整；以后期间，如果企业发生了会计政策变更、前期差错更正，应当对"年初余额"栏中的有关项目进行相应调整。此外，如果企业上年度资产负债表规定的项目名称和内容与本年度不一致,应当对上年年末资产负债表相关项目的名称和数字按照本年度的规定进行调整,填入"年初余额"栏。

2) 资产负债表"期末余额"栏的填列方法

资产负债表"期末余额"栏内各项数字,一般应根据资产、负债和所有者权益类科目的期末余额填列,主要包括以下方式。

(1) 根据总账科目的余额填列。资产负债表中的有些项目,可直接根据有关总账科目的余额填列,如"交易性金融资产""短期借款""应付票据""应付职工薪酬""应交税费""其他应付款""实收资本(或股本)""资本公积""库存股""盈余公积"等项目,应根据有关总账科目的余额填列。

有些项目则需根据几个总账科目的余额计算填列,如"货币资金"项目,需根据"库存现金""银行存款"等总账科目余额的合计数填列;"其他应付款"项目应该根据"其他应付款""应付股利""应付利润"等账户余额的合计数填列;"其他非流动资产""其他流动资产"项目,应根据有关科目的期末余额分析填列。

(2) 根据有关明细账科目的余额计算填列。如"应付账款"项目,应根据"应付账款"和"预付账款"两个科目所属的相关明细科目的期末贷方余额合计数填列;"预收账款"项目,需要根据"应收账款"和"预收账款"两个科目所属的相关明细科目的期末贷方余额计算填列;"开发支出"项目,应根据"研发支出"科目中所属的"资本化支出"明细科目期末余额填列;"一年内到期的非流动资产""一年内到期的非流动负债"项目,应根据有关非流动资产或负债项目的明细科目余额分析填列;"长期借款""应付债券"项目,应分别根据"长期借款""应付债券"科目的明细科目余额分析填列。

需要特别说明的是,"未分配利润"项目应该根据"本年利润"和"利润分配——提取盈余公积""利润分配——应付股利(或利润分配——应付利润)""利润分配——未分配利润"明细科目期末贷方余额扣减相关明细账户期末借方余额填列。

例如:期末,"本年利润"账户的期末贷方余额为 50 万元,"利润分配——未分配利润"明细账户贷方余额为 300 万元,则资产负债表中的"未分配利润"应该按照 350 万元(300+50=350)填列。若"利润分配——未分配利润"为借方余额 300 万元,则资产负债表中的"未分配利润"应该按照 -250 万元(50-300=-250)填列。因为"本年利润"的贷方余额表示企业本期净利润额为 50 万元,"利润分配——未分配利润"借方余额表示企业以前年度未弥补亏损额 300 万元,则本期的累计未弥补亏损额为 250 万元,以负值填列在"未分配利润"项目中。

(3) 根据总账科目和明细账科目的余额分析计算填列。如"长期借款"项目,需根据"长期借款"总账科目余额扣除"长期借款"科目所属的明细科目中将在资产负债表日起一年内到期,且企业不能自主地将清偿义务展期的长期借款后的金额计算填列;"长期待摊费用"项目,应根据"长期待摊费用"科目的期末余额减去将于一年内(含一年)摊销的数额后的金额填列;"其他非流动负债"项目,应根据有关科目的期末余额减去将于一年内(含一年)到期偿还数后的金额填列。

(4) 根据有关科目余额减去其备抵科目余额后的净额填列。如资产负债表中的"应收账款""长期股权投资"等项目,应根据"应收账款""长期股权投资"等科目的期末余额减去"坏账准备""长期股权投资减值准备"等科目余额后的净额填列;"固定资产"项目,应根据"固定资产"科目的期末余额减去"累计折旧""固定资产减值准备"科目余额后的净额填列;"无形资产"项目,应根据"无形资产"科目的期末余额,减去"累计摊销""无形资产减值准备"科目余额后的净额填列。

(5)综合运用上述填列方法分析填列。其主要包括:"应收账款"项目,应根据"应收账款"和"预收账款"科目所属各明细科目的期末借方余额合计数,减去"坏账准备"科目中有关应收账款计提的坏账准备期末余额后的金额填列;"预付账款"项目,应根据"预付账款"和"应付账款"科目所属各明细科目的期末借方余额合计数,减去"坏账准备"科目中有关预付款项计提的坏账准备期末余额后的金额填列;"存货"项目,应根据"材料采购""原材料""库存商品""生产成本"等科目的期末余额合计,减去"存货跌价准备"等科目期末贷方余额后的金额填列。

3) 一般企业资产负债表编制示例

【例 8-1】 甲公司 2×20 年 12 月 31 日全部总账和有关明细账余额见表 8-2。

表 8-2　甲公司 2×20 年 12 月 31 日全部总账和有关明细账余额　　　单位:元

总账	明细账户	借方余额	贷方余额	总账	明细账户	借方余额	贷方余额
库存现金		3 000		短期借款			120 000
银行存款		63 000		应付账款			60 000
					F 企业		35 000
应收账款		34 000			H 企业		50 000
	A 企业	25 000			W 企业	25 000	
	B 企业	16 000		预收账款			62 000
	C 企业		7 000		U 企业		67 000
预付账款		40 000			V 企业	5 000	
	D 企业	15 000		其他应付款			12 000
	E 企业	35 000		应付职工薪酬	工资		168 000
	M 企业		10 000				
其他应收款		4 000					
原材料		53 000		应交税费			17 000
生产成本		65 000		应付利润			26 000
库存商品		80 000		长期借款			100 000
				实收资本			800 000
固定资产		1 200 000		盈余公积			80 000
累计折旧			200 000	利润分配	未分配利润		55 000
无形资产		160 000					
坏账准备			2 000				

根据表8-2编制的甲公司资产负债表见表8-3。

表 8-3　资产负债表

编制单位：甲公司　　　　　　　　　2×20年12月31日　　　　　　　　　　　　单位：元

资产	行次	期末数	年初数	负债及所有者权益	行次	期末数	年初数
流动资产：			略	流动负债：			略
货币资金		66 000		短期借款		120 000	
交易性金融资产				应付票据			
应收票据				应付账款		95 000	
应收账款		44 000		预收账款		74 000	
预付账款		75 000		其他应付款		38 000	
其他应收款		4 000		应付职工薪酬		168 000	
存货		198 000		应交税费		17 000	
其他流动资产				其他流动负债			
一年内到期的非流动资产				一年内到期的非流动负债			
流动资产合计		387 000		流动负债合计		512 000	
非流动资产：				非流动负债：			
债权投资				长期借款		100 000	
长期股权投资				应付债券			
固定资产		1 000 000		长期应付款			
无形资产		160 000		非流动负债合计		100 000	
长期待摊费用				负债合计		612 000	
其他长期资产				所有者权益：			
非流动资产合计		1 160 000		实收资本		800 000	
				资本公积			
				盈余公积		80 000	
				未分配利润		55 000	
				所有者权益合计		935 000	
资产合计		1 547 000		负债及所有者权益合计		1 547 000	

表中主要项目计算如下：

货币资金＝"库存现金"账户借方余额＋"银行存款"账户借方余额＝3 000＋63 000＝66 000（元）

应收账款＝"应收账款"所属明细账户的借方余额＋"预收账款"所属明细账户的借方余额－"坏账准备"账户的贷方余额＝25 000＋16 000＋5 000－2 000＝44 000（元）

预付账款＝"预付账款"所属明细账户的借方余额＋"应付账款"所属明细账户的借方余额＝15 000＋35 000＋25 000＝75 000（元）

存货＝"原材料"账户借方余额＋"生产成本"账户借方余额＋"库存商品"账户借方余额＝53 000＋65 000＋80 000＝198 000（元）

固定资产＝"固定资产"账户借方余额－"累计折旧"账户的贷方余额＝1 200 000－200 000＝1 000 000(元)

应付账款＝"预付账款"所属明细账户的贷方余额＋"应付账款"所属明细账户的贷方余额＝10 000＋35 000＋50 000＝95 000(元)

预收账款＝"应收账款"所属明细账户的贷方余额＋"预收账款"所属明细账户的贷方余额＝7 000＋67 000＝74 000(元)

其他应付款＝"其他应付款"账户的贷方余额＋"应付利润"账户的贷方余额＝12 000＋26 000＝38 000(元)

8.3 利润表的编制及综合收益表

1. 利润表的意义

利润表(income statement, or the statement of profit or loss)是反映企业在一定期间内的经营成果的报表。报表的使用者可以通过利润表识别企业一定时期内的经营业绩，对企业的经营活动作出正确评价。利润表的作用主要表现在以下几个方面。

(1) 确认一定时期的经营成果。利润表中的利润指标是对企业一定时期所实现利润(或亏损)的确认，可向报表的使用者直接反映企业的经营成果。

(2) 反映企业的利润实现过程。通过列示企业的各项收入和支出，综合反映企业的利润实现过程，正确评价企业的经营业绩，为企业的经营决策提供依据。将利润表与资产负债表结合起来，可对企业的盈利能力进行综合分析，了解企业的获利水平。

(3) 为正确认识企业的未来发展提供依据。通过对企业不同时期利润表数据的比较，可以分析企业未来利润的发展趋势，了解企业的发展潜力，便于投资者和债权人作出正确的投资决策。

2. 综合收益表

综合收益表(the statement of profit or loss and other comprehensive income)是反映企业在一定时期内除了所有者投资和对所有者分配等与所有者之间的资本业务之外的交易或其他事项所形成的所有者权益变化的财务报表。综合收益包括净利润和其他综合收益，净利润是综合收益的主要组成部分。其他综合收益是除净利润外的所有综合收益，包括以公允价值计量且其变动计入其他综合收益的金融资产的公允价值变动、按照权益法核算的在被投资单位其他综合收益中所享有的份额等。

综合收益表的列报有两种方式：第一种方式是编制独立的综合收益表，即两表式，净利润和其他综合收益表的形成分两张表列报。第二种方式是将其他综合收益和净利润合并成一张表，即单表式，该表上半部分列报净利润的形成，下半部分列报其他综合收益的形成。我国多采用"单表式"，具体编制方法将在中级财务会计课程中详细讲述，本教材略。

3. 利润表的结构

利润表的编制依据是公式"收入－费用＝利润"，根据对该公式运用方法的不同，利润表的格式有单步式和多步式两种。

单步式利润表,是将企业的全部收入和全部费用分别单独列示在一起,根据公式"收入－费用＝利润",用收入总额减去费用总额即为本期利润。单步式利润表比较直观、简单,编制方便;它的缺陷是无法揭示出收入与费用之间的不同联系,不便于报表使用者对其进行分析,也不利于同行业企业之间报表的比较评价。

多步式利润表,将"收入－费用＝利润"的计算公式多次运用,以便分别反映不同经营环节利润的实现情况。多步式利润表通常采用上下加减的报告式结构。在该表中,利润的计算被分解为多个步骤,由于不同行业之间生产经营特点的区别,所以各行业中这种步骤的划分并非完全一致。通常是把利润计算分解为营业利润、利润总额和净利润。

多步式利润的计算,首先是从营业收入开始,减去营业成本、税金及附加、销售费用、管理费用、财务费用、信用减值损失、资产减值损失,加公允价值变动收益(减公允价值变动损失),加投资收益(减投资损失),加资产处置收益(减资产处置损失),加其他收益后即为营业利润;营业利润加上营业外收入,减去营业外支出,即为企业本期实现的利润总额;从利润总额中减去所得税费用,得出净利润。另外,在 2017 年 12 月 25 日,财政部公布的《财政部关于修订印发一般企业财务报表格式的通知》(财会〔2017〕30 号)中,要求分别反映净利润中与持续经营相关的净利润和终止经营相关的净利润,如果为损失,以"－"填列。

多步式利润表基本上弥补了单步式利润表的局限性,为我国企业普遍采用。

4. 利润表的编制

利润表的编制与其他会计报表的编制一样,首先将表头部分填写清楚,包括编表单位、报表名称、计量单位和编报期间等,不得遗漏。其中编报期间按报表是月报、季报、半年报和年报的不同,分别填写"××月份""××季度"或"××年度"。因为利润表主要反映一定期间企业利润的形成和分配情况,所以表内各项目指标主要根据总分类账、明细账的发生额直接填写或经分析后填写。如利润表中的营业收入,应根据"主营业务收入"账户和"其他业务收入"账户的贷方净发生额合并填写;营业成本应根据"主营业务成本"账户和"其他业务成本"账户的借方净发生额填写;税金及附加、销售费用、财务费用、管理费用,则分别根据相应账户的借方发生额填写;营业利润是营业收入减去营业成本、税金及附加、销售费用、管理费用、财务费用等后的差额;利润总额则根据营业利润加营业外收入后再减去营业外支出的结果填列。

【例 8-2】 甲公司 2×20 年度有关损益类科目本年累计发生净额见表 8-4。

表 8-4　甲公司 2×20 年度损益类科目累计发生净额　　　　　单位:元

科 目 名 称	借方发生额	贷方发生额
主营业务收入		3 500 000
主营业务成本	1 300 000	
税金及附加	85 000	

续表

科目名称	借方发生额	贷方发生额
销售费用	70 000	
管理费用	97 000	
财务费用	63 000	
信用减值损失	15 000	
投资收益		60 000
营业外收入		25 000
营业外支出	11 000	
所得税费用	460 000	

根据上述资料,编制甲公司 2×20 年度利润表,见表 8-5。

表 8-5 利润表

编制单位:甲公司　　　　　　　　2×20 年　　　　　　　　单位:元

项目	本年金额	上年金额(略)
一、营业收入	3 500 000	
减:营业成本	1 300 000	
税金及附加	85 000	
销售费用	70 000	
管理费用	97 000	
财务费用	63 000	
信用减值损失	15 000	
加:公允价值变动收益(损失以"一"号填列)		
投资收益(损失以"一"号填列)	60 000	
资产处置损益(损失以"一"号填列)		
其他收益		
二、营业利润(亏损以"一"号填列)	1 930 000	
加:营业外收入	25 000	
减:营业外支出	11 000	
三、利润总额(亏损总额以"一"号填列)	1 944 000	
减:所得税费用	460 000	
四、净利润(净亏损以"一"号填列)	1 484 000	
(一)持续经营净利润(净亏损以"一"号填列)	1 484 000	
(二)终止经营净利润(净亏损以"一"号填列)		
五、其他综合收益的税后净额		
(一)以后不能重分类进损益的其他综合收益		
(二)以后将重分类进损益的其他综合收益		
六、综合收益总额	1 484 000	
七、每股收益	(略)	
(一)基本每股收益	(略)	
(二)稀释每股收益	(略)	

8.4 现金流量表和所有者权益变动表的编制

1. 现金流量表

1) 现金流量表的意义

现金流量表(the statement of cash flow)是反映企业在一定时期内现金及其现金等价物的取得和运用情况的报表。这里的现金,泛指库存现金、银行存款、其他货币资金等能作为支付手段的各项货币资金;现金等价物,是指企业持有的期限短、流动性强、易于转换为已知金额的现金、价值变动风险很小的投资。现金等价物不是现金,但支付能力等同于现金,其转换为现金的期限一般从购买日起 3 个月内到期。

现金流量表是按现金及其等价物增加变动情况编制的企业财务状况变动表。广义的财务状况变动表,按其编制方法的不同通常可分为两种:一种是按营运资金变化情况编制的报表,即通常所称的财务状况变动表;另一种是按现金增减变动情况编制的报表,即通常所称的现金流量表。现金流量表较财务状况变动表更能直观地反映企业在一定时期货币资金的变化情况,便于报表使用者对企业获利能力、偿债能力及分配股利能力进行正确的认识,因此,现金流量表越来越受到人们的重视。现金流量表的作用主要表现在以下方面。

(1) 通过现金流量反映企业的财务活动。现金流量表通过列示影响现金变化的各要素对现金收入和支出的影响,反映企业所进行的各项财务活动。报表使用者可以据此了解经营者对企业财务活动的管理水平,正确评价企业的经营业绩。

(2) 反映企业财务状况的变化情况。在企业的日常经营活动中,变化最大的是流动资金,而在流动资金中,变化最大的则是现金及其现金等价物。所以,通过企业现金流量的变化可以反映企业财务状况的变动情况,报表使用者可以通过现金流量表对企业财务状况的变化及其未来发展趋势作出正确判断。

(3) 对资产负债表和利润表中未反映的内容进行补充。资产负债表是静态报表,是对某一时点企业财务状况的反映,但不能反映企业财务状况的变动情况;利润表是动态报表,是对企业一定时期经营成果的反映,但却不能反映企业的财务状况。现金流量表则解释不同时期资产负债表的变化和利润对财务状况的影响。

2) 现金流量表的结构

现金流量表的建立依据是公式"现金收入-现金支出=现金的净增加"。通过分别反映经营活动产生的现金流量、投资活动产生的现金流量、筹资活动产生的现金流量和非经营性项目产生的现金流量,计算现金的净增加。

(1) 经营活动产生的现金流量。经营活动产生的现金流量,即经营活动产生的现金收入减去现金支出后的净额。经营活动的现金流量可以采用直接法和间接法进行计算。

直接法是通过现金流入和现金流出的主要内容直接计算企业经营活动的现金净流量。在我国的现金流量表正表中,其主要内容包括销售商品收入的现金,实际收到的税费返还及其他经营活动产生的现金收入;经营活动产生的现金支出,包括购买货物支付的现金,缴纳的税款,支付的增值税,支付给职工以及为职工支付的现金及其他经营活动产生的现金支出。

间接法是以本期净利润为起点,调整不涉及现金的收入、费用、营业外收支项目的增减变动,从而计算出经营活动的净现金流量。实质是将权责发生制计算的净利润调整成为收付实现制的经营活动现金净流量。我国的现金流量表补充资料中用间接法计算。

(2) 投资活动产生的现金流量。投资活动产生的现金流量,即投资活动产生的现金收入减去现金支出后的净额。其中现金收入,包括收回的对外投资、出售固定资产实现的现金收入等;现金支出,主要包括对外投资支付的现金、购买固定资产支付的现金等。

(3) 筹资活动产生的现金流量。筹资活动产生的现金流量,即筹资活动产生的现金收入减去现金支出后的净额。其中的现金收入,包括发行股票和债券收入的现金,取得借款收入的现金等;现金支出,包括支付股利付出的现金,偿还借款、债务支付的现金等。

(4) 非经营性项目产生的现金流量。非经营性项目产生的现金流量,指经营、筹资、投资活动以外的现金收支,如接受捐赠的现金收入、对外捐赠的现金支出等。

现金流量表的格式见表 8-6、表 8-7。

表 8-6 现金流量表

编制单位:甲公司　　　　　　　　20×2 年　　　　　　　　　　　单位:元

项　　目	本期金额	上期金额
一、经营活动产生的现金流量:		略
销售商品、提供劳务收到的现金		
收到的税费返还		
收到其他与经营活动有关的现金		
经营活动现金流入小计		
购买商品、接受劳务支付的现金		
支付给职工以及为职工支付的现金		
支付的各项税费		
支付其他与经营活动有关的现金		
经营活动现金流出小计		
经营活动产生的现金流量净额		
二、投资活动产生的现金流量:		
收回投资收到的现金		
取得投资收益收到的现金		
处置固定资产、无形资产和其他长期资产收回的现金净额		
处置子公司及其他营业单位收到的现金净额		
收到其他与投资活动有关的现金		
投资活动现金流入小计		
购建固定资产、无形资产和其他长期资产支付的现金		
投资支付的现金		
取得子公司及其他营业单位支付的现金净额		
支付其他与投资活动有关的现金		
投资活动现金流出小计		

续表

项　　目	本期金额	上期金额
投资活动产生的现金流量净额		
三、筹资活动产生的现金流量：		
吸收投资收到的现金		
取得借款收到的现金		
收到其他与筹资活动有关的现金		
筹资活动现金流入小计		
偿还债务支付的现金		
分配股利、利润或偿付利息支付的现金		
支付其他与筹资活动有关的现金		
筹资活动现金流出小计		
筹资活动产生的现金流量净额		
四、汇率变动对现金及现金等价物的影响		
五、现金及现金等价物净增加额		
加：期初现金及现金等价物余额		
六、期末现金及现金等价物余额		

表 8-7　现金流量表补充资料　　　　　　　　　　　　　　单位：元

项　　目	本期金额	上期金额
1. 将净利润调节为经营活动现金流量：		略
净利润		
加：资产的减值损失和信用减值损失		
固定资产折旧、油气资产折耗、生产性生物资产折旧		
无形资产摊销		
长期待摊费用摊销		
处置固定资产、无形资产和其他长期资产损失（收益以"－"号填列）		
固定资产报废损失（收益以"－"号填列）		
公允价值变动损失（收益以"－"号填列）		
财务费用（收益以"－"号填列）		
投资损失（收益以"－"号填列）		
递延所得税资产减少（增加以"－"号填列）		
递延所得税负债增加（减少以"－"号填列）		
存货的减少（增加以"－"号填列）		
经营性应收项目的减少（增加以"－"号填列）		
经营性应付项目的增加（减少以"－"号填列）		
其他		
经营活动产生的现金流量净额		
2. 不涉及现金收支的重大投资和筹资活动：		
债务转为资本		
一年内到期的可转换公司债券		
融资租入固定资产		

续表

项目	本期金额	上期金额
3. 现金及现金等价物净变动情况：		
现金的期末余额		
减：现金的期初余额		
加：现金等价物的期末余额		
减：现金等价物的期初余额		
现金及现金等价物净增加额		

3）现金流量表的编制

编制现金流量表的方法主要有工作底稿法和T形账户法（详见中级财务会计），要依据有关账户资料计算各项指标的金额。如"销售商品收入的现金"，应为"销售收入贷方发生额＋应收账款期初余额－应收账款期末余额"等；"本期购买商品支出的现金"，为"本期存货增加＋应付账款期初余额－应付账款期末余额"等，其中，本期存货增加等于"本期营业成本＋期末存货余额－期初存货余额"等。其他项目根据有关总账或明细账资料填写。

2．所有者权益变动表

1）所有者权益变动表的结构

为了清楚地表明构成所有者权益的各组成部分当期的增减变动情况，所有者权益变动表(the statement of changes in equity)应当以矩阵的形式列示：一方面，列示导致所有者权益变动的交易或事项，改变了以往仅仅按照所有者权益的各组成部分反映所有者权益变动情况，而是从所有者权益变动的来源对一定时期所有者权益变动情况进行全面反映；另一方面，按照所有者权益各组成部分（包括实收资本、资本公积、盈余公积、未分配利润和库存股）及其总额列示交易或事项对所有者权益的影响。此外，企业还需要提供比较所有者权益变动表，所有者权益变动表还就各项目再分为"本年金额"和"上年金额"两栏分别填列。所有者权益变动表的具体格式见表8-8。

表8-8　所有者权益变动表

编制单位：××公司　　　　　　　　　20×2年　　　　　　　　　　　　单位：元

项目	本年金额						上年金额					
	实收资本（或股本）	资本公积	减：库存股	盈余公积	未分配利润	所有者权益合计	实收资本（或股本）	资本公积	减：库存股	盈余公积	未分配利润	所有者权益合计
一、上年年末余额												
加：会计政策变更												
前期差错更正												
二、本年年初余额												
三、本年增减变动金额（减少以"－"号填列）												

续表

项 目	本年金额						上年金额					
	实收资本（或股本）	资本公积	减：库存股	盈余公积	未分配利润	所有者权益合计	实收资本（或股本）	资本公积	减：库存股	盈余公积	未分配利润	所有者权益合计
（一）净利润												
（二）直接计入所有者权益的利得和损失												
1. 可供出售金融资产公允价值变动净额												
2. 权益法下被投资单位其他所有者权益变动的影响												
3. 与计入所有者权益项目相关的所得税影响												
4. 其他												
上述（一）和（二）小计												
（三）所有者投入和减少资本												
1. 所有者投入资本												
2. 股份支付计入所有者权益的金额												
3. 其他												
（四）利润分配												
1. 提取盈余公积												
2. 对所有者（或股东）的分配												
3. 其他												
（五）所有者权益内部结转												
1. 资本公积转增资本（或股本）												
2. 盈余公积转增资本（或股本）												
3. 盈余公积弥补亏损												
4. 其他												
四、本年年末余额												

2) 所有者权益变动表的填列方法

(1) 上年金额栏的填列方法。所有者权益变动表"上年金额"栏内各项数字,应根据上年度所有者权益变动表"本年金额"栏内所列数字填列。如果上年度所有者权益变动表规定的各个项目的名称和内容同本年度不相一致,应对上年度所有者权益变动表各项目的名称和数字按本年度的规定进行调整,填入所有者权益变动表"上年金额"栏内。

(2) 本年金额栏的填列方法。所有者权益变动表"本年金额"栏内各项数字一般应根据"实收资本(股本)""资本公积""盈余公积""利润分配""库存股""以前年度损益调整"科目的发生额分析填列。具体的编制方法见中级财务会计,本教材略。

8.5 财务报表附注

附注是对资产负债表、利润表、现金流量表和所有者权益变动表等报表中列示项目的文字描述或明细资料,以及对未能在这些报表中列示项目的说明等。附注是财务报表的重要组成部分。附注应当按照如下顺序披露有关内容。

1. 企业的基本情况

(1) 企业注册地、组织形式和总部地址。
(2) 企业的业务性质和主要经营活动。
(3) 母公司以及集团最终母公司的名称。
(4) 财务报告的批准报出者和财务报告批准报出日。

2. 财务报表的编制基础

财务报表的编制基础是指会计人员通过对企业日常发生的经营活动所进行登记的会计凭证、会计账簿等会计资料。

3. 遵循企业会计准则的声明

企业应当明确说明编制的财务报表符合企业会计准则的要求,真实、公允地反映了企业的财务状况、经营成果和现金流量等有关信息,以此明确企业编制财务报表所依据的制度基础。如果企业编制的财务报表只是部分地遵循了企业会计准则,附注中不得作出这种表述。

4. 重要会计政策和会计估计

企业应当披露采用的重要会计政策和会计估计,不重要的会计政策和会计估计可以不披露。

1) 重要会计政策的说明

由于企业经济业务的复杂性和多样化,某些经济业务可以有多种会计处理方法,也存在不止一种可供选择的会计政策。企业在发生某项经济业务时,必须从允许的会计处理方法中选择适合本企业特点的会计政策。企业选择不同的会计处理方法,可能极大地影响企业的财务状况和经营成果,进而编制出不同的财务报表。为了有助于使用者理解,有必要对这些会计政策加以披露。

需要特别指出的是,说明会计政策时还需要披露下列两项内容。

(1) 财务报表项目的计量基础。会计计量基础包括历史成本、重置成本、可变现净值、现值和公允价值,这直接显著影响报表使用者的分析,这项披露要求便于使用者了解企业财务报表中的项目是按何种计量基础予以计量的,如存货是按成本还是可变现净值计量等。

(2) 会计政策的确定依据。其主要是指企业在运用会计政策过程中所做的对报表中确认的项目金额最具影响的判断。例如,企业如何判断持有的金融资产是持有至到期的投资而不是交易性投资;又如,对于拥有的持股不足50%的关联企业,企业为何判断企业拥有控制权因此将其纳入合并范围;再如,企业如何判断与租赁资产相关的所有风险和报酬已转移给企业,从而符合融资租赁的标准;以及投资性房地产的判断标准是什么等,这些判断对在报表中确认的项目金额具有重要影响。因此,这项披露要求有助于使用者理解企业选择和运用会计政策的背景,增加财务报表的可理解性。

2) 重要会计估计的说明

企业应当披露会计估计中所采用的关键假设和不确定因素的确定依据,这些关键假设和不确定因素在下一会计期间内很可能导致资产、负债账面价值进行重大调整。在确定报表中确认的资产和负债的账面金额过程中,企业有时需要对不确定的未来事项在资产负债表日对这些资产和负债的影响加以估计。例如,固定资产可收回金额需要根据其公允价值减去处置费用后的净额与预计未来现金流量的现值两者之间的较高者确定,在计算资产预计未来现金流量的现值时需要对未来现金流量进行预测,并选择适当的折现率,应当在附注中披露未来现金流量预测所采用的假设及其依据、所选择的折现率为什么是合理的等。这些假设的变动对这些资产和负债项目金额的确定影响很大,有可能会在下一个会计年度内作出重大调整。因此,强调这一披露要求,有助于提高财务报表的可理解性。

5. 会计政策和会计估计变更以及差错更正的说明

企业应当按照《企业会计准则第28号——会计政策、会计估计变更和差错更正》及其应用指南的规定,披露会计政策和会计估计变更以及差错更正的有关情况。

6. 重要报表项目的说明

企业应当以文字和数字描述相结合,尽可能以列表形式披露重要报表项目的构成或当期增减变动情况,并且报表重要项目的明细金额合计,应当与报表项目金额相衔接。在披露顺序上,一般应当按照资产负债表、利润表、现金流量表、所有者权益变动表的顺序及其报表项目列示的顺序。

7. 其他需要说明的重要事项

这主要包括或有和承诺事项、资产负债表日后非调整事项、关联方关系及其交易等。

8.6 财务报表分析

1. 财务报告分析的目的、步骤和方法

(1) 财务报表分析的目的是将财务报表数据转换成有用的信息,帮助报表使用人改善决策。对外发布的财务报表,是根据所有使用人的一般要求设计的,并不适合特定报表使用人的特定目的。报表使用人要从中选择自己需要的信息,重新组织并研究其相互关系,使之符合特定决策的要求。

(2) 财务报表分析的步骤。财务报表分析的一般步骤如下。

① 明确分析的目的。
② 收集有关的信息。
③ 根据分析目的把整体的各个部分分割开来,予以适当组织,使之符合需要。
④ 深入研究各部分的特殊本质。
⑤ 进一步研究各个部分的联系。
⑥ 解释结果,提供对决策有帮助的信息。

(3) 财务报表分析的方法。财务报表分析的方法,有比较分析法和因素分析法两种。

① 比较分析法。比较是认识事物的最基本方法,没有比较,分析就无法开始。报表分析的比较法,是对两个或几个有关的可比数据进行对比,揭示差异和矛盾的一种分析方法。比较分析法可以与本公司不同期间比较,可以与同类公司比较,可以与计划比较。

② 因素分析法。因素分析法,是依据财务指标与其驱动因素之间的关系,从数量上确定各因素对指标影响程度的一种方法。公司是一个有机整体,每个财务指标的高低都受其他因素的驱动。从数量上测定各因素的影响程度,可以帮助人们抓住主要矛盾,或更有说服力地评价经营状况。

2. 基本财务比率分析举例

比率分析法是会计报表内两个或两个以上项目之间的关系分析,它用相对数来表示,因而又称为财务比率。该比率指标可以揭示企业的财务状况及经营成果。

1) 盈利能力比率

(1) 销售净利润率。销售净利润率是企业净利润与销售收入净额的比率,计算公式为

$$销售净利润率 = 净利润 / 销售收入净额 \times 100\%$$

【例 8-3】 根据思瑞远公司的利润表,该企业销售收入净额为 1 300 000 元,净利润为 234 568 元,则销售净利润率计算如下:

净利润 234 568
销售收入净额 1 300 000
销售净利润率 = 净利润/销售收入净额 × 100% = 234 568/1 300 000 = 18.04%

销售净利润率是反映企业获利能力的一项重要指标,这项指标越高,说明企业从销售

收入中获取利润的能力越强。从计算的结果看,思瑞远公司的销售净利润率为18.04%,说明企业具有一定的获利能力。但是分析时还应将计算出的指标与该企业前期指标、行业平均水平相比较而准确分析。

(2) 资产净利润率。资产净利润率是企业净利润与资产平均余额的比率,计算公式为

$$资产净利润率=净利润/资产平均余额×100\%$$

【例8-4】 根据思瑞远公司的资产负债表和利润表,该企业净利润为234 568元,资产年初数为1 400 000元,年末数为1 500 000元,则资产净利润率计算如下:

净利润	234 568
平均资产余额	(1 400 000+1 500 000)/2=1 450 000

资产净利润率=净利润/资产平均余额×100%=234 568/1 450 000=16.18%

资产净利润率是反映企业获利能力的一项重要指标,这项指标越高,说明企业全部资产获利的能力越强。但是分析人员还应将计算出的该指标与该企业前期指标、行业平均水平相比较,并结合相关因素来综合评判该指标的高低。

(3) 净资产收益率。净资产收益率是反映所有者对企业投资部分的获利能力,也叫所有者权益报酬率,计算公式为

$$净资产收益率=净利润/所有者权益平均余额×100\%$$

【例8-5】 根据思瑞远公司的资产负债表和利润表,该企业的净利润为234 568元,所有者权益年初数为1 060 000元,年末数为1 000 000元,则净资产收益率计算如下:

净利润	234 568
所有者权益平均余额	(1 060 000+1 000 000)/2=1 030 000

净资产收益率=净利润/所有者权益平均余额×100%=234 568/1 030 000=22.77%

净资产收益率越高,说明企业所有者权益获利能力越强。从计算的结果看,思瑞远公司的净资产收益率为22.77%,说明该企业有一定的获利能力。

(4) 市盈率。市盈率是普通股每股市价与每股盈利的比率。计算公式为

$$市盈率=普通股每股市价/普通股每股净利润$$

【例8-6】 假设根据思瑞远公司的资料得到其股票市场交易价为每股6元,计算得到的每股收益为0.25元,思瑞远公司股票的市盈率计算如下:

每股市值	6
每股收益	0.25

市盈率=普通股每股市价/普通股每股净利润=6/0.25=24

市盈率反映了投资者对公司未来经营情况的预期。预期越好,市盈率就越高。如果投资者预测公司的每股收益增速较快,那么,投资者可能付出的股价将是每股收益的20倍、30倍甚至更高。

评价企业盈利能力还有很多指标,如:

毛利润率(gross profit margin)=毛利润/销售收入

营业利润率(operating profit margin)=息税前利润/销售收入

资本回报率(return on capital employed)=营业利润/(资产总额-流动负债)

2) 长期偿债能力比率

(1) 资产负债率。资产负债率,也叫负债比率、举债经营比率,是指负债总额与全部资产总额之比,用来衡量企业利用债权人提供的资金进行经营活动的能力,反映债权人发放贷款的安全程度。计算公式为

$$资产负债率 = 负债/资产 \times 100\%$$

资产负债率是衡量债权人权益安全性的尺度,它将总负债表达为总资产的一定比例,也即等于总负债除以总资产。

【例 8-7】 根据思瑞远公司的资产负债表,该公司的资产负债率的计算如下:

总负债　　　　　　　　　　　　　　　　　　　　　　　　　　500 000
总资产　　　　　　　　　　　　　　　　　　　　　　　　　1 500 000

$$资产负债率 = 负债/资产 \times 100\% = 500\,000/1\,500\,000 \times 100\% = 33.33\%$$

资产负债率不是衡量短期资产流动性的尺度,而是衡量债权人长期信用风险的尺度。借款金额占总资产的比率越小,企业不能偿还到期债务的风险也越小。从债权人的观点来看,资产负债率越低,他们的资金就越安全。大多数财务结构合理的公司一般将资产负债率维持在50%以下。从思瑞远公司计算的资产负债率来看,其属于正常范围内。

(2) 产权比率和权益乘数。产权比率和权益乘数是资产负债率的另外两种表现形式,它和资产负债率的性质一样,其计算公式如下:

$$产权比率 = 负债总额/股东权益$$

$$权益乘数 = 总资产/股东权益$$

产权比率表明1元股东权益借入的债务数额。权益乘数表明1元股东权益拥有的总资产。它们是两种常用的财务杠杆计量,可以反映特定情况下资产利润率和权益利润率之间的倍数关系。财务杠杆表明债务的多少,与偿债能力有关,并且可以表明权益净利率的风险,也与盈利能力有关。

【例 8-8】 根据思瑞远公司的资产负债表,该公司的产权比率及权益乘数的计算如下:

总负债　　　　　　　　　　　　　　　　　　　　　　　　　　500 000
股东权益　　　　　　　　　　　　　　　　　　　　　　　1 000 000
总资产　　　　　　　　　　　　　　　　　　　　　　　　1 500 000

$$产权比率 = 负债总额/股东权益 = 500\,000/1\,000\,000 = 0.50$$

$$权益乘数 = 总资产/股东权益 = 1\,500\,000/1\,000\,000 = 1.50$$

3) 短期偿债能力比率

(1) 流动比率。流动比率是企业流动资产与流动负债的比率,计算公式为

$$流动比率 = 流动资产/流动负债$$

流动比率假设全部流动资产都可以用于偿还短期债务,表明每1元流动负债有多少流动资产作为偿债的保障。流动比率是相对数,排除了企业规模不同的影响,更适合同业比较以及本企业不同历史时期的比较。流动比率的计算简单,得到广泛应用。不存在统一的、标准的流动比率数值,许多成功企业的流动比率都低于2。

【例 8-9】 根据思瑞远公司的资产负债表,思瑞远公司的流动资产总额为 200 000 元,流动负债总额为 400 000 元。则其流动比率计算如下:

流动资产	200 000
流动负债	400 000

$$流动比率=流动资产/流动负债=200\,000/400\,000=0.50$$

经过计算得知,思瑞远公司流动比率仅为 0.50,意味着该公司的流动资产总额只是流动负债总额的 0.50 倍,虽然该企业的货币资金有一定的增长,但其流动比率过低,说明短期偿债能力较低,短期的负债压力较大。

(2) 速动比率。构成流动资产的各个项目的流动性有很大差别,其中的货币资金、交易性金融资产和各种应收、预付款项等,可以在较短时间内变现,称之为速动资产。另外的流动资产,包括存货、一年内到期的非流动资产及其他流动资产等,称为非速动资产。

速动资产与流动负债的比值,称为速动比率,其计算公式为

$$速动比率=速动资产/流动负债$$

一般认为,最理想的速动比率应保持在 1∶1。但是,不同行业的速动比率有很大差别。例如,采用大量现金销售的商店,几乎没有应收账款,速动比率大大低于 1 是很正常的。相反,一些应收账款较多的企业,速动比率可能要大于 1。

【例 8-10】 根据思瑞远公司的资产负债表,速动比率计算如下:

速动资产	150 000
流动负债	400 000

$$速动比率=速动资产/流动负债=150\,000/400\,000=0.375$$

经过计算得知,思瑞远公司速动比率仅为 0.375,意味着该企业的速动资产仅是流动负债总额的 0.375 倍,结合流动比率来看,思瑞远公司的短期偿债能力确实很低。

4) 资产管理比率

资产管理比率是衡量公司资产管理效率的财务比率。常用的有应收账款周转率、存货周转率、总资产周转率等。

(1) 应收账款周转率。应收账款周转率是赊销收入净额与平均应收账款的比率。其具体计算公式如下:

$$应收账款周转率=赊销收入净额/应收账款平均余额$$

应收账款周转率的另一种表现形式为应收账款周转天数,其计算公式如下:

$$应收账款周转天数=365 \div (赊销收入净额/应收账款平均余额)$$

【例 8-11】 根据思瑞远公司的资产负债表和利润表,思瑞远公司赊销收入净额为 700 000 元,应收账款年初数为 40 000 元,年末数为 60 000 元,则其应收账款周转率及应收账款周转天数计算如下:

应收账款平均余额	(40 000+60 000)/2=50 000
赊销收入	700 000

$$应收账款周转率=赊销收入净额/应收账款平均余额=14(次/年)$$
$$应收账款周转天数=365 \div (赊销收入净额/应收账款平均余额)=365 \div 14=26.07(天)$$

应收账款周转次数,表明应收账款一年中周转的次数,或者说明 1 元应收账款投资支

持的销售收入。应收账款周转天数,也称为应收账款的收现期,表明从销售开始到回收现金平均需要的天数。

在计算和使用应收账款周转率时应注意:应收账款周转天数并非越少越好,应收账款分析应与销售额分析、现金分析联系起来。

(2) 存货周转率。存货周转率是销售成本与平均存货的比值,其具体计算公式如下:

$$存货周转率 = 销售成本/存货平均余额$$

存货周转率的另一种表现形式为存货周转天数,其计算公式如下:

$$存货周转天数 = 365 \div (销售成本/存货平均余额)$$

【例8-12】 根据思瑞远公司的资产负债表和利润表,该企业的主营业务成本为740 000元,存货年初数为60 000元,年末数为110 000元,则存货周转率计算如下:

主营业务成本　　　　　　　　　　　　　　　　　　　　740 000
存货平均余额　　　　　　　　　　　　　　(60 000+110 000)/2=85 000
　　　存货周转率=销售成本/存货平均余额=740 000/85 000=8.71(次/年)
　　　存货周转天数=365÷8.71=41.91(天)

存货周转率是反映企业存货流动情况的一项指标。存货周转次数越多,周转天数越少,说明存货周转越快,企业实现利润会相应增加;反之,存货周转缓慢,企业实现利润会相应减少。从计算的结果看,思瑞远公司的存货周转次数为9次(取整数次数),存货周转天数42天(取整数天数),分析人员应将计算出的指标与该企业前期指标、行业平均水平相比较,判断该指标的高低。

在计算和使用存货周转率时,应注意存货周转天数不是越低越好。存货过多会浪费资金,存货过少不能满足流转需要,在特定的生产经营条件下存在一个最佳的存货水平,所以存货不是越少越好。

(3) 总资产周转率。总资产周转率是销售收入与平均总资产之间的比率,其具体计算公式如下:

$$总资产周转率 = 销售收入/总资产平均余额$$

总资产周转率的另一种表现形式为总资产周转天数,其计算公式如下:

$$总资产周转天数 = 365 \div (销售收入/总资产平均余额)$$

【例8-13】 根据思瑞远公司的资产负债表和利润表,该企业的销售收入为1 300 000元,总资产年初数为1 400 000元,年末数为1 500 000元,则总资产周转率计算如下:

销售收入　　　　　　　　　　　　　　　　　　　　　　1 300 000
总资产平均余额　　　　　　　　　　　(1 400 000+1 500 000)/2=1 450 000
　总资产周转率=销售收入/总资产平均余额=1 300 000/1 450 000=0.90(次/年)
　总资产周转天数=365÷(销售收入/总资产平均余额)=365÷0.90=405.56(天)

总资产周转天数表示总资产周转一次所需要的时间。时间越短,总资产的使用效率越高,营利性越好。总资产与收入比表示1元收入需要的总资产投资。收入相同时,需要的投资越少,说明总资产的营利性越好,或者说总资产的使用效率越高。

8.7 国际会计准则财务报告

国际会计准则概念框架下的财务报告通常也包含四个主要的报表,其中资产负债表常采用报告式(report form),其余报表和我国会计准则的报表格式基本相同。本章节主要展示资产负债表(表 8-9)和利润表(表 8-10)的格式。

表 8-9　Statement of financial position at 31 December 2××2

	$	$
Non-current assets		
Property, plant and equipment		
Current assets		
Inventory		
Trade receivable		
Total assets		
Equity and liabilities		
Equity share capital @ $1 shares		
Share premium		
Revaluation surplus		
Retained earnings		
Total equity at 31 December 2××2		
Non-current liabilities		
5% bank loan (2××1)		
Current liabilities		
Trade payables		
Bank overdraft		
Income tax liabilities		
Interest accrual		

表 8-10　Statement of profit or loss and other comprehensive income for the year ended 31 December 2××2

	$
Sales revenue	
Cost of sales	
Gross profit	
Distribution costs	
Administrative and selling expenses	
Operating profit	
Finance costs	
Profit before tax	
Income tax	
Profit for the year	
Other comprehensive income	
Revaluation surplus in the year	
Total comprehensive income for the year	

【本章小结】

（1）资产负债表是反映企业在某一特定日期财务状况的报表。资产负债表可以全面反映企业的资产、负债的结构情况，企业投资者和债权人以及其他相关人员可以通过资产负债表分析企业的偿债能力和经营状况，了解企业的生产规模，作为投资决策的依据。资产负债表从其内容看是财务状况报表，从其反映资金状况看是静态报表，从其报送单位看是外送报表，从其报送时间看既是月报也是年报。

（2）利润表是反映企业在一定期间内的经营成果及其分配情况的报表。利润表是对企业一定时期经营成果的反映，报表的使用者可以通过利润表认识企业一定时期内的经营业绩，对企业的经营活动作出正确评价。

（3）现金流量表是按现金及其等价物增加变动情况编制的企业财务状况变动表。广义的财务状况变动表，按其编制方法的不同通常可分为两种：一种是按营运资金变化情况编制的报表，即通常所称的财务状况变动表；另一种是按现金增减变动情况编制的报表，即通常所称的现金流量表。现金流量表较财务状况变动表更能直观地反映企业在一定时期货币资金的变化情况，便于报表使用者对企业获利能力、偿债能力及分配股利能力进行正确的认识。

（4）所有者权益变动表。为了清楚地表明构成所有者权益的各组成部分当期的增减变动情况，所有者权益变动表应当以矩阵的形式列示：一方面，列示导致所有者权益变动的交易或事项，改变了以往仅仅按照所有者权益的各组成部分反映所有者权益变动情况，而是从所有者权益变动的来源对一定时期所有者权益变动情况进行全面反映；另一方面，按照所有者权益各组成部分（包括实收资本、资本公积、盈余公积、未分配利润和库存股）及其总额列示交易或事项对所有者权益的影响。

（5）附注是对资产负债表、利润表、现金流量表和所有者权益变动表等报表中列示项目的文字描述或明细资料，以及对未能在这些报表中列示项目的说明等。附注是财务报表的重要组成部分。

【主要专业词汇中英文对照】

中　　文	英　　文
资产负债表	balance sheet, or the statement of financial position
利润表	income statement, or the statement of profit or loss
利润和其他综合收益表	the statement of profit and loss and other comprehensive income
所有者权益变动表	the statement of changes in equity
现金流量表	the statement of cash flows
流动比率	current ratio
速动比率	quick ratio
应收账款周转天数	receivables collection period
存货周转天数	inventory turnover period
市盈率	price/earnings ratio, P/E ratio
产权比率	debt/equity ratio (gearing)
权益乘数	equity multiplier, EM

【思考题】

1. 什么是会计报表？会计报表有哪些种？
2. 会计报表的编制有哪些要求？
3. 会计报表的编制程序是什么？
4. 什么是资产负债表？资产负债表有什么作用？
5. 怎样编制资产负债表？
6. 什么是利润表？利润表有什么作用？
7. 怎样编制利润表？
8. 什么是现金流量表？现金流量表有什么作用？
9. 什么是所有者权益变动表？
10. 会计报表附注主要包含哪些内容？

【业务题】

1. 某企业 2019 年、2020 年有关总账年末余额资料见表 8-11。

表 8-11 账户余额表

单位名称：某企业　　　　　　2020 年 12 月 31 日　　　　　　单位：元

账户名称	2019 年年末数	2020 年年末数	账户名称	2019 年年末数	2020 年年末数
库存现金	5 000	6 000	短期借款	1 080 000	1 120 000
银行存款	600 000	622 000	应付票据	310 000	300 000
应收票据	615 000	625 000	应付账款	250 200	258 000
应收账款	582 000	590 000	预收账款		800
坏账准备	−1 000	−800	其他应付款	2 800	2 200
预付账款	—	350	应付职工薪酬	47 000	45 600
其他应收款	6 500	6 300	应付利润	41 000	35 000
在途物资		250 000	应交税费	301 000	289 000
原材料	2 354 000	2 289 000	长期借款	266 000	258 000
库存商品	315 000	306 000	其中：一年到期	8 000	6 600
生产成本		310 000	应付债券	1 598 200	1 600 200
固定资产	12 250 000	12 602 000	股本	11 650 000	12 550 000
累计折旧	−300 000	−305 000	资本公积	305 000	310 050
无形资产	25 000	31 000	盈余公积	389 600	375 000
累计摊销	−8 000	−12 000	利润分配	202 700	176 000
合计	16 443 500	17 319 850	合计	16 443 500	17 319 850

2020 年有关明细账年末余额资料如下：

应收账款——甲单位借方余额　　　　　　　　　　630 000

应收账款——乙单位贷方余额　　　　　　　　　　40 000

应付账款——丙单位贷方余额　　　　　　　　　　308 000

应付账款——丁单位借方余额   50 000

要求：根据上述资料编制该企业年度资产负债表。

2. 某企业2020年12月有关收入、费用账户资料见表8-12。

表8-12 收入、费用账户

账 户	本期借方发生额	本期贷方发生额	1—11月累计数	上年数
主营业务收入		2 300 000	26 800 000	26 500 000
其他业务收入		350 000	3 100 000	2 800 000
主营业务成本	1 300 000		17 900 000	16 800 000
其他业务成本	150 000		800 000	
税金及附加	5 000		65 000	72 000
管理费用	100 000		1 250 000	1 300 000
财务费用	70 000		30 000	55 000
销售费用	23 000		300 000	310 000
投资收益		12 600	20 200	46 600
营业外收入		10 600	150 000	140 000
营业外支出	7 000		165 000	24 500
所得税费用	226 000		2 470 000	2 650 000

要求：根据上述资料编制该企业年度利润表。

财务分析的"力量"

蓝田股份，证券代码600709，1996年在上海证券交易所上市。5年来的财务报表显示出持续的业绩高增长，主营业务收入从4.6亿元大幅增长到了18.4亿元。三年间利润翻了三番多，蓝田股份有限公司也因此被誉为"农业产业化的一面旗帜"。

刘教授，中央财经大学中国企业研究中心主任，研究员，在偶然的机遇下对蓝田股份财务报告进行研究，以下是她对蓝田股份财务报表分析的摘要。

1. 蓝田股份的偿债能力分析

2000年流动比率0.77，速动比率0.35，净营运资金－1.3亿元。2000年蓝田股份的主营产品是农副水产品和饮料。2000年蓝田股份"货币资金"和"现金及现金等价物净增加额"，以及流动比率、速动比率、净营运资金和现金流动负债比率均位于"A07渔业"上市公司的同业最低水平，其中，流动比率和速动比率分别是"A07渔业"上市公司的同业平均值大约1/5和1/11。

2000年蓝田股份的流动比率、速动比率和现金流动负债比率均处于"C0食品、饮料"上市公司的同业最低水平，分别是同业平均值的1/2、1/5和1/3。

2. 蓝田股份的农副水产品销售收入分析

2000年蓝田股份的农副水产品收入占主营业务收入的69%，饮料收入占主营业务收入的29%，二者合计占主营业务收入的98%。

2001年8月29日蓝田股份发布公告称：由于公司基地地处洪湖市瞿家湾镇，占公司产品70%的水产品在养殖基地现场成交,上门提货的客户中个体比重大,因此"钱货两清"成为惯例,应收款占主营业务收入比重较低。

2000年蓝田股份的水产品收入位于"A07渔业"上市公司的同业最高水平,高于同业平均值3倍。

2000年蓝田股份的应收款回收期位于"A07渔业"上市公司的同业最低水平,是同业平均值的1/31。这说明,在"A07渔业"上市公司中,蓝田股份给予买主的赊销期是最短的、销售条件是最严格的。

武昌鱼公司应收账款回收期是577天,比蓝田股份应收款回收期长95倍,但是其水产品收入只是蓝田股份水产品收入的8%;洞庭水殖应收款回收期是178天,比蓝田股份应收款回收期长30倍,但其水产品收入只是蓝田股份的4%。

武昌鱼和洞庭水殖与蓝田股份都生产淡水产品,产品差异性很小。蓝田股份与武昌鱼和洞庭水殖位于同一地区,自然地理和人文条件相同,生产成本不会存在巨大的差异,若蓝田股份大幅度降低产品价格,它将面临亏损。

3. 蓝田股份的现金流量分析

2000年蓝田股份"购建固定资产、无形资产和其他长期资产所支付的现金"是"经营活动产生的现金流量净额"的92%。2000年蓝田股份的在建工程增加投资7.1亿元。

2000年蓝田股份的农副水产品收入12.7亿元,而根据2001年8月29日蓝田股份发布的公告,这12.7亿元应该是现金收入。

根据对国内商业银行的了解,如果蓝天股份水产品基地瞿家湾每年有12.7亿元销售水产品收到的现金,各银行会争先恐后在此地设立分支机构,为这"12.7亿元销售水产品收到的现金"业务展开激烈竞争,绝不会让"12.7亿元销售水产品收到的现金"游离于银行系统之外。据此,研究推理:2000年蓝田股份的农副水产品收入12.7亿元的数据是虚假的。

4. 蓝田股份的资产结构分析

蓝田股份的流动资产逐年下降,应收款逐年下降,到2000年流动资产主要由存货和货币资金构成,在产品占存货的82%;蓝田股份的资产逐年上升主要由于固定资产逐年上升,到2000年资产主要由固定资产构成。

2000年蓝田股份的流动资产占资产百分比位于"A07渔业"上市公司的同业最低水平,是同业平均值的1/3。而存货占流动资产百分比位于"A07渔业"上市公司的同业最高水平,高于同业平均值约3倍;位于"C0食品、饮料"上市公司的同业最高水平,高于同业平均值1倍。2000年蓝田股份的在产品占存货百分比位于"A07渔业"上市公司的同业最高水平,高于同业平均值1倍;位于"C0食品、饮料"上市公司的同业最高水平,高于同业平均值约3倍;在产品绝对值位于同业最高水平,高于同业平均值3倍。2000年蓝田股份的固定资产占资产百分比位于"A07渔业"上市公司的同业最高水平,高于同业平均值1倍多。

2001年10月26日,刘教授的一篇《应立即停止对蓝田股份发放贷款》600字短文直接改变了蓝田神话的命运。

刘教授在《金融内参》发表了《应立即停止对蓝田股份发放贷款》之后,先是迎来了蓝田总裁和副总裁的"登门拜访",呵斥刘教授"把蓝田搞死了",接着又被蓝田以名誉侵权为由告上法院。2001年12月12日,《金融内参》发表声明:刘教授那篇600字短文属于个人观点,不代表本刊编辑部。13日,刘教授又接到了湖北省洪湖市法院民事庭庭长的传票。2002年1月10日,刘教授收到四封匿名恐吓电子邮件。而刘教授并没有就此趴下,2002年1月3日,刘教授向全国100多家媒体发去她写的那份分析报告《蓝田之谜》,不久,大批量的媒体报道,尤其央视《新闻调查》播出刘教授与蓝田的交锋之后,刘教授得到了大量的声援,一封封声援来信和电子邮件让刘教授铭记一生。最后,2002年1月,蓝田股份高层人员被公安机关拘传,4月,湖北洪湖法院驳回了蓝田公司对刘教授的起诉,蓝田股份上市五年业绩大幅增长的神话随之破灭,并最终退市,蓝田股份也因此成为中国证券市场成长史上一个负面的经典案例。

资料来源:
(1) CCTV 新闻调查:《与神话较量的人》,中央电视台一套2002年3月23日首播。
(2) 刘姝威. 蓝田之谜[N]. 北京青年报(网络版).
(3) 周鹏峰,陈俊岭. 刘姝威:六百真言击碎"蓝田神话"[N]. 上海证券报,2010-12-07.

讨论题

1. 通过偿债能力分析和资产结构分析你能看出蓝田股份的财务状况有什么问题?通过销售收入分析你能看出什么可疑之处?思考为什么通过以上分析,刘教授可以得出"银行应立即停止对蓝田股份发放贷款"的结论。

2. 在经受骚扰、恐吓、威胁和法院传票的情况下,如果你是刘教授,你会怎么做?思考刘教授身上有什么值得我们学习的地方,财务人员应该具备怎样的职业道德?

【即测即练】

第 9 章

账务处理程序

【本章学习目标】

1. 了解账务处理程序的意义和步骤；
2. 理解账务处理程序的分类、联系、区别和使用范围；
3. 掌握记账凭证账务处理程序和科目汇总表账务处理程序的步骤与应用。

引导案例

单位对外披露的财务报表是使用者获取财务信息的重要资料，人们会关注其内容的真实性、合法性和完整性，但对于财务报表信息的生成过程，即凭证填制、账簿登记及报表的编制这些会计核算中的账务处理程序，则较少关注。正因为这样，账务处理工作中的规范性操作要求就容易被忽视，严重影响对外信息披露的真实性，亟须引起各级政府财政部门、业务主管部门和各单位的重视。

2015 年初，小李和小王共同出资成立了大华进出口商贸公司，公司注册资本 50 万元，会计核算记账采用记账凭证账务处理程序。随着经营规模的扩大，2020 年公司注册资本扩大到 300 万元，年销售额达到 3 000 万元，业务量较以前大大增加，会计核算工作量加大，公司决定改用科目汇总表账务处理程序进行会计核算。

思考题：
你认为改变账务处理程序能解决大华公司会计核算工作量加大的实际问题吗？

9.1 账务处理程序概述

1. 账务处理程序的意义

在前面的章节中，我们学习了会计凭证、会计账簿、财务会计报告等内容。会计工作并不是独立的，而是以一定的组织方式相互联系，构成一个整体。为了更好地反映和监督企业的经济活动，必须运用专门的会计核算方法，规定各种会计凭证、会计账簿的种类格式、填制方法、登记程序和相互联系。在会计核算过程中，特定的凭证和账簿组织与记账程序和方法相结合的方式被称为账务处理程序（bookkeeping procedures）。

科学合理的账务处理程序对于保证会计工作质量、提高会计工作效率、满足相关会计信息使用者的需求具有重要意义。首先，会计机构和会计人员在进行核算的过程中能够有序可循,按照责任分工处理好各个环节上的会计核算工作。其次,会计核算工作效率的高低直接关系到会计信息的及时性和有用性。按照既定的账务处理程序进行处理,会提高会计核算工作的质量和效率。

2. 账务处理程序的基本步骤

在手工记账程序下,账务处理程序的基本步骤包括:经济事项的确认,编制记账凭证,登记账簿,账项调整,结账与试算平衡,编制财务会计报告。

1) 经济事项的确认

原始凭证是将交易或事项纳入会计信息系统的依据。对于已经发生的经济业务,会计部门审核和分析原始凭证来判断是否纳入企业会计核算。

2) 编制记账凭证

根据审核无误的原始凭证,运用借贷记账法的记账规则,将交易或事项用会计分录的方式编制记账凭证,作为登记会计账簿的基础。

3) 登记账簿

会计人员按照平行登记的规则,将审核无误的记账凭证记入总分类账,同时记入其所属的明细分类账。出纳人员根据收款凭证和付款凭证登记库存现金日记账和银行存款日记账。

4) 账项调整、结账与试算平衡

期末,按权责发生制和配比原则进行账项调整,在此基础上结出相关账户余额。为了验证账簿记录的正确性,在结账前要进行试算平衡,包括全部账户借方发生额等于全部账户贷方发生额、全部账户借方余额等于全部账户贷方余额。

5) 编制财务会计报告

财务会计报告是反映会计信息使用者需要的、具有标准格式的资料,主要包括资产负债表、利润表、现金流量表、所有者权益变动表和报表附注。

账务处理程序的各个步骤相互联系、相互配合,构成了一个完整的体系。经济业务发生时,根据审核无误的原始凭证编制记账凭证,在此基础上运用复式记账法登记账簿,期末结账后进行试算平衡,最终编制财务会计报告。目前,我国所采用的账务处理程序主要有记账凭证账务处理程序、科目汇总表账务处理程序、汇总记账凭证账务处理程序、多栏式日记账账务处理程序和日记总账账务处理程序。本章主要介绍前两种基本账务处理程序。

9.2 记账凭证账务处理程序

1. 记账凭证账务处理程序的概念与特点

1) 概念

记账凭证账务处理程序(bookkeeping procedure using vouchers)是根据原始凭证或汇总原始凭证编制记账凭证,然后根据记账凭证直接逐笔登记总分类账的一种账务处理系统。

2）特点

记账凭证账务处理程序是最基本的账务处理程序。根据各种记账凭证逐笔登记总分类账,是记账凭证账务处理程序的特点。记账凭证一般有收款凭证、付款凭证和转账凭证,规模较小也可采用通用记账凭证;设置三栏式现金日记账和银行存款日记账;设置具有对方科目的三栏式总分类账;明细分类账根据管理需求,可采用三栏式、多栏式和数量金额式。

2. 记账凭证账务处理程序的步骤

(1) 根据原始凭证或汇总原始凭证填制记账凭证。
(2) 根据收款凭证和付款凭证逐笔登记现金日记账和银行存款日记账。
(3) 根据原始凭证、汇总原始凭证和记账凭证,逐笔登记各种明细分类账。
(4) 根据各种记账凭证直接登记总分类账。
(5) 月末,将总分类账与日记账、明细分类账的发生额和期末余额进行核对。
(6) 月末,根据核对无误的总分类账和明细分类账编制财务会计报表。
记账凭证账务处理程序流程如图 9-1 所示。

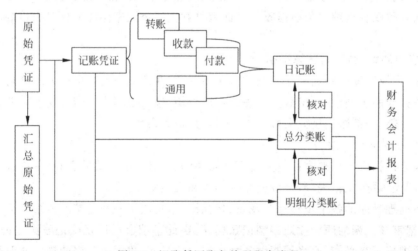

图 9-1　记账凭证账务处理程序流程

3. 记账凭证账务处理程序的优缺点与适用范围

记账凭证账务处理程序较为简单,易于理解。由于根据记账凭证逐笔登记总分类账,一方面总分类账能够全面反映交易或事项的来龙去脉;另一方面登记总分类账的工作量较大,一般适用于规模较小、交易或事项较少的会计主体。为了减轻登记总分类账的工作量,采用这种账务处理程序时,应尽量使用汇总原始凭证,从而减少记账凭证的数量。

4. 记账凭证账务处理程序的应用

玉龙机械制造公司 2020 年 12 月初各总账余额见表 9-1。

表 9-1 玉龙机械制造公司 2020 年 12 月初各总账余额   单位：元

账 户 名 称	借 方 金 额	账 户 名 称	贷 方 金 额
库存现金	300	累计折旧	28 500
银行存款	19 000	应付账款	5 000
原材料	70 000	应付票据	11 000
库存商品	23 000	短期借款	55 000
无形资产	4 800	应付职工薪酬	3 200
应收账款	3 000	应交税费	2 800
应收票据	4 000	实收资本	108 100
固定资产	129 500	利润分配	40 000
合计	253 600	合计	253 600

其中，"应收账款——B 公司"账户借方余额 1 000 元，"应收账款——D 工厂"账户借方余额 2 000 元；"库存商品——A 产品"账户借方余额 10 000 元，"库存商品——B 产品"账户借方余额 13 000 元。

玉龙机械制造公司 2020 年 12 月发生的交易或事项如下：

（1）1 日，收到 B 公司偿还上月所欠购货款 1 000 元存入银行。

（2）2 日，购入甲材料一批，货款 12 000 元，增值税 1 560 元，代垫运杂费 50 元，共计 13 610 元，材料已验收入库，款项已用银行存款付讫。

（3）3 日，以库存现金 150 元预付职工张平差旅费。

（4）3 日，生产 A 产品领用甲材料一批，价值 12 000 元。

（5）5 日，以银行存款 2 000 元偿还 1 月欠 C 工厂材料款。

（6）5 日，以库存现金 100 元支付行政部门办公用品款。

（7）6 日，从银行取现 500 元备用。

（8）7 日，从 F 工厂购入乙材料一批，价款 3 600 元，增值税 468 元，代垫运杂费 108 元，款项暂欠。

（9）8 日，销售 A 产品一批，价款 18 000 元，增值税 2 340 元，款项已存入银行。

（10）9 日，收到 D 工厂归还前欠货款 2 000 元存入银行。

（11）10 日，以银行存款 3 000 元偿还上月所欠 E 公司材料款。

（12）14 日，生产车间管理部门领用乙材料 500 元，行政管理部门领用乙材料 300 元。

（13）14 日，向银行借入 3 个月的短期借款 50 000 元。

（14）15 日，以银行存款 24 000 元发放职工工资。

（15）17 日，张平报销差旅费 110 元，余款 40 元交回库存现金。

（16）20 日，销售 B 产品一批，货款 22 000 元，增值税 2 860 元，款项已存入银行。

（17）23 日，以银行存款 600 元支付广告费。

（18）30 日，支付本月的借款利息 600 元。

（19）30 日，计提本月固定资产折旧 540 元，其中生产车间 450 元，行政管理部门 90 元。

（20）30 日，分配本月工资 24 000 元，其中生产 A 产品工人工资 10 000 元，车间管理人员工资 6 000 元，行政部门工资 8 000 元。

(21) 30 日,接银行通知支付本月水电费 3 000 元,其中生产车间耗用 2 800 元,行政管理部门耗用 200 元。

(22) 31 日,将本月制造费用结转至 A 产品生产成本。

(23) 31 日,假设 A 产品全部完工,结转本月完工产品成本。

(24) 31 日,结转本月已售 A 产品成本 12 000 元,B 产品成本 10 000 元。

(25) 31 日,将损益类账户结转至本年利润账户。

(26) 31 日,假设企业所在地规定按月缴纳企业所得税,计算、确认并结转所得税费用(企业所得税税率为 25%)。

(27) 将本年利润账户余额结转至利润分配账户。

出纳人员根据编制的记账凭证(省略)登记库存现金日记账和银行存款日记账(表 9-2、表 9-3)。

表 9-2 库存现金日记账

2020 年		凭证编号	摘 要	借方	贷方	借或贷	余额
月	日						
12	1		期初余额			借	300
	3	3	预付张平差旅费		150	借	150
	5	6	支付办公用品款		100	借	50
	6	7	从银行提现	500		借	550
	17	15	张平报销差旅费		40	借	590
12	31		本月合计	540	250	借	590

表 9-3 银行存款日记账

2020 年		凭证编号	摘 要	借方	贷方	借或贷	余额
月	日						
12	1		期初余额			借	19 000
	1	1	收回 B 公司欠款	1 000		借	20 000
	2	2	支付甲材料款		13 610	借	6 390
	5	5	支付 C 工厂材料款		2 000	借	4 390
	6	7	从银行提现		500	借	3 890
	8	9	取得销售收入	20 340		借	24 230
	9	10	收回 D 工厂欠款	2 000		借	26 230
	10	11	偿还 E 公司货款		3 000	借	23 230
	14	13	借入短期借款	50 000		借	73 230
	15	14	发放职工工资		24 000	借	49 230
	20	16	取得销售收入	24 860		借	74 090
	23	17	支付广告费用		600	借	73 490
	30	18	支付借款利息		600	借	72 890
	30	21	支付水电费		3 000	借	69 890
12	31		本月合计	98 200	47 310	借	69 890

会计人员根据编制的记账凭证登记总分类账和明细分类账(表9-4至表9-41)。

表9-4 库存现金

2020年		凭证编号	摘　　要	借方	贷方	借或贷	余额
月	日						
12	1		期初余额			借	300
	3	3	预付张平差旅费		150	借	150
	5	6	支付办公用品款		100	借	50
	6	7	从银行提现	500		借	550
	17	15	张平报销差旅费		40	借	590
12	31		本月合计	540	250	借	590

表9-5 银行存款

2020年		凭证编号	摘　　要	借方	贷方	借或贷	余额
月	日						
12	1		期初余额			借	19 000
	1	1	收回B公司欠款	1 000		借	20 000
	2	2	支付甲材料款		13 610	借	6 390
	5	5	支付C工厂材料款		2 000	借	4 390
	6	7	从银行提现		500	借	3 890
	8	9	取得销售收入	20 340		借	24 230
	9	10	收回D工厂欠款	2 000		借	26 230
	10	11	偿还E公司货款		3 000	借	23 230
	14	13	借入短期借款	50 000		借	73 230
	15	14	发放职工工资		24 000	借	49 230
	20	16	取得销售收入	24 860		借	74 090
	23	17	支付广告费用		600	借	73 490
	30	18	支付借款利息		600	借	72 890
	30	21	支付水电费		3 000	借	69 890
12	31		本月合计	98 200	47 310		69 890

表9-6 原材料

2020年		凭证编号	摘　　要	借方	贷方	借或贷	余额
月	日						
12	1		期初余额			借	70 000
	2	2	购入甲材料	12 050		借	82 050
	3	4	领用甲材料		12 000	借	70 050
	7	8	赊购乙材料	3 708		借	73 758
	14	12	领用乙材料		800	借	72 958
12	31		本月合计	15 758	12 800	借	72 958

表 9-7　原材料——甲材料

2020 年		凭证编号	摘　要	借方	贷方	借或贷	余额
月	日						
12	1		期初余额			借	30 000
	2	2	购入甲材料	12 050		借	42 050
	3	4	领用甲材料		12 000	借	30 050
12	31		本月合计	12 050	12 000	借	30 050

表 9-8　原材料——乙材料

2020 年		凭证编号	摘　要	借方	贷方	借或贷	余额
月	日						
12	1		期初余额			借	40 000
	7	8	赊购乙材料	3 708		借	43 708
	14	12	领用乙材料		800	借	42 908
12	31		本月合计	3 708	800	借	42 908

表 9-9　库存商品

2020 年		凭证编号	摘　要	借方	贷方	借或贷	余额
月	日						
12	1		期初余额			借	23 000
	31	23	结转完工 A 产品成本	31 750		借	54 750
	31	24	结转已售产品成本		22 000	借	32 750
12	31		本月合计	31 750	22 000	借	32 750

表 9-10　库存商品——A 产品

2020 年		凭证编号	摘　要	借方	贷方	借或贷	余额
月	日						
12	1		期初余额			借	10 000
	31	23	结转完工 A 产品成本	31 750		借	41 750
	31	24	结转已售 A 产品成本		12 000	借	29 750
12	31		本月合计	31 750	12 000	借	29 750

表 9-11　库存商品——B 产品

2020 年		凭证编号	摘　要	借方	贷方	借或贷	余额
月	日						
12	1		期初余额			借	13 000
	31	24	结转已售 B 产品成本		10 000	借	3 000
12	31		本月合计	0	10 000	借	3 000

表 9-12 应收账款

2020 年		凭证编号	摘要	借方	贷方	借或贷	余额
月	日						
12	1		期初余额			借	3 000
	1	1	收到 B 公司欠款		1 000	借	2 000
	9	10	收回 D 工厂欠款		2 000	平	0
12	31		本月合计	0	3 000	平	0

表 9-13 应收账款——B 公司

2020 年		凭证编号	摘要	借方	贷方	借或贷	余额
月	日						
12	1		期初余额			借	1 000
	1	1	收到欠款		1 000	平	0
12	31		本月合计	0	1 000	平	0

表 9-14 应收账款——D 工厂

2020 年		凭证编号	摘要	借方	贷方	借或贷	余额
月	日						
12	1		期初余额			借	2 000
	9	10	收回欠款		2 000	平	0
12	31		本月合计	0	2 000	平	0

表 9-15 累计折旧

2020 年		凭证编号	摘要	借方	贷方	借或贷	余额
月	日						
12	1		期初余额			贷	28 500
	30	19	计提固定资产折旧		540	贷	29 040
12	31		本月合计	0	540	贷	29 040

表 9-16 其他应收款

2020 年		凭证编号	摘要	借方	贷方	借或贷	余额
月	日						
12	1		期初余额			平	0
	3	3	预付张平差旅费	150		借	150
	17	15	张平报销差旅费		150	平	0
12	31		本月合计	150	150	平	0

表 9-17 短期借款

2020年		凭证编号	摘要	借方	贷方	借或贷	余额
月	日						
12	1		期初余额			贷	55 000
	14	13	借入短期借款		50 000	贷	105 000
12	31		本月合计	0	50 000	贷	105 000

表 9-18 应付账款

2020年		凭证编号	摘要	借方	贷方	借或贷	余额
月	日						
12	1		期初余额			贷	5 000
	5	5	支付C工厂材料款	2 000		贷	3 000
	7	8	欠F工厂材料款		4 176	贷	7 176
	10	11	支付E公司材料款	3 000		贷	4 176
12	31		本月合计	5 000	4 176	贷	4 176

表 9-19 应付账款——C工厂

2020年		凭证编号	摘要	借方	贷方	借或贷	余额
月	日						
12	1		期初余额			贷	2 000
	5	5	支付材料款	2 000		平	0
12	31		本月合计	2 000	0	平	0

表 9-20 应付账款——E公司

2020年		凭证编号	摘要	借方	贷方	借或贷	余额
月	日						
12	1		期初余额			贷	3 000
	10	11	支付材料款	3 000		平	0
12	31		本月合计	3 000	0	平	0

表 9-21 应付账款——F工厂

2020年		凭证编号	摘要	借方	贷方	借或贷	余额
月	日						
12	1		期初余额			平	0
	7	8	欠材料款		4 176	贷	4 176
12	31		本月合计	0	4 176	贷	4 176

表 9-22 应付职工薪酬

2020年		凭证编号	摘要	借方	贷方	借或贷	余额
月	日						
12	1		期初余额			贷	3 200
	15	14	发放工资	24 000		借	20 800
	30	20	分配工资		24 000	贷	3 200
12	31		本月合计	24 000	24 000	贷	3 200

表 9-23 应交税费

2020年		凭证编号	摘要	借方	贷方	借或贷	余额
月	日						
12	1		期初余额			贷	2 800
	2	2	增值税（进项税额）	1 560		贷	1 240
	7	8	增值税（进项税额）	468		贷	772
	8	9	增值税（销项税额）		2 340	贷	3 112
	20	16	增值税（销项税额）		2 860	贷	5 972
	31	26	确认所得税费用		2 000	贷	7 972
12	31		本月合计	2 028	7 200	贷	7 972

表 9-24 应交税费——应交增值税

2020年		凭证编号	摘要	借方	贷方	借或贷	余额
月	日						
12	1		期初余额			贷	2 800
	2	2	进项税额	1 560		贷	1 240
	7	8	进项税额	468		贷	772
	8	9	销项税额		2 340	贷	3 112
	20	16	销项税额		2 860	贷	5 972
12	31		本月合计	2 028	5 200	贷	5 972

表 9-25 应交税费——应交所得税

2020年		凭证编号	摘要	借方	贷方	借或贷	余额
月	日						
12	1		期初余额			贷	0
	31	26	确认所得税费用		2 000	贷	2 000
12	31		本月合计	0	2 000	贷	2 000

表 9-26 本年利润

2020 年		凭证编号	摘要	借方	贷方	借或贷	余额
月	日						
12	1		期初余额			平	0
	31	25	结转费用类账户	32 000		借	32 000
	31	25	结转收入类账户		40 000	贷	8 000
	31	26	结转所得税费用	2 000		贷	6 000
	31	27	结转本年利润	6 000		平	0
12	31		本月合计	40 000	40 000	平	0

表 9-27 利润分配

2020 年		凭证编号	摘要	借方	贷方	借或贷	余额
月	日						
12	1		期初余额			贷	40 000
	31	27	结转本年利润		6 000	贷	46 000
12	31		本月合计	0	6 000	贷	46 000

表 9-28 利润分配——未分配利润

2020 年		凭证编号	摘要	借方	贷方	借或贷	余额
月	日						
12	1		期初余额			贷	40 000
	31	29	结转本年利润		6 000	贷	46 000
12	31		本月合计	0	6 000	贷	46 000

表 9-29 制造费用

2020 年		凭证编号	摘要	借方	贷方	借或贷	余额
月	日						
12	1		期初余额			平	0
	14	12	车间管理部门领用乙材料	500		借	500
	30	19	计提车间折旧费用	450		借	950
	30	20	车间管理人员工资	6 000		借	6 950
	30	21	车间水电费	2 800		借	9 750
	31	22	结转制造费用		9 750	平	0
12	31		本月合计	9 750	9 750	平	0

表 9-30 生产成本

2020 年		凭证编号	摘要	借方	贷方	借或贷	余额
月	日						
12	1		期初余额			平	0
	3	4	生产产品领用甲材料	12 000		借	12 000
	30	20	A 产品生产工人工资	10 000		借	22 000

续表

2020年		凭证编号	摘要	借方	贷方	借或贷	余额
月	日						
	31	22	结转制造费用	9 750		借	31 750
	31	23	结转完工产品成本	10 000	31 750	平	0
12	31		本月合计	31 750	31 750	平	0

表 9-31　生产成本——A 产品

2020年		凭证编号	摘要	借方	贷方	借或贷	余额
月	日						
12	1		期初余额			平	0
	3	4	生产产品领用甲材料	12 000		借	12 000
	30	20	A 产品生产工人工资	10 000		借	22 000
	31	22	结转制造费用	9 750		借	31 750
	31	23	结转完工产品成本		31 750	平	0
12	31		本月合计	31 750	31 750	平	0

表 9-32　主营业务收入

2020年		凭证编号	摘要	借方	贷方	借或贷	余额
月	日						
12	1		期初余额			平	0
	8	9	取得 A 产品销售收入		18 000	贷	18 000
	20	16	取得 B 产品销售收入		22 000	贷	40 000
	31	26	结转主营业务收入	40 000		平	0
12	31			40 000	40 000	平	0

表 9-33　主营业务收入——A 产品

2020年		凭证编号	摘要	借方	贷方	借或贷	余额
月	日						
12	1		期初余额			平	0
	8	9	取得 A 产品销售收入		18 000	贷	18 000
	31	26	结转 A 产品主营业务收入	18 000		平	0
12	31			18 000	18 000	平	0

表 9-34　主营业务收入——B 产品

2020年		凭证编号	摘要	借方	贷方	借或贷	余额
月	日						
12	1		期初余额			平	0
	20	16	取得 B 产品销售收入		22 000	贷	22 000
	31	26	结转 B 产品主营业务收入	22 000		平	0
12	31			22 000	22 000	平	0

表 9-35 主营业务成本

2020 年		凭证编号	摘要	借方	贷方	借或贷	余额
月	日						
12	1		期初余额			平	0
	31	24	结转销售成本	22 000		借	22 000
	31	25	结转主营业务成本		22 000	平	0
12	31		本月合计	22 000	22 000	平	0

表 9-36 主营业务成本——A 产品

2020 年		凭证编号	摘要	借方	贷方	借或贷	余额
月	日						
12	1		期初余额			平	0
	31	24	结转销售成本	12 000		借	12 000
	31	25	结转主营业务成本		12 000	平	0
12	31		本月合计	12 000	12 000	平	0

表 9-37 主营业务成本——B 产品

2020 年		凭证编号	摘要	借方	贷方	借或贷	余额
月	日						
12	1		期初余额			平	0
	31	24	结转销售成本	10 000		借	10 000
	31	25	结转主营业务成本		10 000	平	0
12	31		本月合计	10 000	10 000	平	0

表 9-38 销售费用

2020 年		凭证编号	摘要	借方	贷方	借或贷	余额
月	日						
12	1		期初余额			平	0
	23	17	支付广告费	600		借	600
	31	25	结转销售费用		600	平	0
12	31		本月合计	600	600	平	0

表 9-39 管理费用

2020 年		凭证编号	摘要	借方	贷方	借或贷	余额
月	日						
12	1		期初余额			平	0
	5	6	支付办公用品款	100		借	100
	14	12	行政部门领用乙材料	300		借	400
	17	15	张平报销差旅费	110		借	510
	30	19	计提行政部门固定资产折旧	90		借	600
	30	20	管理人员工资	8 000		借	8 600

续表

2020年		凭证编号	摘要	借方	贷方	借或贷	余额
月	日						
	30	21	行政管理部门水电费	200		借	8 800
	31	25	结转管理费用		8 800	平	0
12	31		本月合计	8 800	8 800	平	0

表 9-40 财务费用

2020年		凭证编号	摘要	借方	贷方	借或贷	余额
月	日						
12	1		期初余额			平	0
	30	18	支付借款利息	600		借	600
	31	25	结转财务费用		600	平	0
12	31		本月合计	600	600	平	0

表 9-41 所得税费用

2020年		凭证编号	摘要	借方	贷方	借或贷	余额
月	日						
12	1		期初余额			平	0
	31	26	确认所得税费用	2 000		借	2 000
	31	26	结转所得税费用		2 000	平	0
12	31		本月合计	2 000	2 000	平	0

进行对账工作后,编制试算平衡表(表 9-42)。

表 9-42 试算平衡表

2020 年 12 月 31 日　　　　　　　　　　　　单位:元

账户名称	期初余额		本期发生额		期末余额	
	借方	贷方	借方	贷方	借方	贷方
库存现金	300		540	250	590	
银行存款	19 000		98 200	47 310	69 890	
应收票据	4 000				4 000	
应收账款	3 000			3 000		
其他应收款			150	150		
原材料	70 000		15 758	12 800	72 958	
库存商品	23 000		31 750	22 000	32 750	
固定资产	129 500				129 500	
累计折旧		28 500		540		29 040
无形资产	4 800				4 800	
短期借款		55 000		50 000		105 000
应付账款		5 000	5 000	4 176		4 176
应付职工薪酬		3 200	24 000	24 000		3 200

续表

账户名称	期初余额		本期发生额		期末余额	
	借方	贷方	借方	贷方	借方	贷方
应交税费		2 800	2 028	7 200		7 972
应付票据		11 000				11 000
实收资本		108 100				108 100
本年利润			40 000	40 000		
利润分配		40 000		6 000		46 000
制造费用			9 750	9 750		
生产成本			31 750	31 750		
主营业务收入			40 000	40 000		
主营业务成本			22 000	22 000		
销售费用			600	600		
管理费用			8 800	8 800		
财务费用			600	600		
所得税费用			2 000	2 000		
合计	253 600	253 600	332 926	332 926	314 488	314 488

编制财务会计报表(表 9-43、表 9-44)。

表 9-43　资产负债表

编制单位：玉龙机械　　　　　2020 年 12 月 31 日　　　　　　　　单位：元

资产	期初数	期末数	负债和所有者权益	期初数	期末数
货币资金	19 300	70 480	负债		
应收票据	4 000	4 000	短期借款	55 000	105 000
应收账款	3 000	0	应付票据	11 000	11 000
存货	93 000	105 708	应付账款	5 000	4 176
固定资产	101 000	100 460	应付职工薪酬	3 200	3 200
无形资产	4 800	4 800	应交税费	2 800	7 972
			所有者权益		
			实收资本	108 100	108 100
			利润分配	40 000	46 000
资产总计	225 100	285 448	负债和所有者权益总计	225 100	285 448

表 9-44　利润表

编制单位：玉龙机械　　　　　2020 年 12 月　　　　　　　　　单位：元

项目	本月金额
一、营业收入	40 000
减：营业成本	22 000
销售费用	600
管理费用	8 800
财务费用	600
二、营业利润(亏损以"－"号填列)	8 000

续表

项　　目	本月金额
加：营业外收入	
减：营业外支出	
三、利润总额（亏损总额以"－"号填列）	8 000
减：所得税费用	2 000
四、净利润（净亏损以"－"号填列）	6 000

9.3　科目汇总表账务处理程序

1. 科目汇总表账务处理程序的概念与特点

1）概念

科目汇总表账务处理程序（bookkeeping procedure using categorized accounts summary）是首先根据记账凭证定期编制科目汇总表，然后根据科目汇总表登记总分类账的一种账务处理程序。

2）特点

根据科目汇总表定期登记总分类账是它的特点，也是该账务处理程序名称的由来。在科目汇总表账务处理程序下，记账凭证一般有收款凭证、付款凭证和转账凭证，规模较小也可采用通用记账凭证；设置三栏式现金日记账和银行存款日记账；由于科目汇总表不能反映各个账户之间的对应关系，因此总分类账一般采用三栏式；明细分类账根据管理需求，可采用三栏式、多栏式和数量金额式。

2. 科目汇总表的编制方法

在科目汇总表账务处理程序下，使用"科目汇总表"这种具有汇总性质的记账凭证，并根据它登记总分类账。科目汇总表根据一定时期内的全部记账凭证，按照相同会计科目进行归类，定期分别汇总每一个账户的借、贷双方的发生额，并将其填列在科目汇总表的相应栏内，借以反映全部账户的借、贷方发生额。根据科目汇总表登记总分类账时，只需要将该表中汇总起来的各科目的本期借、贷方发生额的合计数，分次或月末一次记入相应总分类账的借方或贷方即可。科目汇总表的格式见表9-45。

3. 科目汇总表账务处理程序的步骤

（1）根据原始凭证或汇总原始凭证填制记账凭证。

（2）根据收款凭证和付款凭证逐笔登记现金日记账和银行存款日记账。

（3）根据原始凭证、汇总原始凭证和记账凭证，逐笔登记各种明细分类账。

（4）定期依据记账凭证编制科目汇总表。

（5）根据科目汇总表登记总分类账。

（6）月末，将总分类账与日记账、明细分类账的发生额和期末余额进行核对。

表 9-45 科目汇总表

汇字第　　号

年　月　日至　日　记账凭证：　字第　号至第　号止

会计科目	记账√	借方 千 百 十 万 千 百 十 元 角 分	贷方 千 百 十 万 千 百 十 元 角 分	会计科目	记账√	借方 千 百 十 万 千 百 十 元 角 分	贷方 千 百 十 万 千 百 十 元 角 分
合计				合计 借贷方 平衡 总计			

会计主管　　　　　记账　　　　　复核　　　　　编制

（7）月末，根据核对无误的总分类账和明细分类账编制财务会计报表。

科目汇总表账务处理程序流程如图 9-2 所示。

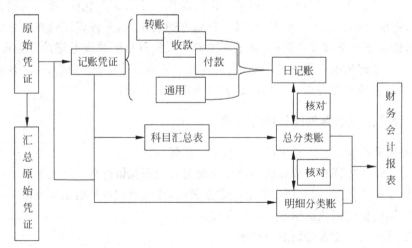

图 9-2　科目汇总表账务处理程序流程

4. 科目汇总表账务处理程序的优缺点和适用范围

在科目汇总表账务处理程序下，由于采取了汇总登记总分类账的方法，因此简化了登记总分类账的工作。通过科目汇总表的编制，可以进行总分类账本期借方发生额和贷方发生额的试算平衡，一定程度上提高了会计工作的效率。与此同时，科目汇总表按会计科目汇总发生额，不能明确反映各个账户之间的对应关系，因此不便于核对账目。科目汇总表账务处理程序一般适用于经营规模和业务量较大、记账凭证较多的单位。

5. 科目汇总表账务处理程序的应用

兴隆公司 2020 年 12 月初各总账账户余额如表 9-46 所示。

表 9-46　兴隆公司 2020 年 12 月初各总账账户余额　　　　　单位：元

账户名称	期初余额	账户名称	期初余额
库存现金	2 000	库存商品	20 000
银行存款	40 000	固定资产	100 000
应收账款	10 000	原材料	60 000
其他应收款	4 000	生产成本	4 000

兴隆公司 2020 年 12 月发生的部分交易或事项如下：

(1) 2 日，从银行提取现金 4 000 元。
(2) 12 日，生产产品领用材料 30 000 元。
(3) 14 日，收到购货单位前欠货款 10 000 元，存入银行。
(4) 23 日，以银行存款 20 000 元购买设备一台。
(5) 25 日，生产产品 100 件完工入库，成本为 25 000 元。
(6) 26 日，采购员出差借款 2 000 元，以现金支付。
(7) 29 日，将超出库存现金限额的 2 000 元现金送存开户银行。

根据所编制的记账凭证编制科目汇总表（表 9-47）。

表 9-47　科目汇总表
2020 年 12 月 1 日至 12 月 31 日

会计科目	本期发生额	
	借方	贷方
银行存款	12 000	24 000
库存现金	4 000	4 000
应收账款		10 000
其他应收款	2 000	
原材料		30 000
生产成本	30 000	25 000
库存商品	25 000	
固定资产	20 000	
合计	93 000	93 000

根据科目汇总表登记相关总分类账(表 9-48 至表 9-55)。

表 9-48 银行存款

12月	凭证编号	摘要	借方	贷方	借或贷	余额
		期初余额			借	40 000
1	科汇1	本月发生额	12 000	24 000	借	28 000

表 9-49 库存现金

12月	凭证编号	摘要	借方	贷方	借或贷	余额
		期初余额			借	2 000
1	科汇1	本月发生额	4 000	4 000	借	2 000

表 9-50 应收账款

12月	凭证编号	摘要	借方	贷方	借或贷	余额
		期初余额			借	10 000
1	科汇1	本月发生额		10 000	平	0

表 9-51 其他应收款

12月	凭证编号	摘要	借方	贷方	借或贷	余额
		期初余额			借	4 000
1	科汇1	本月发生额	2 000		借	6 000

表 9-52 原材料

12月	凭证编号	摘要	借方	贷方	借或贷	余额
		期初余额			借	60 000
1	科汇1	本月发生额		30 000	借	30 000

表 9-53 生产成本

12月	凭证编号	摘要	借方	贷方	借或贷	余额
		期初余额			借	4 000
1	科汇1	本月发生额	30 000	25 000	借	9 000

表 9-54 库存商品

12月	凭证编号	摘要	借方	贷方	借或贷	余额
		期初余额			借	20 000
1	科汇1	本月发生额	25 000		借	45 000

表 9-55 固定资产

12月	凭证编号	摘要	借方	贷方	借或贷	余额
		期初余额			借	100 000
1	科汇1	本月发生额	20 000		借	120 000

根据上述业务总账账户余额和其他业务的账簿登记内容编制会计报表(省略)。

【本章小结】

本章主要阐述账务处理程序的基本原理；记账凭证账务处理程序和科目汇总表账务处理程序的步骤、使用范围和优缺点。

(1) 账务处理程序是将经济业务的原始信息加工生成会计信息的步骤和方法，即会计凭证、会计账簿、财务报告和记账方法、记账程序相互结合的方式。目前在我国的会计实践工作中，常用的账务处理程序有记账凭证账务处理程序、科目汇总表账务处理程序、汇总记账凭证账务处理程序和多栏式日记账账务处理程序，其中记账凭证账务处理程序和科目汇总表账务处理程序的使用更为普遍。

(2) 记账凭证账务处理程序首先根据原始凭证或汇总原始凭证编制记账凭证，然后根据记账凭证直接逐笔登记总分类账，是最基本的账务处理程序。根据各种记账凭证逐笔登记总分类账，是记账凭证账务处理程序的特点。在这种程序中，记账凭证一般有收款凭证、付款凭证和转账凭证，规模较小也可采用通用记账凭证；设置三栏式现金日记账和银行存款日记账；设置具有对方科目的三栏式总分类账；明细分类账根据管理需求，可采用三栏式、多栏式和数量金额式。由于根据记账凭证逐笔登记总分类账，一方面总分类账能够全面反映交易或事项的来龙去脉；另一方面登记总分类账的工作量较大，一般适用于规模较小、交易或事项较少的会计主体。

(3) 科目汇总表账务处理程序首先根据记账凭证定期编制科目汇总表，然后根据科目汇总表登记总分类账。根据科目汇总表定期登记总分类账是它的特点。在科目汇总表账务处理程序下，记账凭证一般有收款凭证、付款凭证和转账凭证，规模较小也可采用通用记账凭证；设置三栏式现金日记账和银行存款日记账；由于科目汇总表不能反映各个账户之间的对应关系，因此总分类账一般采用三栏式；明细分类账根据管理需求，可采用三栏式、多栏式和数量金额式。科目汇总表账务处理程序一般适用于经营规模和业务量较大、记账凭证较多的单位。

【主要专业词汇中英文对照】

中　　文	英　　文
账务处理程序	bookkeeping procedures, accounting procedure
科目汇总表账务处理程序	bookkeeping procedure using categorized accounts summary
记账凭证账务处理程序	bookkeeping procedure using vouchers

【思考题】

1. 什么是账务处理程序？科学的账务处理程序有什么作用？
2. 账务处理程序的基本步骤是什么？
3. 在记账凭证账务处理程序下，记账凭证与账簿的种类及格式是怎样的？

4. 记账凭证账务处理程序下的账务处理流程是怎样的？

5. 记账凭证账务处理程序有什么特点、优缺点？其适用范围是怎样的？

6. 科目汇总表账务处理程序的账务处理流程是怎样的？

7. 科目汇总表账务处理程序有什么特点、优缺点？其适用范围是怎样的？

【业务题】

兴隆公司2020年5月31日总分类账户余额见表9-56。

表9-56　兴隆公司2020年5月31日总分类账户余额　　　　　　　　单位：元

账户名称	金　额	账户名称	金　额
库存现金	7 000	累计折旧	3 000
银行存款	125 000	短期借款	20 000
应收账款(恒达公司)	35 000	应付账款(通达公司)	6 700
其他应收款	200	应付职工薪酬	43 500
库存商品(甲)	82 000	应付利息	300
预付账款	1 200	实收资本	486 900
固定资产	310 000		
合　计	560 400	合　计	560 400

6月，该公司发生下列经济业务(不考虑增值税；存货采用实际成本核算)。

(1) 2日，从银行提取现金4.35万元，备发6月职工工资。

(2) 4日，用现金支付6月职工工资。

(3) 5日，采购员李强出差预支差旅费500元，出纳人员以现金付讫。

(4) 7日，库存的甲商品全部销售给恒达公司，货款16万元，其中的60%已收存银行，其余40%以后支付。

(5) 8日，从外地购进乙商品5 000千克，单价30元，对方代垫运杂费5 000元，货款及运杂费15.5万元，已由银行支付。商品尚未到达。

(6) 10日，用银行存款偿还前欠通达公司货款6 700元。

(7) 14日，前述乙商品到货并验收入库。

(8) 15日，购入办公用电脑一台，价款5 500元，由现金支付。

(9) 18日，销售乙商品3 500千克，单价每千克50元，货款17.5万元，已收妥入账。

(10) 22日，恒达公司所欠甲商品货款35 000元已全部收回，存入银行。

(11) 25日，用现金支付业务招待费320元。

(12) 27日，计提本月销售机构用固定资产折旧3 000元。

(13) 29日，摊销已在年初支付，应由本月管理部门负担的书报费200元；30日，计提应由本月负担的职工工资4.82万元，其中：销售人员工资3.82万元，管理人员工资1万元；30日，结转相关损益类账户。

要求：

(1) 根据6月发生的经济业务编制收款凭证、付款凭证和转账凭证。

(2) 根据编制的记账凭证登记有关总分类账、日记账和明细账，完成兴隆公司 6 月的对账和结账工作；编制试算平衡表。

(3) 编制兴隆公司 2020 年 6 月 30 日的资产负债表和 6 月的利润表。

安然公司曾是世界上最大的电力、天然气以及电讯公司之一，曾经拥有约 21 000 名雇员，2000 年披露的营业额达 1 010 亿美元之巨，连续 6 年被《财富》杂志评选为"美国最具创新精神公司"。然而真正使安然公司在全世界声名大噪的，却是使这个拥有上千亿资产的公司 2002 年在几周内破产的财务造假丑闻。

2001 年 10 月 16 日，安然公司发表 2001 年第三季度财报，宣布公司亏损总计达到 6.18 亿美元，即每股亏损 1.11 美元。同时首次透露因首席财务官安德鲁·法斯托与合伙公司经营不当，公司股东资产缩水 12 亿美元。美国证券交易委员会于 10 月 31 日开始对安然公司及其合伙公司进行正式调查，发现安然公司从 1997 年以来虚报利润 6 亿美元，并隐瞒了 24 亿美元的到期债务。消息公布后，安然公司的股票暴跌，一天之内股价下跌 75%，两天后又进一步缩水到不足鼎盛时期的 0.3%，投资者蒙受了巨大的财产损失。2001 年 12 月 2 日，安然公司正式向破产法院申请破产保护，破产清单中所列资产高达 498 亿美元，成为美国历史上最大的破产企业。

在安然事件中，安然公司及其相关的中介机构都遭到了灭顶之灾：①安然公司被美国证监会罚款 5 亿美元，股票停止交易，公司宣告破产。②安然公司 CEO（首席执行官）杰弗里·斯基林被判 24 年徒刑并罚款 4 500 万美元；财务欺诈的策划者费斯托被判 6 年徒刑并罚款 2 380 万美元；公司创始人肯尼思·莱虽因诉讼期间去世被撤销了刑事指控，但仍被追讨了 1 200 万美元罚款。安然公司的投资者通过集体诉讼获得了 71.4 亿美元的赔偿金；③有 89 年历史并位列全球五大会计师事务所的安达信因帮助安然公司财务造假，被判处妨碍司法公正罪后宣告破产，全球五大会计师事务所从此变成"四大"。④三大投行遭到重罚，花旗集团、摩根大通、美洲银行因涉嫌财务欺诈被判有罪，向安然公司的破产受害者分别支付了 20 亿美元、22 亿美元和 6 900 万美元的赔偿罚款。

讨论题

1. 安然公司财务舞弊行为的手段和危害有哪些？
2. 财务舞弊的本质和诱因是什么？
3. 针对全球财务舞弊行为应该如何进行治理？

【即测即练】

第 10 章 会计工作的组织

【本章学习目标】

1. 了解会计工作的组织；
2. 理解会计机构的设置意义与方法，掌握会计人员的主要职责与任职要求；
3. 掌握会计法规体系与会计职业道德，加强自身职业道德修养；
4. 理解会计档案与会计信息化的基本内容。

引导案例

会计李某原负责会计档案保管工作，年中调离会计工作岗位。离岗前与接替者王某在财务科长的监督下完成了会计工作交接手续。李某负责会计档案保管工作期间，公司档案管理部门会同财务科将已到期会计资料编造清册，报请公司负责人批准后，由李某自行销毁。年底，财政部门对该公司进行检查时，发现该公司原会计李某所记的账目中有会计造假行为，而接替者王某在会计交接时并未发现这一问题。财政部门在调查时，原会计李某说，已经办理会计交接手续，现任会计王某和财务科长均在移交清册上签了字，自己不再承担任何责任。

思考题：

(1) 该公司销毁档案的流程是否符合规定？
(2) 公司负责人是否对会计造假行为承担责任？请简要说明理由。
(3) 原会计李某的说法是否正确？请简要说明理由。

10.1 会计工作的组织概述

1. 会计工作组织的概念

企事业单位为使会计工作正常、高效运行，必须科学地组织会计工作。会计工作组织是建立会计系统、设计会计政策和制度，以及系统内部部门和人员之间的分工与协调。

会计是经济管理的重要组成部分，因此，一个单位建立会计系统就成为必需。这个系统的组成不仅要有会计机构、会计人员，而且应有它的政策和制度，只有这样，系统才能有效和规范运行。这个系统仅此不够，还必须考虑环境——有关部门之间、有关人员之间的分工与协调，只有在分工恰当、明确与协调的情况下，系统才能积极活跃起来，从而才能保证会计任务的圆满完成。

2. 会计工作组织的意义

会计工作的恰当组织是形成、提高与完善会计工作，保证会计工作质量与效率，充分发挥会计作用的前提条件。其主要意义有以下几方面。

1) 为会计工作的开展与有效进行提供前提条件

会计工作的开展必须有会计机构和人员，即使不具备设置会计机构条件的单位，也必须配备专职的会计人员，以保证对单位财务进行反映与监督，对单位开展的经济活动进行资金支持。

2) 为会计工作提供基本依据与规范

会计组织工作的内容有会计政策和制度的设计，政策与制度的基本内容是会计的原则、程序和方法，有了这些，会计工作对问题的处理才有了基本依据和规范。

3) 有利于国家方针政策和财经纪律的贯彻

会计系统的建立，根据单位规模和管理要求，一直可分层延伸到班、组和个人，因此会计系统使国家方针政策和财经纪律、会计核算思想、会计管理要求都可得到有效贯彻，强化经济核算和经济责任。

4) 有利于核算质量和效率的提高

会计政策和制度的设计应遵循牵制原则，即一笔经济业务的处理必须由两位以上的人员来完成，加之部门间、人员间的合理分工与协调，就可以保证向会计信息需求者提供有用、真实可靠和内容完整的会计信息。

10.2 会计机构与会计人员

《会计法》第三十六条第一款对会计机构和会计人员的设置做了如下规定："各单位应当根据会计业务的需要，设置会计机构，或者在有关机构中设置会计人员并指定会计主管人员；不具备设置条件的，应当委托经批准设立从事会计代理记账业务的中介机构代理记账。"这一规定包括以下三层含义。第一层含义是：各单位可以根据本单位的会计业务繁简情况决定是否设置会计机构。第二层含义是：不能单独设置会计机构的单位，应当在有关机构中设置会计人员并指定会计主管人员。第三层含义是：不具备设置会计机构和会计人员条件的，应当委托经批准设立从事会计代理记账业务的中介机构代理记账。

1. 会计机构

1) 设置会计机构

会计机构(accounting agency)指的是单位内部所设置的，专门办理会计事项的机构。会计机构和会计人员是会计工作的主要承担者。

设置会计机构，一是要与企业管理体制和企业组织结构相适应，二是要与单位经济业务的性质和规模相适应，三是与本单位的会计工作组织形式相适应，四是要与本单位其他管理机构相协调，五是要体现精简高效原则。按照上述原则来确定：是否单独设置会计机构；设置什么性质的会计机构；会计机构是分设还是合设；几级会计机构；会计机构在企业组织机构中如何定位；会计机构与其他管理机构的分工协调。

根据业务需要设置会计机构，是指各单位可以根据本单位的会计业务繁简情况和会计管理工作的需要决定是否设置会计机构。一个单位是设置会计机构还是在有关机构中设置专职的会计人员，完全由各单位根据会计业务的繁简和实际情况来决定，但必须遵循既要满足管理的需要，又要讲求实效，避免人浮于事的原则。是否设置会计机构，可以由各单位根据自身的情况来决定，但这并不等于会计工作可以不开展，会计工作必须依法开展，如果因为没有会计机构而对会计工作放任不管，这是法律所不允许的。

2) 不设置会计机构，指定会计主管人员

根据《会计法》的规定，规模很小、经济业务简单、业务量相对较少的单位，为了提高经济效益，可以不单独设置会计机构，将会计职能并入其他职能部门，并设置会计人员，同时指定会计主管人员。这是会计机构的另一种表现形式，是提高工作效率、明确岗位责任的内在要求，同时也是由会计工作专业性、政策性强等特点所决定的。指定会计主管人员的目的是强化责任制度，防止出现会计工作无人管理的局面。

3) 实行代理记账

财政部于2016年2月16日发布《代理记账管理办法》，对代理记账机构的设立条件、代理记账的业务范围、代理记账的基本程序、委托人的责任和义务以及代理记账人员应遵守的法律、行政法规，制度，遵循的道德规范等都做了具体规定。

代理记账是指从事代理记账业务的社会中介机构接受委托人的委托办理会计业务。委托人是指委托代理记账机构办理会计业务的单位。代理记账机构是指从事代理记账业务的中介机构。

代理记账机构可以接受委托，受托办理委托人的以下业务：根据委托人提供的原始凭证和其他资料，按照国家统一的会计制度的规定进行会计核算，包括审核原始凭证、填制记账凭证、登记会计账簿、编制财务会计报告等；对外提供财务会计报告。代理记账机构为委托人编制的财务会计报告，经代理记账机构负责人和委托人签名并盖章后，按照有关法律、行政法规和国家统一的会计制度的规定对外提供；向税务机关提供税务资料；委托人委托的其他会计业务。

2. 会计岗位

会计岗位（accounting position），是指一个单位会计机构内部根据业务分工而设置的职能岗位。会计工作岗位可以一人一岗、一人多岗或者一岗多人。但出纳人员不得兼管稽核、会计档案保管和收入、费用、债权债务账目的登记工作。国家机关、国有企业、事业单位任用会计人员应当实行回避制度，会计机构负责人、会计主管人员的直系亲属不得在本单位会计机构中担任出纳工作。

在会计机构内部设置会计工作岗位，有利于明确分工和确定岗位职责，建立岗位责任制；有利于会计人员钻研业务，提高工作效率和质量；有利于会计工作的程序化和规范化，加强会计基础工作；还有利于强化会计管理职能，提高会计工作的作用；同时，也是配备数量适当的会计人员的客观依据之一。

会计基础工作规范规定,会计工作岗位一般可分为:总会计师岗位;会计机构负责人岗位;出纳岗位;稽核岗位;资本、基金核算岗位;收入、支出、债权债务核算岗位;工资核算、成本费用核算、财务成果核算岗位;财产物资的收发、增减核算岗位;总账岗位;对外财务会计报告编制岗位;会计信息化岗位;会计档案管理岗位。对于会计档案管理岗位,在会计档案正式移交之前,属于会计岗位;正式移交档案管理部门之后,不再属于会计岗位。

3. 总会计师

1) 总会计师的概念

总会计师(chief accountant)是在单位主要领导人领导下,主管经济核算和财务会计工作的负责人。总会计师具有较高的会计专业技术职务,协助单位行政领导人组织领导本单位的经济核算和财务会计工作,是单位行政群体的成员之一。在一些大、中型国有企业实行总会计师制度,有利于加强经济核算和会计管理。

2) 总会计师的任职条件

总会计师是单位领导成员,是行政副手,不同于单位内部财会机构负责人,更不同于一般的会计人员,必须具备一定的任职条件。这是确保总会计师制度的实施,发挥总会计师在经济管理中职能作用的重要环节。新修订的《会计法》规定"总会计师的任职资格、任免程序、职责权限由国务院规定"。其实,早在国务院颁发的《总会计师条例》中已做了规定。按照《总会计师条例》的规定,总会计师的任职条件具体包括以下几个方面:一是坚持社会主义方向,积极为社会主义建设和改革开放服务。总会计师,不仅是财务会计方面的专家,更是单位的行政领导人,必须具备一定的政治素质。二是坚持原则,廉洁奉公。总会计师是单位经济技术干部,是专业人才,主要领导单位的财务会计工作和经济工作,掌管着单位的经济命脉和财经大权,并负有严格维护国家财经纪律的责任。因此,总会计师必须做到坚持原则、廉洁奉公。三是取得会计师任职资格后,主管一个单位或者单位内一个重要方面的财务会计工作时间不少于3年。作为总会计师,不仅要具有较高的、扎实的财务会计理论知识,还应该具有独立、全面地组织领导本单位的财务会计工作、协调处理各方面关系的能力和经验。因为总会计师不仅仅是专业人才,更重要的是单位高层次管理和决策人员,在管理能力、经验等方面应有更高的要求。四是有较高的理论政策水平,熟悉国家财经纪律、法规、方针、政策和制度,掌握现代化管理的有关知识。五是具备本行业的基本业务知识,熟悉行业情况,有较强的组织领导能力。六是身体健康,能胜任本职工作。总会计师责任重大、工作繁忙,必须有健康的体魄。

3) 总会计师的职责

(1) 编制和执行预算、财务收支计划、信贷计划,拟订资金筹措和使用方案,开辟财源,有效地使用资金。

(2) 进行成本费用预测、计划、控制、核算、分析和考核,督促本单位有关部门降低消耗、节约费用、提高经济效益。

(3) 建立、健全经济核算制度,利用财务会计资料进行经济活动分析。

（4）承办单位主要行政领导人交办的其他工作。

（5）总会计师负责对本单位财会机构的设置和会计人员的配备、会计专业职务的设置和聘任提出方案；组织会计人员的业务培训和考核；支持会计人员依法行使职权。

（6）总会计师协助单位主要行政领导人对企业的生产经营、行政事业单位的业务发展以及基本建设投资等问题作出决策。

（7）总会计师参与新产品、技术改造、科技研究、商品（劳务）价格和工资奖金等方案的制定；参与重大经济合同和经济协议的研究、审查。

4）总会计师的权限

（1）总会计师对违反国家财经纪律、法规、方针、政策、制度和有可能在经济上造成损失、浪费的行为，有权制止或者纠正。制止或者纠正无效时，提请单位主要行政领导人处理。

单位主要行政领导人不同意总会计师对前款行为的处理意见的，总会计师应当依照《会计法》的有关规定执行。

（2）总会计师有权组织本单位各职能部门、直属基层组织的经济核算、财务会计和成本管理方面的工作。

（3）总会计师主管审批财务收支工作。除一般的财务收支可以由总会计师授权的财务机构负责人或者其他指定人员审批外，重大的财务收支，须经总会计师审批或者由总会计师报单位主要行政领导人批准。

（4）预算、财务收支计划、成本和费用计划、信贷计划、财务专题报告、会计决算报表，须经总会计师签署。涉及财务收支的重大业务计划、经济合同、经济协议等，在本单位内部须经总会计师会签。

（5）会计人员的聘用、晋升、调动、奖惩，应当事先征求总会计师的意见。财会机构负责人或者会计主管人员的人选，应当由总会计师进行业务考核，依照有关规定审批。

4．会计技术职称

会计技术职称是衡量一个人会计业务水平高低的标准，会计职称越高，表明会计业务水平越高。我国现有会计职称：初级、中级和高级。

1）初级技术职称

初级会计职称（助理会计师）需要在一年内同时通过《经济法基础》和《初级会计实务》这两门课程，才予以评发初级专业技术职称证书。取得初级资格的人员，聘任助理会计师职务的，需大专毕业担任会计员职务满两年，或中专毕业担任会计员职务满四年，不具备规定学历的，担任会计员职务满五年。不符合以上条件的人员，只可聘任会计员职务。

2）中级技术职称

通过会计师课程《中级会计实务》《经济法》《财务管理》三门课程。取得中级资格并符合国家有关规定，可聘任会计师职务。

3）高级技术职称

通过高级会计师《高级会计实务》的课程。取得高级资格并符合国家有关规定，可聘任高级会计师职务。

对于初、中级资格,国家实行考试授予制度,而对高级资格,国家实行考评结合的授予制度。在实行上述授予制度后,职称不再由国家直接授予,而改为由聘任单位根据规定自行聘用任命,国家只负责授予相应的任职资格。

10.3 会计法规体系与会计职业道德

1. 会计法规体系

国务院财政部门主管全国的会计工作,县级以上地方各级人民政府财政部门管理本行政区域内的会计工作。由各级人民政府财政部门管理本行政区域内的会计工作,遵循了"统一领导,分级管理"的原则。我国的会计法规体系具体包括:会计法律、会计行政法规、会计规章。

1) 会计法律

会计法律即《会计法》,它是调整我国经济生活中会计关系的法律规范。《会计法》是会计法律制度中层次最高的法律规范,是制定其他会计法规的依据,也是指导会计工作的最高准则。

2) 会计行政法规

会计行政法规是调整经济生活中某些方面会计关系的法律规范。会计行政法规由国务院制定发布或者国务院有关部门拟定经国务院批准发布,制定依据是《会计法》。如:1990年12月31日国务院发布的《总会计师条例》(2011年修订),由财政部于2006年2月15日发布、自2007年1月1日起施行的《企业会计准则》(2014年修订)等。

3) 会计规章

会计规章是由主管全国会计工作的行政部门——财政部就会计工作中某些方面内容所制定的规范性文件。国务院有关部门根据其职责制定的会计方面的规范性文件,如实施国家统一的会计制度的具体办法等,也属于会计规章,但必须报财政部审核批准。会计规章依据会计法律和会计行政法规制定,如财政部发布的《股份有限公司会计制度》《会计基础工作规范》,财政部与国家档案局联合发布的《会计档案管理办法》等。

各省、自治区、直辖市人民代表大会及其常委会在同宪法和会计法律、行政法规不相抵触的前提下制定发布的会计规范性文件,也是我国会计法律制度的重要组成部分。

2. 会计职业道德

1) 会计职业道德的概念

会计职业道德(accounting professional ethics)是指在会计职业活动中应遵循的、体现会计职业特征的、调整会计职业关系的职业行为准则和规范。

2) 会计职业道德的意义

会计职业道德的意义主要体现在以下几个方面。

(1) 会计职业道德是对会计法律制度的重要补充。会计法律制度是会计职业道德的最低要求,会计职业道德是对会计法律规范的重要补充,其作用是其他会计法律制度所不能替代的。如果会计人员缺乏爱岗敬业的热情和态度,没有必要的职业技能和服务意识,则很难保证会计信息达到真实、完整的法定要求。很显然,会计职业道德起很重要的辅助和补充作用。

(2) 会计职业道德是规范会计行为的基础。动机是行为的先导,有什么样的动机就有什么样的行为。会计行为是由内心信念来支配的,信念的善与恶将导致行为的是与非。会计职业道德对会计的行为动机提出了相应的要求,如诚实守信、客观公正等,引导、规劝、约束会计人员树立正确的职业观念,遵循职业道德要求,从而达到规范会计行为的目的。

(3) 会计职业道德是实现会计目标的重要保证。从会计职业关系角度讲,会计目标就是为会计职业关系中的各个服务对象提供有用的会计信息。能否为这些服务对象及时提供相关的、可靠的会计信息,取决于会计职业者能否严格履行职业行为准则。如果会计职业者故意或非故意地提供了不充分、不可靠的会计信息,会严重背离会计目标,造成会计信息严重失真,使服务对象的决策失误,甚至导致社会经济秩序混乱。因此,会计职业道德规范约束着会计人员的职业行为,是实现会计目标的重要保证。

(4) 会计职业道德是会计人员提高素质的内在要求。社会的进步和发展,对会计职业者的素质要求越来越高。会计职业道德是会计人员素质的重要体现。一个高素质的会计人员应当做到爱岗敬业、提高专业胜任能力,这不仅是会计职业道德的主要内容,也是会计职业者遵循会计职业道德的可靠保证。倡导会计职业道德,加强会计职业道德教育,并结合会计职业活动,引导会计职业者进一步加强自我修养,提高专业胜任能力,有利于促进会计职业者整体素质的不断提高。

3) 会计职业道德的内容

会计职业道德的主要内容有以下八项。

(1) 爱岗敬业:要求会计人员热爱会计工作,安心本职岗位,忠于职守,尽心尽力,尽职尽责。

(2) 诚实守信:要求会计人员做老实人,说老实话,办老实事,执业谨慎,信誉至上,不为利益所诱惑,不弄虚作假,不泄露秘密。

(3) 廉洁自律:要求会计人员公私分明、不贪不占、遵纪守法、清正廉洁。

(4) 客观公正:要求会计人员端正态度,依法办事,实事求是,不偏不倚,保持应有的独立性。

(5) 坚持准则:要求会计人员熟悉国家法律、法规和国家统一的会计制度,始终坚持按法律、法规和国家统一的会计制度的要求进行会计核算,实施会计监督。

(6) 提高技能:要求会计人员增强提高专业技能的自觉性和紧迫感,勤学苦练,刻苦钻研,不断进取,提高业务水平。

(7) 参与管理:要求会计人员在做好本职工作的同时,努力钻研相关业务,全面熟悉本单位经营活动和业务流程,主动提出合理化建议,协助领导决策,积极参与管理。

(8) 强化服务:要求会计人员树立服务意识,提高服务质量,努力维护和提升会计职业的良好社会形象。

10.4 会计档案与会计信息化

1. 会计档案

1) 会计档案的定义及其特点

会计档案(accounting files)是会计部门根据国家有关规定,使用专门的方法和技术,在核算和监督资金活动的过程中形成的作为历史记载保存起来并对以后查考研究有价值的会计核算材料。简而言之,会计档案就是在核算和监督经济业务活动的过程中形成的具有利用价值的原始会计核算专业材料。会计档案具有以下四个特点:①内容直接反映财政经济活动;②各类材料之间内容联系紧密,不可分割;③会计核算专业材料形成的内部性和形成渠道的专一性;④会计档案分为会计凭证、会计账簿、会计报告和其他四大类。

2) 会计档案的作用

会计档案是证明经济单位合法经营与管理的重要依据,也是确保经济单位资产保值和增值的重要凭据,更是监督国民经济、保证经济建设进行的有效手段。改革开放后,会计档案的凭证、依据、条件作用日益显著。因此,在社会主义市场经济不断发展与完善的背景下,做好会计档案管理工作意义重大。

(1) 会计档案为宏观经济管理提供完整、可靠的信息。会计档案由会计凭证、会计账簿和会计报表组成。会计凭证反映经济业务的完成情况,为各单位了解经济活动提供必要的原始资料,并如实地反映和有效地监督经济活动;会计账簿全面提供资金来源和经济收支增减变动的总括信息,是宏观经济核算资料保存记录的工具;会计报表反映机关、企事业单位和其他经济组织整个生产经营活动的全貌,对加强经济单位的经济核算、改善经营管理以及满足国家综合平衡工作的需要有重要作用。会计凭证、会计账簿、会计报表都是在会计核算活动中形成的,三者之间有着密切的关系。会计凭证是会计核算的基础,会计账簿以会计凭证为依据,会计报表又是根据会计账簿来编制,一环紧扣一环,紧密相连,不可脱节,它们从不同方面反映经济活动的历史面貌。我们从三者的作用上看到,会计档案在国民经济和社会发展中的重要作用使其成为国民经济核算体系中的一个重要部分。如企业会计档案汇总与分析是企业科学经营决策的信息依据,是高层经营决策的"参谋部",也是真实反映企业盈利水平的"晴雨表"。随着现代企业制度的建立,经济策略影响着企业的生存和发展,企业要在生存中不断获得竞争力,就必须降低能耗和成本,科学地组织生产经营,最有效地使用人力、物力和财力,实现最佳的经济效益。而规划未来的经济活动,预测企业未来的发展趋势,并据此作出正确决策的重要途径,就是寻找具有价值的会计信息,通过对会计档案提供的信息进行对比和分析,加工形成与预测企业未来发展的趋势相关的高端信息,增加经营决策的科学性和前瞻性,从而降低企业生产成本,保持企业竞争优势,使企业少走弯路,达到促进企业决策的战略管理目标。与此同时,会计档案管理也取得了在企业生产经营管理中不可替代的价值地位。又如,任何一项基本建设,在进行可行性研究的同时,必然要进行经济分析和经济预算,提供经济数据。特别是一些大的工程项目建设,随之产生的大量会计档案,可以保证监督工程项目的建设、实施和竣工,并为日后各项配套工程提供可靠的依据。

(2)会计档案为微观经济管理提供丰富的原始数据。会计档案是综合反映各单位已发生或已完成的各项经济活动,考核经济活动的过程和结果的真实记录。一个单位要提高经济管理水平,加强单位内部微观经济管理,就必须依据会计档案提供的原始数据,进行分析、预测,以便采取相应的决策和措施。而会计档案是单位经济活动全面、真实的记录,从中可以明确看出哪些是固定性费用、哪些是弹性开支、哪些应该增加额度,对其进行认真的分析研究,就会在会计档案中得到微观经济管理所需的有价值信息。如某单位通过清理会计档案,从一些杂乱无章的旧文件堆里,找出了具有重要保管价值的20世纪50年代征购土地的地契及土地使用证,为该单位基建起到了重要的凭证作用。

(3)会计档案对成本控制具有不可替代的重要作用。内部控制是指审计部门为保证业务活动的有效进行,保护资产的安全和完整,防止、发现、纠正错误,保证会计资料的真实、合法、完整。内部控制管理渗透在企业采购、生产、销售和综合管理的各个环节,而会计档案为其工作的开展提供了可靠翔实的数据分析,为企业优化管理措施和改进工作程序打下了坚实的信息基础,为今后的预算管理和经营策略提供了前瞻性意见。当前,企业普遍重点实施了"六大费用控制管理",即业务招待费、会议费、车辆费、差旅费、办公费、出国人员经费,其中的实际发生费用就是依靠会计档案分析数据汇总而来,对控制费用进度、平衡使用费用、节约使用费用提供了及时准确的信息支撑。

(4)会计档案为保护国家财产、打击经济领域的违规违法活动提供了有力证据。会计档案是对实际发生的经济活动的全面反映,所提供的数据资料具有完整性、连续性和系统性。通过会计档案可以审查各项经济活动是否符合有关政策、法令、制度及市场管理的要求,它是审计部门利用最多,对被审单位进行审计的最直接、最基础、最系统的书面考查凭证,是保护国家财产安全、打击经济领域违规违法行为的有力证据。例如,会计档案除了利用价值指标进行货币监督以外,还可以进行实物监督。对某些财产(非货币性资产)的领用收发,在账簿中有登记其收发结存的数量,以凭证为依据,可定期进行清查盘点、核实库存,以便保护国家和集体的财产安全。

(5)会计档案为研究财政、经济的发展历史提供可靠史料参考。自古以来,编史修志离不开档案,编修经济、金融史志就更离不开会计档案。会计档案是记录和反映经济业务活动、财务收支状况及结果的重要史料和证据,是企业档案管理的重要组成部分。因此,它是研究财政、经济历史发展的第一手材料。如果没有会计档案这一可靠的史料,单凭一些间接材料是无法科学总结经济历史发展规律、了解社会经济状况的。

综上所述,会计档案对于我国搞活经济、发展经济起着积极作用,它是各单位提高经济效益不可缺少的宝贵资源,具有巨大的经济效用和社会效用。因此,我们要通过一切可能的方式,积极挖掘会计档案中蕴藏的信息资源,充分发挥会计档案在市场经济建设中的积极作用。

3)会计档案的分类

正确地给会计档案分类的意义,在于正确地认识会计档案,进而科学地整理、保管和开发利用会计档案。从档案管理的角度出发,按照外观形式和用途的不同,会计档案可分为四大类：会计凭证类、会计账簿类、财务报告类、其他类。会计档案中的其他类主要有：会计移交清册、会计档案保管清册、会计档案销毁清册以及银行余额调节表、银行对账单。

4）会计档案的整理与管理

（1）会计档案保管期限的确定。根据财政部、国家档案局 2015 年 12 月 11 日公布，2016 年 1 月 1 日正式施行的修订后的《会计档案管理办法》第十四条的规定，会计档案的保管期限分为永久、定期两种，其中定期保管期限一般分为 10 年和 30 年。

这里要特别强调的是，以上关于会计档案的保管期限，均为最低的保管期限，各类会计档案的保管原则上应当按此执行，如遇特殊情况应进行具体分析。

（2）会计凭证的整理方法和要求。每月 10 日前完成上个月会计凭证的整理装订工作。

原始凭证粘贴、折叠的长度与宽度，应与省财政厅规定的会计凭证封面相同，每本凭证装订的厚度一般保持在 2 厘米以内，特殊情况不超过 2.5 厘米。

会计凭证整理好后，统一按照记账凭证编号顺序逐月逐年排列并编写案卷顺序号。如果会计凭证特别多（每年超过 100 册），可一年断一次案卷号；如果会计凭证比较少，可每 5 年断一次案卷号；如果会计凭证很少，可以每 10 年断一次案卷号。

每年的会计凭证整理完毕后，统一编制案卷目录一式三套。

所有的会计凭证编好案卷目录后，即应装盒入柜保管。每盒装几本以凭证薄厚确定，装满为止，但一般不能跨月跨年装盒。

整理好的会计凭证须达到项目齐全完整、签章手续完备、装订整齐美观、排列编号准确、查阅利用方便的要求。

（3）会计账簿的整理方法和要求。一本账簿无论薄厚大小，均视为一个整理保管单位，也就是一卷，各种账簿厚度一般不超过 2 厘米，以便于整理保管和查阅复制。

每本账簿都要从"1"开始，统一用铅笔编写页号（计算机生成的账簿要有自动编制的连续页号，否则仍需人工编写）。正面有数据记载的编写在右上角，背面有数据记载的编写在左上角。活页账簿整理时将正反两方面都无数据记载的空白页抽出；现金日记账和银行存款日记账必须保持原状，不得拆散或抽去空白页。如果账簿已有印好的符合要求的页号，则无须再编。

每本账簿都要在账页之前放置"账簿启用表"，并须认真填写，整理时如无账簿启用表务必补上。

每年的账簿统一按照现金账、银行存款账、总账、明细账、日记账、辅助账的顺序进行排列，且从"1"开始，逐年连续编写案卷顺序号。

案卷号编好后，逐卷（本）编制案卷目录一式三套。

凡整理好的账簿，要按照排列编号顺序统一装入卷盒内。每盒装几本，以账本薄厚确定，装满为止，但不同年度的账簿一般不能混装在同一盒内。

整理好的会计账簿应达到结构完整、项目齐全、页码准确、平整美观、查阅方便的要求。

（4）财务报告的整理方法和要求。各单位每年的财务报告统一分为下列两部分分别进行整理：①年度财务报告（也称决算，包括文字分析）；②月、季度财务所告（包括文字分析)。

日报、旬报、半月报可不立卷归档,由财务部门视具体情况保存使用并处理。

各单位的年度财务报告视页数多少,一年立一卷或若干卷,不应与月、季度报表混合整理;月、季度财务报告视份数、页数多少,可一年立一卷,也可每季度或每半年立一卷;每卷厚度不超过2厘米。

一个卷内有若干份报表时,按时间顺序进行排列,其中纸张太小的应按照A4标准进行背贴。

凡财务报告卷须编写页码,正面有字的编在右上角,背面有字的编在左上角。每本卷均从"1"编起,一卷一个顺序号。

年度财务报告统一按年度顺序单独排列并编写案卷顺序号;各年度的月、季度财务报告统一按时间顺序另行排列并编写案卷顺序号,逐年接续;年度财务报告与月、季度财务报告整理好之后,应分别装进按规定制作的卷盒内,不同年度不能混装。

案卷顺序号编好后,逐卷编制案卷目录一式三套。

整理好的财务报告,应达到目录备考齐全、页码编写无误、装订整齐美观、封面填写正确的要求。

5) 档案室对会计档案的管理

会计档案由于其外观形式的特殊性,所以进入档案室后的管理与其他门类的档案有所不同,这里要强调以下几点。

(1) 会计凭证、会计账簿、财务报告应分别入库排列保管,并设计制作规范的标签,贴在醒目处,做到整齐美观、查阅方便。要坚决避免按年度混合排列、杂乱不堪的现象。

(2) 要购置专门的会计凭证柜保管会计凭证,做到既整齐美观,又查阅方便。要坚决避免会计凭证成包成捆、层层垒叠、存取困难的不良现象。

(3) 要建立健全并认真贯彻执行会计档案管理制度。制定会计档案管理制度,是为了保证和促进会计档案工作的持续健康发展,充分发挥会计档案的作用。有了会计档案管理制度,可以使会计人员有章可循,有利于齐全、完整、系统的会计档案的形成。会计档案管理制度的内容主要包括五个方面:一是立卷制度,主要规定由谁立卷、何时立卷、采取什么方法立卷、案卷质量应达到什么标准等;二是归档制度,主要规定归档的范围、时间和要求以及应当履行的手续;三是保管制度,主要规定会计档案保管应当具备的物质条件、安全措施、注意事项等;四是查阅利用制度,主要规定查阅会计档案的手续、审批权限、保密守则等;五是鉴定销毁制度,主要规定:鉴定会计档案的依据、标准,鉴定工作的组织领导,会计档案销毁的审批、执行和监销等。会计档案管理制度根据具体情况可单独制定,也可与其他档案共同制定。制定好后按照正式文件印发各有关部门和人员周知,以便贯彻执行。

6) 电子会计档案的管理

随着电子计算机技术的迅速发展,会计信息化日益普及,与之相随的便是电子会计档案的大量产生,于是如何保管使用电子会计档案的问题也就提上了议事日程。根据财政部、国家档案局有关规定,电子会计档案归档管理的方法和要求主要是:采用电子计算机进行会计核算的单位,鉴于安全保密、载体耐久性等问题,目前既要保存电子会计档案,又要保存纸质会计档案,以免电子会计档案信息丢失后造成无法弥补的损失。凡是具备采用磁带、磁盘、光盘、缩微胶片等磁性介质保存会计档案条件的,形成的有关电子数据、会计软件资料,都要作为会计档案的组成部分进行归档。有关财务会计人员在移交工作时,还要在移交清册中列明会计软件及密码、会计软件数据磁盘(磁带等)及有关资料、实物等内容。

2. 会计信息化

会计信息化(accounting informationization)是会计学进入信息时代的发展,它是会计学、电脑与信息技术、企业管理及经济计量学等学科相互交叉结合后产生的综合性学科。从某种意义上说,会计信息化是为了满足现代企业制度的需要,应用现代科技与方法对传统会计进行改造和整合后产生的,能适应信息化社会要求的新型应用型学科。会计信息化的普及和应用,不仅是会计核算工作的现代化、实现会计信息化的过程,也是促进会计工作标准化、制度化、规模化的过程,是促进会计、会计工作改革和发展的过程,同时也是一个观念更新、推进企业管理现代化的过程。会计信息化的实施,大大提高了会计信息处理的速度和准确性,能为用户提供及时、准确的会计信息,是会计事业发展史上一次史无前例的飞跃。这个巨大飞跃也给会计工作带来很大的影响。

1) 会计信息化的基本概念

狭义的会计信息化是指以电子计算机为主体的信息技术在会计工作中的应用,具体而言,就是利用会计软件,指挥各种计算机设备替代手工完成或在手工下很难完成的会计工作过程。

会计信息化是把电子计算机和现代数据处理技术应用到会计工作中的简称,是用电子计算机代替人工记账、算账和报账,以及部分代替人脑完成对会计信息的分析、预测、决策的过程,其目的是提高企业财会管理水平和经济效益,从而实现会计工作的现代化。

广义的会计信息化是指与会计工作信息化有关的所有工作,包括会计信息化软件的开发与应用、会计信息化人才的培训、会计信息化的宏观规划、会计信息化制度建设、会计信息化软件市场的培育与发展等。

会计信息化是一个人机结合的系统,其基本构成包括会计人员、硬件资源、软件资源和信息资源等要素,其核心部分则是功能完善的会计软件资源。

2) 会计信息化的作用

(1) 提高会计数据处理的实效性和准确性,提高会计核算的水平和质量,减轻会计人员的劳动强度。

(2) 提高经营管理水平。使财务会计管理由事后管理向事中控制、事先预测转变,为管理信息化打下基础。

(3) 推动会计技术、方法、理论创新和观念更新,促进会计工作的进一步发展。

3) 会计信息化对会计工作的影响

(1) 改变了会计数据的处理方法。在手工条件下,会计人员每天从事着记账、算账、对账、出报表等简单重复繁杂的事务性工作,耗费了大量的时间与精力。本来会计人员直接接触会计数据信息,应在企业的经营决策中发挥重要作用;本来财务部门应及时反映各种管理决策所需的信息,但因受人的精力与手工运算速度的限制,许多财务数据却不能及时处理和生成,造成会计工作严重滞后,从而造成会计人员普遍素质不高的现状。会计信息化的有效开展,将在这方面给会计实务工作带来根本性的改善。在手工条件下,会计核算工作要由许多人共同完成。实现会计信息化后,输入会计凭证,会计信息化系统可自动进行记账、汇总、转账、结账、出报表等一系列工作;对于大量重复出现的业务,系统可以按模式凭证自动生成记账凭证。对于编制会计报表、运用移动平均法进行成本计算等非常复杂和时间性要求很高的会计核算工作,会计信息化系统可以按照一定的程序,由计算机计算,及时抽取数据,随时输出报表。复杂的会计核算工作不仅变得简单、迅速,而且大大提高了会计资料的准确性。实现会计信息化后,利用计算机可以采用手工条件下不愿采用,甚至无法采用的复杂、精确的计算方法,从而使会计核算工作做得更细、更深,更好地发挥其参与管理的职能。

(2) 会计工作由"核算型"向"管理型"转变。会计信息化实现了会计工作由"核算型"向"管理型"的转变。传统的会计工作就是记账、算账、报账,会计人员局限在一般的会计核算中,思想受到束缚,也没有更多的时间和精力进行会计信息分析等,并针对分析中发现的问题给领导提出一些好的意见建议,帮助其正确地进行决策。会计信息化推行以后,会计人员可以腾出一些时间来参与经营管理,当好领导的参谋。同时,对新形势下的会计工作进行研究和探讨。

(3) 审计内容的改变。在会计信息化条件下,审计的监督职能虽然没有改变,但审计内容却发生了变化。在会计信息系统中,会计事项由计算机按程序自动进行处理,如果系统的应用程序出错或被非法篡改,则计算机只会按给定的程序以同样错误的方法处理所有的有关会计事项,系统就可能被不知不觉地嵌入非法的舞弊程序,不法分子可以利用这些舞弊程序大量侵吞企业的财物。系统的处理是否合规、合法、安全可靠,都与计算机系统的处理和控制功能有直接关系。会计信息系统的特点及其固有的风险,决定了审计的内容要增加对计算机系统处理和控制功能的审查。在会计信息化条件下,审计人员要花费较多的时间和精力来了解与审查计算机系统的功能,以证实其处理的合法性、正确性和完整性,保证系统的安全可靠。

(4) 降低信息成本,提高会计信息质量。会计信息是决策者进行决策的重要依据之一。因此,会计信息最基本的质量特征就是决策有用性,会计信息的质量直接关系到决策者的决策及其后果,从而要求会计信息必须真实有用,能够满足决策者的需要。传统会计方式下,反映会计信息主要靠会计报表和年终的财务决算,时效性较差,其他会计信息的取得则更为不易,因而难以实现会计信息的共享。而在信息化环境下,可以提高会计信息的利用效率,各单位可以通过网络相互查询,领导也可以直接从网上查阅所需要的会计信息,实现信息共享,充分发挥会计信息化的作用。在信息化环境下,随着处理数据量的增加,单位信息成本将越来越低,效益更大。

(5) 改变财会人员的知识结构和工作职能。从表面上来看,会计信息化只不过是将电子计算机应用于会计核算工作中,减轻会计人员的劳动强度,提高会计核算的速度和精度,以计算机替代人工记账。而实际上,会计信息化绝不仅仅是核算工具和核算方法的改进,必然会引起会计工作组织和人员分工的改变,促进会计人员素质和知识结构的改善、会计工作效率和质量的全面提高。实行会计信息化,要求会计人员既要掌握会计专业知识,又要掌握相关的计算机知识、网络知识、信息管理知识等。因此,会计信息化将促进会计人员的知识结构向既博又专的方向发展,从而提高会计人员的素质。

【本章小结】

(1) 会计工作组织是建立会计系统、设计会计政策和制度,以及系统内部部门和人员之间的分工与协调。会计工作的恰当组织为会计工作提供基本依据与规范,是形成、提高与完善会计工作,保证会计工作质量与效率,充分发挥会计作用的前提条件,有利于国家方针政策和财经纪律的贯彻,有利于核算质量和效率的提高。企事业单位为使会计工作正常、高效运行,必须科学地组织会计工作。

(2) 各单位可以根据本单位的会计业务繁简情况和会计管理工作的需要决定是否设置会计机构。不能单独设置会计机构的单位,应当在有关机构中设置会计人员并指定会计主管人员。不具备设置会计机构和会计人员条件的,应当委托经批准设立从事会计代理记账业务的中介机构代理记账。会计机构指的是单位内部所设置的,专门办理会计事项的机构。会计机构和会计人员是会计工作的主要承担者。设置会计机构,一是要与企业管理体制和企业组织结构相适应;二是要与单位经济业务的性质和规模相适应;三是与本单位的会计工作组织形式相适应;四是要与本单位其他管理机构相协调;五是要体现精简高效原则。

(3) 会计工作岗位,是指一个单位会计机构内部根据业务分工而设置的职能岗位。会计工作岗位可以一人一岗、一人多岗或者一岗多人。但出纳人员不得兼管稽核、会计档案保管和收入、费用、债权债务账目的登记工作。国家机关、国有企业、事业单位任用会计人员应当实行回避制度,会计机构负责人、会计主管人员的直系亲属不得在本单位会计机构中担任出纳工作。

(4) 在会计机构内部设置会计工作岗位,有利于明确分工和确定岗位职责,建立岗位责任制;有利于会计人员钻研业务,提高工作效率和质量;有利于会计工作的程序化和规范化,加强会计基础工作;还有利于强化会计管理职能,提高会计工作的作用;同时,也是配备数量适当的会计人员的客观依据之一。

(5) 总会计师是在单位主要领导人领导下,主管经济核算和财务会计工作的负责人。总会计师具有较高的会计专业技术职务,协助单位行政领导人组织领导本单位的经济核算和财务会计工作,是单位行政群体的成员之一。

(6) 会计技术职称是衡量一个人会计业务水平高低的标准,会计职称越高,表明会计业务水平越高。我国现有会计职称:初级、中级和高级。

(7) 国务院财政部门主管全国的会计工作,县级以上地方各级人民政府财政部门管理本行政区域内的会计工作。由各级人民政府财政部门管理本行政区域内的会计工作,遵循了"统一领导,分级管理"的原则。我国的会计法规体系具体包括会计法律、会计行政法规、会计规章。

(8) 会计职业道德是指在会计职业活动中应遵循的、体现会计职业特征的、调整会计职业关系的职业行为准则和规范。会计职业道德主要内容有八项:爱岗敬业、诚实守信、廉洁自律、客观公正、坚持准则、提高技能、参与管理、强化服务。

（9）会计档案是会计部门根据国家有关规定,使用专门的方法和技术,在核算和监督资金活动的过程中形成的作为历史记载保存起来并对以后查考研究有价值的会计核算材料。简而言之,会计档案就是在核算和监督经济业务活动的过程中形成的具有利用价值的原始会计核算专业材料。会计档案具有以下四个特点：①内容直接反映财政经济活动；②各类材料之间内容联系紧密,不可分割；③会计核算专业材料形成的内部性和形成渠道的专一性；④会计档案分为会计凭证、会计账簿、会计报告和其他四大类。

（10）会计信息化实质是将电子计算机为主的当代信息技术应用到会计工作中,即用电子计算机代替人工记账、算账与报账,以及部分代替人脑完成对会计信息的分析、预测和决策的过程。会计信息化的普及和应用,不仅仅是会计核算工作的现代化,实现会计信息化的过程也是促进会计工作标准化、制度化、规模化的过程,是促进会计、会计工作改革和发展的过程,同时也是一个观念更新、推进企业管理现代化的过程。

【主要专业词汇中英文对照】

中 文	英 文	中 文	英 文
会计机构	accounting agency	会计岗位	accounting position
总会计师	chief accountant	会计职业道德	accounting professional ethics
会计档案	accounting files	会计信息化	accounting informationization

【思考题】

1. 什么是会计工作组织？会计工作组织的意义是什么？
2. 什么是会计职业道德？会计职业道德包括哪些内容？
3. 《会计法》对会计机构的设置提出了哪些要求？
4. 我国会计工作岗位有哪些类型？
5. 我国的会计法规体系具体包括什么？

案例分析

【案例 10-1】 某企业会计经常上班迟到或不在岗位,造成其他部门在与会计部门产生工作联系时,无法及时、有效地进行沟通。有一次,采购员要求会计先在账上查一查供货企业的往来明细余额,以便准确汇款,但会计人员不知原因不在岗位,结果出纳无法汇款。最后因该企业无汇款,供货企业未发货,导致该企业停工一天。

讨论题
用会计职业道德的规范和内容分析该企业会计的表现。

【案例 10-2】 某单位的会计和一个业务员是老朋友。有一次这个业务员报销公差费用,会计发现报销的单据里多了一个人的飞机票,会计问业务员是怎么回事。业务员说："因家里有特殊情况,带了一个亲属同时去到出差地。"该会计再看了看单据,其他的单据都有领导签字,唯独这两张飞机票没有任何人的签字。会计想到和这个业务员以前的关系,于是将这两张飞机票和其他公差的单据一起审核完毕,并交出纳报销费用。

讨论题

用会计职业道德的规范和内容分析该单位会计的做法。

【即测即练】

教师服务

感谢您选用清华大学出版社的教材！为了更好地服务教学，我们为授课教师提供本书的教学辅助资源，以及本学科重点教材信息。请您扫码获取。

▶▶ 教辅获取

本书教辅资源（课件、大纲、试卷、思政表、习题答案、案例解析、知识点），授课教师扫码获取。

▶▶ 样书赠送

会计学类重点教材，教师扫码获取样书。

 清华大学出版社

E-mail: tupfuwu@163.com
电话：010-83470332 / 83470142
地址：北京市海淀区双清路学研大厦 B 座 509

网址：http://www.tup.com.cn/
传真：8610-83470107
邮编：100084